스키마

권택조 지음

기독교문서선교회

기독교문서선교회(Christian Literature Crusade: 약칭 CLC)는 1941년 영국 콜체스터에서 켄 아담스에 의해 시작되었으며 국제 본부는 영국의 쉐필드에 있습니다.

국제 CLC는 59개 나라에서 180개의 본부를 두고, 약 650여 명의 선교사들이 이동도서차량 40대를 이용하여 문서 보급에 힘쓰고 있으며 이메일 주문을 통해 130여 국으로 책을 공급하고 있습니다.

한국 CLC는 청교도적 복음주의 신학과 신앙서적을 출판하는 문서선교기관으로서, 한 영혼이라도 구원되길 소망하면서 주님이 오시는 그날까지 최선을 다할 것입니다.

Schema

Written by
Kwon, Tack-Joe

Copyright © 2013 by Kwon, Tack-Joe
Christian Literature Crusade

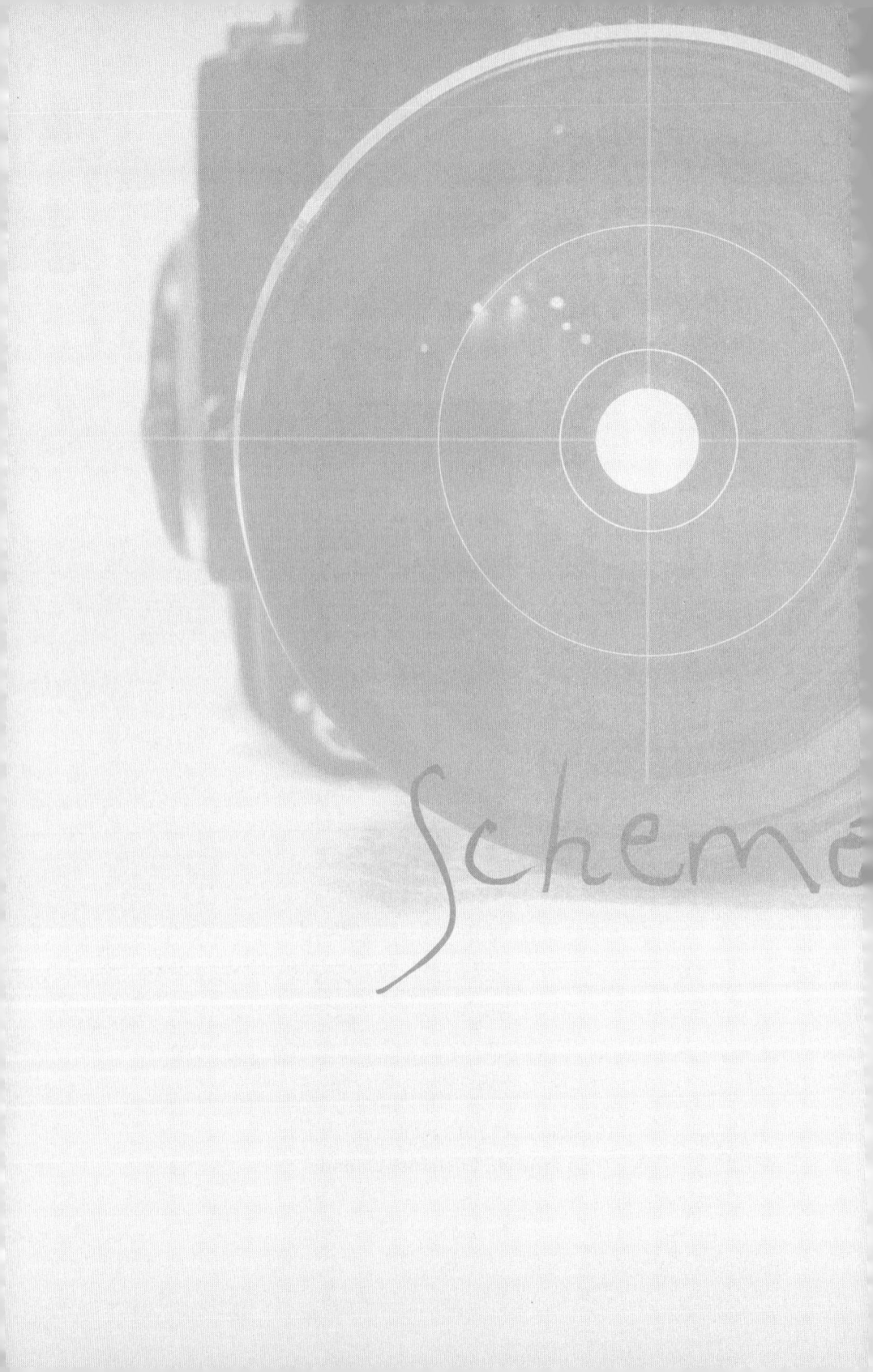

■ 책머리에

　필자는 지난 30년 동안 두뇌의 신비에 대하여 무한한 흥미를 느끼며 이에 관한 다수의 논문들과 여러 권의 책들을 썼다. "의흥미 학습"(meanteresting learning), "두뇌의 삼화음"(brain triad), "학습 요법"(learning therapy), "6-I 원리"(6-I principle) 등은 필자의 논문들과 책들을 통하여 발표된 대표적 이론들이다.
　이와 같은 연구와 집필 활동을 통하여 필자의 내면에 부여된 하나의 중요한 열쇠어(key word)가 "스키마"(schema)다. 필자는 스키마라는 제목으로 국내외 여러 곳에서 강의와 세미나를 개최할 때에 이런 말을 듣곤 하였다. "교수님, 지금 제 마음이 확 달라졌습니다", "교수님, 지금 제 마음 속에 큰 변화가 일어났습니다", "교수님, 아내와 행복하게 살 자신이 생겼습니다", "교수님, 확실히 알았습니다! 좋은 스키마 많이 만들겠습니다", "교수님, 저의 고집이 다 사라지고 있는 기분입니다!"
　이 열쇠어를 주제로 강의를 하고 세미나를 한 필자의 마음속에 남은 한 가지 사명 의식은 스키마라는 제목으로 단행본을 집필하여 교재로 사용하는 것은 물론 대중들이 읽도록 해야 하겠다는 것이다. 이와 같은 사명감이 연구년을 맞이하여 단행본으로 집필되고 있음에 감사드린다.
　"신앙과 신학 및 교양을 위한 서적을 집필함에 있어서 가장 중요한 점이 무엇일까? 특히 본 서적의 주제인 스키마 계발을 위해서 가장 중요한 사항이 무엇일까?"라는 질문을 하며 그 답을 찾는 중 필자의 머리에 "성경적"(Biblical)이라는 단어가 떠올랐다.[1]

　대문자 B를 써서 "그 책"(the Book)이라고 하면 성서를 가리킬 만큼 성경은 책 중의 책이다. 성경은 대중에게 책으로 보급된 이후 약 500년 동안 베스트셀러(best seller)및 롱셀러(long seller)의 자리를 계속 유지하면서 수많은 사람들의 지성과 감성과 영성을 변화시키고 있는 최고의 책이다. 즉, 성경은 인간의 삶을 총체적으로 변화시키는 최고의 책이다.

　인간의 삶이 변화된다는 것은 곧 인간의 두뇌에 나쁜 스키마(bad schema)가 좋은 스키마(good schema)로 변화되며 계속하여 좋은 스키마가 만들어진다는 사실을 내포하고 있다. 그러므로 성경은 책 집필의 모델이다. 특히 본서는 스키마 계발을 주제로 하는 책이기 때문에 더욱 성서를 모델로 집필되어야 한다고 본다.

　그럼 '성경적'이라는 단어가 의미하는 것이 무엇일까? '성경적'이라는 단어의 의미를 부여함에 있어서 형식과 내용(form and contents)을 언급할 필요가 있다. 성서의 형식적 측면을 본다면, 성경은 이론과 실제가 공존하는 책이라고 볼 수 있다. 그러므로 성경적이란 이론적(theoretical)이며 실제적(practical)이라는 뜻이다.

　대표적 바울서신인 로마서를 예로 들어보자. 로마서는 16장까지 있는데, 전반부 8장에는 어떻게 하면 구원을 받는가에 관한 이론이 전개되고, 후반부 8장엔 구원받은 사람들이 어떻게 살아가야 하는가에 대한 실제적 삶의 길을 제시하고 있다. 이와 같은 원리는 성경 기록의 보편적 법칙이다. 그러므로 어떤 책이 성경적인 책이 되려면 일단 이론과 실제가 공존하는 것이 바람직하다.

---

[1] 본서에 사용된 성경 인용문은 모두 개역한글판 성경을 사용하였다.

'실제적'이라는 단어에는 삶의 경험이 내포되어 있다. 타인의 삶의 경험과 자신의 삶의 경험이 다 포함되어 있다. 예를 든다면, 창세기의 요셉 이야기는 요셉의 체험을 모세가 기록한 것이고, 요한계시록은 자신의 영적 체험을 요한 자신이 기록한 책이다.

그러므로 본서는 스키마 계발의 이론과 더불어 타인들의 경험과 집필자 자신의 경험을 수록하고자 한다. 이론과 더불어 삶의 경험이 수록될 때에 그 책은 살아있는 책이 될 수 있다.

성경은 내용적인 측면에서 영성과 지성과 감성을 두루 풍부하게 함유한 책이라고 볼 수 있다. 그러므로 성경은 이론과 실제라는 형식적 구조로 엮어져 있으며, 그 안에는 영성과 지성과 감성이 풍부하게 채워진 생명의 책이며 삶의 책이라고 할 수 있을 것이다.

목차를 정해 놓고 책을 써내려가는 이 시점에서 필자의 마음은 한없이 설렌다. 이런 설렘은 특별한 것이다. 이미 확보된 내용을 기계처럼 써 내려간다면 아무 설렘이 없을 것이다. 그럼 지금 필자의 마음에 설렘의 교향악이 이토록 아름답고 신선하게 울려 퍼짐은 무엇 때문일까?

그것은 집필 도중에 참신하게 작용하게 될 직관(intuition)과 영감(inspiration)의 기대 때문일 것이다. 직관이 내부에서 문득 솟아오르는 지혜라면 영감은 위로부터 내려오는 깨달음이다. 이 지혜와 깨달음은 모두 창의력이라는 영양분을 함유하고 있다.

이와 같은 직관과 영감이 이미 파악된 정보와 이론들의 골격에 살이 되고 피가 되며 생기가 되기를 기대한다. 본서를 읽는 모든 독자의 삶 속에 생명력이 넘치기를 기원하며…

낮은 곳에서 높은 곳을 바라보며
양지 권택조 識

목 차

책머리에   5

제1장 삼성일체(三性一體)   11

제2장 스키마(Schema)   19
    1. 스키마란 무엇인가?   19
    2. 스키마의 종류   21

제3장 스키마 고장   41
    1. 자신에 대하여   42
    2. 타인들에 대하여   44
    3. 세상에 대하여   46
    4. 하나님께 대하여   47

제4장 스키마 회복   53
    1. 스키마 회복의 중요성   53
    2. 스키마 회복의 난해성과 가능성   56
    3. 스키마 회복의 방법   62

제5장 좋은 스키마 만들기-칠감일각(七感一覺)   85
    1. 칠감(七感)   87
    2. 일각(一覺): 생각(生覺)   110

제6장 스키마와 인지 요법(Cognitive Therapy)   143
    1. 인지 요법이란 무엇인가?   143
    2. 인지 요법의 유익   151
    3. 인지 요법을 어떻게 할 것인가?   160

제7장 스키마와 성령   195
    1. 생각나게 하심   197
    2. 마음을 부드럽게 하심   198
    3. 의지를 강하게 하심   199
    4. 상한 마음을 고치심   199
    5. 눌린 마음을 풀어주심   200
    6. 마음의 평안을 주심   202
    7. 계시(啓示, revelation)   203
    8. 위로하심   204
    9. 책망하심   205
    10. 선하게 하심   207

참고문헌   209

색인   213

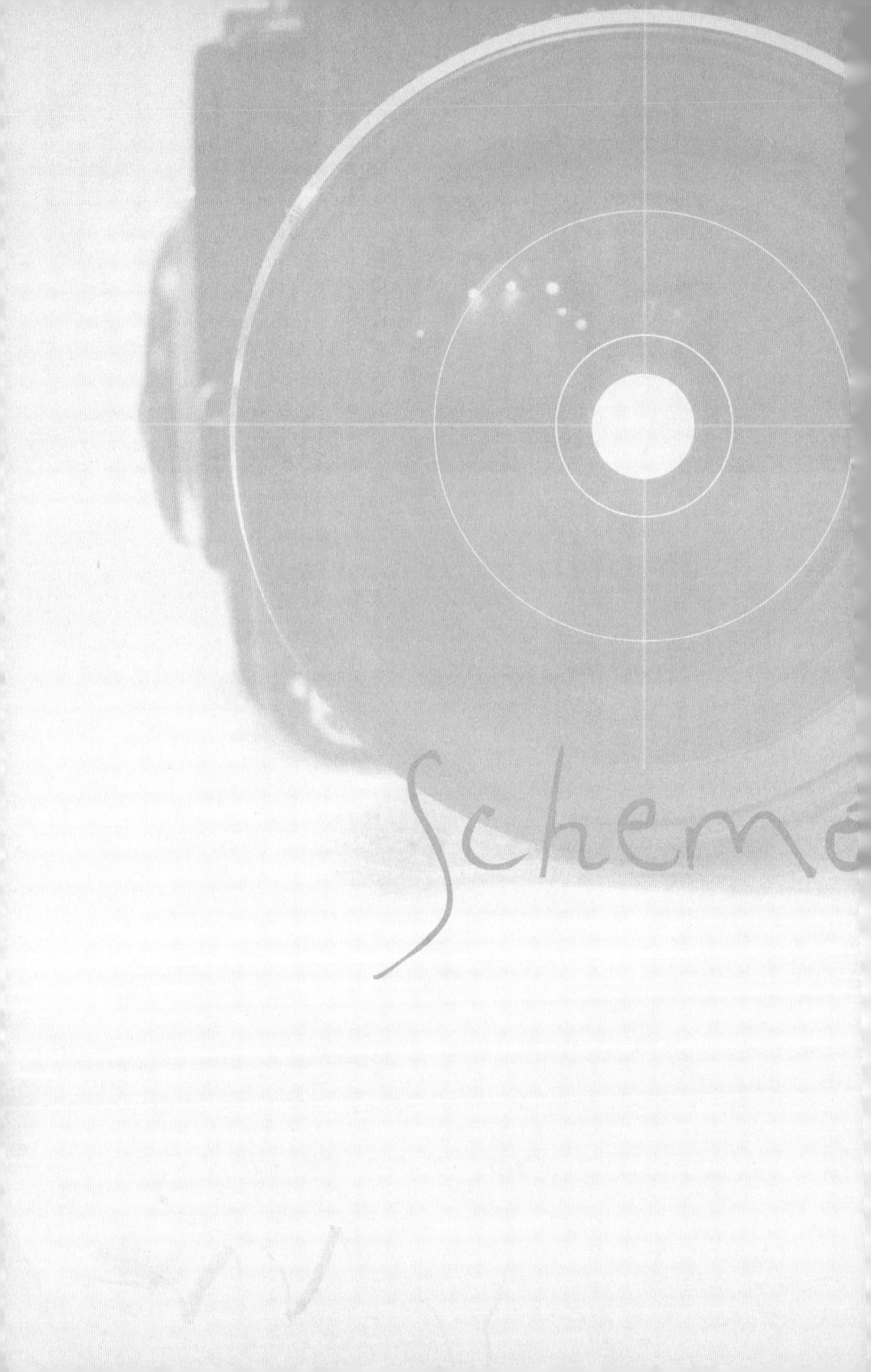

제1장 삼성일체
(三性一體)

■■ 스키마에 관한 본격적인 논의는 2장에서부터 하기로 하고 먼저 1장에서는 두뇌에 관한 새로운 사실을 소개하기로 한다. 왜냐하면 스키마는 두뇌에 존재하는 것이므로 먼저 두뇌에 관하여 논의하는 것이 필요하기 때문이다.

1970년대까지 사람들은 인간의 두뇌는 인지(認知, cognition)의 능력, 즉 지성(intelligence)만 관장한다고 생각하였다. 그래서 머리가 좋다는 말이나 인지능력이 좋다는 말은 동일시되었나. "그 사람은 머리는 좋은데 마음이 나쁘다"는 말이 아무 모순이 없는 것처럼 사용되었다.

이는 인지적 능력은 좋으나 마음이 좋지 않다는 뜻인데, 이런 표현은 인지적 작용은 두뇌에서 일어나지만 마음은 가슴의 작용이라고 생각되었기때문에 가능하였던 것이다. 인지적 작용은 머리에서 일어나지만 마음은 머리와 관련이 없다는 생각이 사람들의 마음에 깊이 자리 잡고 있었다.

그러나 1981년에 스페리(Roger Sperry)가 좌뇌의 기능과 우뇌의 기능이 다르다는 것을 증명함으로써 노벨상을 탄 것을 계기로 인지적 기능뿐 아니라 정서적 기능(마음의 기능)도 두뇌의 작용이라는 사실이 널리 퍼지게 됨에 따라 새로운 사실이 알려졌다.[1] 좌뇌는 지성을 관장하고 우뇌는 감성을 관장하기 때문에 지성이 발달한 사람은 좌뇌가 발달된 사람이고 감성이 발달된 사람은 우뇌가 발달된 사람이라는 사실이다. 그러므로 양자가 모두 머리가 좋은 사람들이다. 즉, 인지적 기능이 발달한 사람도 머리가 좋은 사람이고 감성적기능이 발달한 사람도 머리가 좋은 사람이다.

가슴(심장)은 감성을 일으키는 기관이 아니다. 우뇌에서 비롯된 감성이 심장으로 전달되어 심장에서 반응을 일으키는 것이다. 신경은 좌우로 연결되어 있기 때문에 우뇌의 감성적 작용은 좌측 가슴에 위치한 심장으로 연결되는 것이다. 사랑하는 사람을 보면 심장이 두근거리는 것은 우뇌에서 비롯된 사랑의 감정이 가슴 좌측에 있는 심장으로 전달되기 때문이다. 사랑이라는 감정도 심장에서 비롯되는 것이 아니라 두뇌에서 비롯되는 것이다.

지성 발달의 상징인 지능지수(IQ)가 높은 사람은 좌뇌가 발달한 사람이고, 감성 발달의 상징인 감성지수(EQ)가 높은 사람은 우뇌가 발달한 사람이라고 할 수 있다. 이와 같은 두뇌과학의 발견에 따라 1990년대에는 감성교육의 중요성이 강조되어 대학에서 '인성교육'이나 '전인교육' 등이 커리큘럼에 빈번히 등장하게 되었다.

그럼 두뇌의 기능이 지성(cognition)과 감성(emotion)에 한정되어 있을까?

---

[1] J. W. Kalat, *Introduction to Psychology* (Pacific Grove, CA: Brooks/Coles Publishing Company, 1996), 115. Sperry의 연구에 대한 더 자세한 내용은 다음을 참조하라. R. W. Sperry, "Lateral Specialization in the Surgically Separated Hemispheres", in F. O. Schmitt & F. G. Wordon (Eds), *The Neurosciences Third Study Program* (Cambridge, MA: MIT Press, 1974).

신앙은 우리 몸 어느 기관과 관련이 있을까? 두뇌는 영적인 기능과 관계가 없을까? 종교성은 시대와 문화를 초월해서 모든 인종들에게 보편적으로 나타나는 현상인데 종교성의 기능이 작동되는 곳은 어디일까?

두뇌에 관한 연구가 가속화되면서 1990년대에는 측두엽의 중심부에 신(God, 神)을 인식하는 특수한 영역이 있다는 것을 발견하고 두뇌 과학자들은 이를 "신영역"(God Spot)이라고 명명하였다. 신영역은 1997년에 캘리포니아 대학(U. C. San Diego) 병원 의사이며 신경 과학자인 라마찬드란(V. S. Ramachandran)[2] 박사가 신을 인식하는 특수한 영역이 인간 두뇌의 측두엽(temporal lobe)에 있다는 것을 증명함에 따라 알려지게 되었다.[3]

라마찬드란에 의하면, 피실험자들이 영적 종교적 토론에 임할 때엔 양성자 방사 단층 촬영기로 촬영한 사진에 신영역이 나타났다는 것이다.[4] 초월적, 신적, 영적 세계에 관한 말을 할 때와 들을 때에 특수한 반응이 측두엽 중심부에서 활발하게 나타난다는 사실이 확인되었고, 이를 통하여 신영역이 측두엽 중심부에 있다는 것이 증명되었다.[5] 좀 더 구체적으로 말하자면 우측두엽 좌측에 신영역이 위치하고 있다는 것이다.

이처럼 인간의 두뇌의 특정한 곳에 하나님을 인식하는 부분이 존재한다는 것은 기독교적인 입장에서 볼 때에 당연한 일이라고 할 수 있지만,

---

2 Ramachandran은 University of California at San Diego 의과대학 교수로서 그의 연구팀에서 God Spot를 증명하였다.

3 A. W. Flaherty, *The Midnight Disease* (Boston: Houghton Mifflin Company, 2004), 257-8.

4 Ibid. 연구팀의 발견에 의하면, 신영역은 신자들에게만 존재하는 것이 아니라 모든 사람들에게 존재한다는 것이다. 이는 창조주 하나님(God the Creator)과 피조물인 인간과의 관계를 고려할 때에 당연한 일이라고 볼 수 있을 것이다. 창조주 하나님은 피조물인 모든 사람들과 교통하기를 원하시므로 모든 사람들 속에 신영역을 만드셨다고 본다면, 모든 사람들 속에 신영역이 존재한다는 것은 자연스럽고 논리적이며 당연한 일이라고 할 수 있을 것이다.

5 Reader's Digest, *Making the Most of Your Brain* (London: Duncan Baird Publishers Limited, 2002), 344. 정확하게 말하면, 신영역이 우측두엽 왼쪽에 자리 잡고 있다고 하므로 신영역은 측두엽 중심부에 해당하며 이는 두뇌의 한 중심부라고 할 수 있다.

제1장 삼성일체(三性一體)

이는 고무적인 발견이 아닐 수 없다. 이를 신학적으로 해석한다면, 인간 속에 "하나님을 알만한 것"이 존재한다는 로마서의 말씀과 상통하며[6], 죄를 통하여 깨어지고 일그러졌지만 인간 속에 아직까지 남아있는 "하나님의 형상"(imago dei)과 맥락을 같이 한다고 볼 수 있을 것이다.

두뇌에 신영역이 존재한다는 두뇌 과학적 이론은 교육에 매우 중요한 암시를 주고 있다. 전두엽의 좌측 부분(좌뇌)이 지성을 관장하고 우측 부분(우뇌)이 감성을 관장하며, 측두엽의 중심부(신영역 혹은 신뇌)[7]가 영적 감각을 관장한다는 사실은 전인교육에 대하여 중요한 단서를 제공한다.

신영역의 주된 기능이 초월적 영적 인식과 느낌이라는 점은 이 부분이 영성에 관계된다고 할 수 있을 것이다. 왜냐하면, 영성은 일차적으로 하나님과의 수직적 관계를 맺는 것(having a vertical relationship with God)이기 때문이다. 영성은 일차적으로 하나님과의 수직적 관계를 맺고, 이차적으로는 그와 같은 하나님과의 관계성이 인간과의 수평적 관계로 연장되는 것이다.[8]

두뇌 과학자인 에이멘(Daniel Amen)도 우측두엽(right temporal lobe)에 위치한 신영역이 바로 영성(spirituality)을 관장하는 곳이라고 주장한다.[9] 그러므로 좌뇌는 지성(知性, cognition)을 관장하고 우뇌는 감성(感性, emotion)을 관장한다면, 신뇌는 영성(靈性, spirituality)을 관장한다고 할 수 있을 것이다.

---

6 바울은 하나님께서 인간 속에 하나님을 알만한 것을 주셨다고 이렇게 전한다. "이는 하나님을 알만한 것이 저희 속에 보임이라. 하나님께서 이를 저희 속에 보이셨느니라"(롬 1:19).

7 "God Spot"을 "신영역"이라고 번역할 수도 있고 "신뇌"라고 의역할 수도 있는데, 본 연구에서는 양쪽을 같은 의미로 쓰기로 한다.

8 T. J. Kwon, *An Integrative Model for Spirituality Development in Three Domains of Learning Theory* (Ann Arbor: UMI, 1997), 106-8.

9 Daniel G. Amen, *Making a Good Brain Great* (New York: Harmony Books, 2005), 161.

이런 의미에서 진정한 전인교육은 지성과 감성과 영성이 골고루 발달하도록 가르치고 배우는 것이다. 특히 신학교육이나 교회교육 내지 기독교교육은 신뇌의 계발을 중요시해야 한다. 지성과 더불어 감성을 계발함으로써 전인교육을 해야 한다는 전통적 개념에, 지성과 더불어 감성의 계발은 물론 영성을 계발하는 교육이 참된 의미에서의 전인교육이라는 새로운 의미의 전인교육에 대한 인식이 필요하다.

두뇌 과학이 발견한 또 한 가지 중요한 사실은 신뇌가 창의력(creativity)을 생산하는 주요 부분이라는 것이다. 전두엽이 올바른 판단력을 도출하는 중요한 기관이라면 측두엽은 창의력 도출의 중심부가 된다는 것이다.[10] 플라헐티(A. W. Flaherty)에 의하면 창의력은 초월적이며 역설적인(paradoxical) 분위기에서 발생하기 때문에 신뇌가 창의력의 보고(寶庫)가 된다는 설명이 가능하다고 한다.[11]

이성(reason)을 중시하는 현대주의(modernism)가 지능지수(IQ) 중심의 지성 계발 교육을 강조했고, 감성(emotion)을 중시하는 탈현대주의(postmodernism)가 감성지수(EQ) 중심의 감성 계발을 강조했다면, "영성의 세기"라는 21세기는 영성지수(SQ: Spiritual Quotient) 중심의 영성 계발 교육을 강조해야 할 것이다.

지성과 감성과 영성은 모두 필수적 요소들이기 때문에 세 가지를 모두 강조하는 교육이 필요하다고 본다. 좌뇌를 만드신 하나님이 좌뇌를 통하여 이성이 발달하게 하고, 우뇌를 만드신 하나님이 우뇌를 통하여 감성이

---

10   Flaherty, 72.
11   Ibid., 78. 유대인들이 노벨상을 가장 많이 받았다는 역사적 사실을 두뇌 과학적으로 설명한다면 다음과 같다. "유대인들은 신뇌가 가장 발달한 민족일 것이며, 신뇌가 가장 발달했기 때문에 창의력이 가장 발달했을 것이고, 그렇기 때문에 창의력이 가장 많이 요청되는 노벨상 수상의 대상자들이 가장 많았을 것이다." 이것은 두뇌 과학과 신학을 근거로 한 가설이며, 이 가설을 검증하는 것은 또 하나의 중요한 연구 주제라고 볼 수 있다.

발달하게 하며, 신뇌를 만드신 하나님이 신뇌를 통하여 영성이 발달하도록 하는 것은 하나님의 창조의 섭리로 볼 때에도 타당하며, 또한 현실적 삶에서의 지성과 감성과 영성의 중요성을 고려할 때에도 이 세 가지를 조화롭게 계발하는 교육은 매우 타당하고 바람직하다고 할 수 있을 것이다.

위의 논의는 지성(知性)과 감성(感性)과 영성(靈性)이라는 삼성(三性)이 모두 강조되는 전인교육을 요청하다. 이런 의미에서 본 연구는 "삼성일체"(三性一體)라는 신조어를 만들게 되었고, 이에 대한 영문 표기는 삼성일체를 의역하여 "두뇌의 삼화음"(brain triad)이라고 하기로 한다.

교육의 중심 주제인, "머리가 좋다", "두뇌를 계발한다"는 등등의 통념이 두뇌 과학적으로 어떻게 설명되는가? 인간성은 부드럽고 착한데 공부를 못하는 사람을 향하여 "그 사람은 마음은 따뜻한데 머리가 나쁘다"라는 표현이 두뇌 과학적으로 맞는 말인가? 아니다. 그와 같은 전통적 개념은 두뇌 과학에 대한 무지에서 기인되는 표현이다. 마음이 따뜻하다는 것은 감성이 발달했다는 뜻이며, 감성이 발달했다는 것은 우뇌가 발달했다는 뜻이기 때문이다. 좌뇌 만이 두뇌가 아니라 우뇌도 두뇌이기 때문에 지성의 발달만을 척도로 하여 머리가 좋다 혹은 머리가 나쁘다고 하는 것은 잘못 된 표현이다. 논리적 사고 능력이 부족하여 수학을 잘못 하는 학생에게 노래를 잘 불러 사람들을 감동시키는 능력이 있다면 그 사람도 머리가 좋은 사람이다. 왜냐하면, 그는 우뇌가 발달한 사람이기 때문이다.

논리적 사고 능력이 부족한 학생이 따뜻한 마음을 소유하고 뜨거운 신앙을 가졌을 경우에 그 학생도 머리가 좋은 사람이다. 왜냐하면 그는 논리적 사고가 부족하여 좌뇌는 발달하지 못했다고 할 수 있으나 마음이 따뜻한 것을 보아서 그는 감성이 발달한 사람이므로 그는 우뇌가 좋은 사람이다. 그는 또한 뜨거운 신앙을 소유한 것을 볼 때에 영성이 발달한 사람이며 그는 신뇌가 좋은 사람이다. 그러므로 공부를 잘하는 사람만 머리가 좋은 사람이 아니라 마음이 착한 사람도 머리가 좋은 사람이며, 신앙이 좋은 사람도 머리가 좋은 사람이다.

따라서 지성과 감성 및 영성을 골고루 발달시키는 삼성일체의 교육이 참다운 교육이다. 지성이 자신과 사물과의 관계에서 비롯되는 지적(知的) 기능이고, 감성은 자신과 타자와의 관계에서 비롯되는 정서적 기능이며, 영성은 자신과 하나님과의 관계에서 비롯되는 영적 기능이라고 한다면, 지성과 감성과 영성은 참다운 인간의 삶을 사는 데 필수적인 요소들이라고 할 수 있을 것이다.

지성과 감성과 영성이 조화롭게 발달한 사람은 좌뇌와 우뇌 및 신뇌가 골고루 발달한 사람으로서 두뇌의 삼화음이 잘 울려 퍼지는 삶을 사는 사람이다. 그런데 이와 같은 삼성일체의 삶을 사는 데 필요한 한 가지 중요한 요소가 있다. 그것이 스키마(Schema)인데, 다음 장에서 이에 관하여 논의하기로 한다.

제2장 스키마 (Schema)

■ ■   스키마란 무엇인가? 인간의 두뇌에는 어떤 종류의 스키마가 존재하는가?

1. 스키마란 무엇인가?

칸트(Immanuel Kant)는 '선험적(先驗的) 도식'(圖式)을 의미하는 용어로 "스키마"(schema)를 사용하였다.[1] 인간은 태어날 때부터 두뇌에 외부로부터 들어오는 정보들을 담는 도식이 있다는 것이다. 경험 이전에 만들어진 도식이 두뇌에 존재한다는 것이다.

이 이론에 의하면 우리가 같은 정보를 다르게 해석하는 경우 이는 스키

---

1   이는 사전적 정의다.

마가 다르기 때문이다. 같은 사물을 보고 다르게 해석하는 것은 스키마의 차이 때문이다. 쌍둥이가 성격이 다른 것은 선험적 인지 구조인 스키마가 다르기 때문이다.

칸트가 18세기에 사용하던 스키마라는 용어가 심리학에서 처음 사용된 것은 1932년 영국의 심리학자 바르텟(Frederick Bartett)에 의해서다.[2] 그에 의하면 스키마란 "추상적 인지 구조"(abstract cognitive structure)인데 이것은 어떤 경험들을 규정짓는 윤곽(outline)과 골격(skeleton)이다. 스키마는 눈에 보이지 않기 때문에 구체적으로 그 형체를 알 수는 없지만 인간은 추상적 인지 구조인 스키마에 따라 정보를 해석하는 것이다. 하트(L. A. Hart)는 학습을 유용한 스키마의 획득이라고 정의하기도 한다.[3] 유용한 스키마를 많이 획득하는 것이 좋은 학습이라는 것이다.

스키마는 삐아제(J. Piaget)의 용어이기도 하다.[4] 18세기에 칸트에 의하여 사용되던 스키마라는 용어가 20세기에 삐아제와 같은 발달심리학자들에 의하여 널리 사용되기 시작하여 21세기엔 인간의 행동을 이해하는 데 중요한 용어로 사용되고 있다. 스키마는 태어날 때부터 존재하는 것들도 있지만 인간발달 과정에서 수없이 많은 스키마들이 두뇌에 형성된다.

삐아제에 의하면 스키마는 다양한 경험에 따라서 여러 가지 형태로 형성되는 인지의 틀(cognitive framework)이며[5] 정신적 구조(mental structure)다.[6] 스키마는 태어날 때부터 선험적(先驗的)으로 존재하기도 하지만 인간발달

---

2 Pierce, J. Howard, *The Owners's Manual for the Brain* (Austin, TX: Bard Press, 2006), 481.
3 Ibid., 483.
4 W. R. Yount, *Created to Learn: A Christian Teacher's Introduction to Educational Psychology* (Nashville: Broadman & Holman Publishers, 1996), 75.
5 Ibid., 409.
6 R. L. Barke, *The Social Work Dictionary*. 5th Ed. (Washington, DC: NASW Press, 2003), 381.

과정에서 지속적으로 형성된다.

스키마는 렌즈와 같다. 렌즈를 통해 사물을 보듯이 사람은 스키마를 통해 사물을 본다.[7] 유아(infant)는 전구와 사람의 얼굴을 구분하지 못한다고 한다. 전구도 동그랗고 사람의 얼굴도 동그랗기 때문에 양자를 같은 것으로 본다. 그는 둥근 것을 둥근 것으로 볼 수 있는 스키마(렌즈)만을 가지고 있기 때문이다. 그러나 어린아이의 두뇌가 점점 발달하면서 그는 인간의 얼굴과 전구를 구분하게 되고 더 발달되면 엄마의 얼굴과 아빠의 얼굴을 구분하게 되는데 이는 그의 스키마가 그만큼 발달했다는 뜻이다.[8] 스키마의 발달은 곧 두뇌의 발달이기도 하다.

스키마는 외부에서 들어오는 정보를 해석하는 인지 구조로서 태어날 때부터 존재하는데 인간발달 과정에서 계속 생성되고 소멸된다. 사람은 자기 두뇌에 있는 스키마에 따라 사물을 본다. "사람은 자기 생긴 대로 남을 본다"는 말이 있는데, 여기에서 "자기 생긴 대로"라는 말은 "자기 두뇌에 형성된 스키마 대로"라는 뜻이다. 스키마는 세상을 보는 렌즈다. 렌즈가 좋지 않으면 사물이 왜곡되어 보이듯이 나쁜 스키마를 소유하고 있으면 판단력이 흐려진다.

2. 스키마의 종류

스키마가 무엇인가를 좀 더 구체적으로 이해하기 위하여 스키마의 종류를 살펴보자. 인지 심리학자들은 관계 형성에 따라 스키마를 두 가지

---

[7] L. L. Smith & C. H. Elliott, *Depression for Dummies* (Hoboken, NJ: Wiley Publishing, Inc., 2003), 148.

[8] Ibid.

로 분류한다. 자기가 자기를 어떻게 생각하느냐에 따라 형성된 스키마를 "자아 스키마"(self-schema)라고 하는데 이는 자아개념(self-concept)과 같은 맥락의 용어다.[9] 이것은 자기와 자기의 관계를 나타내는 인지 구조다. 또 하나의 다른 스키마를 "사회 적응 스키마"(socially relevant schema)라고 하는데 이는 타인들과의 관계에서 형성된 인지 구조다.[10] 이것은 타인들과 관계를 맺으면서 사회생활을 하는 동안에 형성된 스키마로서 세계관의 모체가 된다.

삐아제 계통의 심리학자들은 인지 발달 과정에서 기본적으로 형성되는 스키마를 세 가지로 분류한다.[11]

첫째, "감각운동 스키마"(sensorimotor schema)가 있는데 이는 어린아이가 환경을 접하면서 형성되는 인지 구조를 의미한다. 세상에 태어난 어린 아이는 새로운 환경을 접하면서 감각운동을 통하여 인지가 발달하는데 이 과정에서 인지 구조가 생성된다는 것이다. 새로운 경험을 통하여 스키마가 형성된다.

그러므로 어린 아이에게 새로운 환경을 접하도록 자유를 주는 것은 인지 발달 과정에서 매우 중요한 요소가 된다. 어린 아이가 지나치게 통제를 받으면 감각운동 스키마 형성에 문제가 생긴다.

둘째, "상징적 스키마"(symbolic schema)가 있는데 이는 감각운동을 통하여 형성된 스키마가 상징을 통하여 더욱 발전한 인지 구조다. 예를 든다면, 언어는 사물의 상징인데 어린아이가 언어를 배움으로써 두뇌에 그 사물에 대한 스키마가 발달한다.

어린 아이 두뇌에 형성된 "사과"(apple)라는 스키마에 대하여 생각해보

---

9 Adam Cash, *Psychology for Dummies* (Hoboken, NJ: Wiley Publishing, Inc., 2002), 143.
10 Ibid.
11 Ibid., 198.

자. 아직 말을 못 하지만 사과를 먹어본 어린 아이의 두뇌엔 사과에 관한 인지 구조(스키마)가 있는데 이것이 감각운동 스키마다. 그 아이는 사과라는 말을 들으면 아무 것도 느낄 수가 없다. 직접 만져보고 먹어보아야 비로소 그것을 사과로 인식한다. 그러나 그 아이가 말을 하기 시작하면서 사과라는 단어를 배운 경우 그 아이는 사과를 직접 만지거나 먹지 않고 사과라는 말만 들어도 사과가 무엇인지를 인지하게 된다. 왜냐하면 사과라는 단어가 상징하는 사물이 그 아이의 두뇌에 그려져 있기 때문인데 바로 이것이 상징적 스키마다.

셋째, "조작적 스키마"(operational schema)가 있는데, 이는 상상력을 통하여 개념을 조작하는 인지 구조다. 언어발달 과정에서 형성된 상징적 스키마를 활용하여 정신적 조작을 통하여 문제를 해결하는 인지 구조다.

"작은 방에 두 개의 인형이 있고 큰 방에 세 개의 인형이 있는데 합하면 모두 몇 개나 되는가?"라는 질문을 받았을 경우 상징적 스키마만 소유한 어린 아이는 양쪽 방에 모두 들어가 인형을 한 곳으로 모은 다음 그것들을 일일이 세어 모두 다섯 개라고 말할 것이다. 그러나 조작적 스키마를 소유한 어린 아이는 일일이 큰 방과 작은 방에 들어가 인형들을 모으는 대신 둘과 셋을 합하면 다섯이 된다는 계산을 한 후 즉각적으로 모두 다섯 개라고 말할 것이다. 두뇌에 조작적 스키마가 있기 때문에 정신적 조작을 통하여 답을 쉽게 찾아낸 것이다.

물론 감각운동 스키마만 소유한 어린 아이는 문제 자체를 이해할 수가 없기 때문에 어떤 방법이든지 문제를 풀 수가 없다. 그 아이의 두뇌엔 상징적 스키마가 형성되지 않았기 때문에 "인형"이라는 글자가 무엇을 상징하는지를 알지 못하므로 그 문제 자체를 이해할 수가 없다.

위에 소개된 세 가지 스키마에 대하여 정리하자면, 감각운동 스키마는 경험을 통하여 형성된 기초적 스키마라고 볼 수 있고, 상징적 스키마는 감각운동 스키마가 정착 상태에 들어간 것이라고 볼 수 있으며, 조작적 스키마는 상징적 스키마를 생활에 응용하는 단계의 스키마라고 할 수 있다. 스키마의 발달은 곧 두뇌의 발달이라고 할 수 있을 것이다.

우드(Jeffrey C. Wood)는 미국정신의학회(APA/American Psychiatric Association)의 스키마 이론을 인용하며 스키마의 종류를 두 가지로 나눈다.[12] 스키마는 본질적으로 부정적인 스키마(negative schema)가 있고 긍정적인 스키마(positive schema)가 있다는 것이다. 부정적 스키마는 여러 가지 문제를 일으키는데, 우드가 소개하는 18가지 부정적 스키마는 다음과 같다[13].

(1) **버림받음**(abandonment): 이 스키마를 가진 사람은 다른 사람들과의 인간관계가 끊어질까 계속적으로 불안감을 가지고 있다. 타인들로부터 따돌림을 받고 방치되지 않을까 하는 염려가 지나쳐서 극도의 불안감을 갖게 된다.

(2) **불신**(mistrust): 이 스키마를 가진 사람은 다른 사람들에게 육신적으로나 정신적으로 상처를 받을 것 같은 불안감을 지속적으로 가지고 있다. 타인들을 믿지 못하기 때문이다. 타인들이 자기에게 폭력을 가하고 사기를 치고 거짓말을 하여 피해를 줄 것만 같은 불안감을 가지게 된다. 다른 사람들이 자기를 학대할 것이라는 의심을 갖는다.

(3) **정서적 파탄**(emotional depravation): 이 스키마를 가진 사람들은 아무

---

12   Jeffrey C. Wood, *Getting Help* (Oakland, CA: New Harbinger Publications, Inc., 2007), 104.
13   Ibid., 104-6. 이에 대하여 더 자세한 내용은 다음을 참고하라. K. A. Philips, J. Grant, J. Siniscalchi, and R. S. Abertini, "Surgical and nonpsychiatric medical treatment of patients with body dysmorphic disorder," *Psychosomatics* 42: 504-501, 2001.

리 다급해도 자기가 필요한 돌봄이나 지원을 결코 받을 수 없다고 믿는다. 정서가 메마르고 피폐해져서 부정적인 생각에서 벗어날 수가 없다.

(4) **결점**(defectiveness): 이 스키마를 가진 사람은 자신이 육신적으로나 심리적으로 결점이 많기 때문에 다른 사람들로부터 사랑받을 가치도 없고 보호받을 가치도 없다고 생각한다. 이는 완전주의(perfectionism)가 극단적 부정주의로 정착된 상태다.

(5) **사회적 소외**(social isolation): 이 스키마의 소유자들은 타인들과 어울리기가 어렵다. 자기 스스로 자기를 소외시키기 때문에 늘 외롭고 어둡고 절망적이다.

(6) **의존**(dependence): 이 스키마의 소유자들은 자신은 무능하기 때문에 타인들의 도움을 받지 않으면 아무 일도 할 수 없다고 믿는다. 지나치면 의존증 성격장애자가 될 수 있다.

(7) **다치기 쉬움**(vulnerability): 이 스키마를 가진 사람은 자신은 항상 쉽게 상처를 받을 위험성에 노출되어 있고 어떤 병에 걸릴 가능성이 농후다고 믿는다. 자신인 매우 연약하기 때문에 다치거나 상하기 쉽다고 믿는다. 따라서 늘 불안할 수밖에 없다.

(8) **결핍증**(enmeshment): 이 스키마의 소유자들은 다른 사람들의 정서적 지지를 지속적으로 받지 않으면 삶을 즐기질 못한다. 삶을 즐기지 못할 뿐 아니라 삶 자체를 유지하기도 힘이 든다. 자신은 모든 면에서 결핍되어 있기 때문에 타인들로부터 정신적 도움을 받아야만 살 수 있다고 믿는다.

(9) 실패(failure): 이 스키마의 소유자들은 결코 성공한 적도 없고 성공할 수도 없다고 믿는다. 어떤 일을 하든지 자신은 성공과는 거리가 멀다고 믿는다. 자신이 스스로 무능력자라고 믿기 때문에 어떤 일도 스스로 추진할 수가 없다.

(10) 과대망상(grandiosity): 이 스키마의 소유자들은 자신은 다른 사람들보다도 더 중요하기 때문에 당연히 특별한 대접을 받아야 한다고 믿는다. 자기 자신의 장점을 지나치게 과장하여 평가하는 나머지 자신을 스스로 최고의 자리에 올려놓기를 좋아하는데, 이는 자아도취증(narcissism)의 특징들 중 하나다.

이런 사람은 다른 사람들이 줄을 지어 기다리는 장소에서도 줄 서기를 싫어한다. 자기는 그들보다 더 중요한 사람이기 때문에 당연히 먼저 들어가야 한다고 생각한다. 매사의 판단이 대단히 자기중심적이며 타인을 배려한지 않는다.

(11) 자제력 결핍(insufficient self-control): 이 스키마의 소유자들은 인내력이 부족하여 어떤 종류의 불편함이나 좌절을 참아낼 수가 없다. 그러므로 참고 기다리는 대신 쉽게 포기한다.

(12) 굴복증(subjugation): 이 스키마의 소유자들은 남의 강압에 의하여 자기가 하고 싶은 일을 하지도 못하고 쉽게 포기한다. 의지가 매우 박약한 사람들이다.

(13) 자기 희생증(self-sacrifice): 이 스키마의 소유자들은 다른 사람들의 필요를 충족시켜 주기 위하여 자기가 필요한 일을 쉽게 포기한다. 예를 든

다면, 시험을 보는 날 학교에 가는 도중에 리어카를 끌고 가는 할아버지를 보고 그냥 갈 수가 없어 집까지 밀어다 주고 학교에 갔는데 일 교시 시험이 이미 끝났다고 하자. 이 학생은 희생정신이 강하지만 남의 일을 돕느라고 자기가 꼭 해야 할 일을 포기하였다. 이런 일이 한 번 정도이면 판단 착오로 볼 수 있겠지만 그런 행동이 반복된다면 큰 문제가 아닐 수 없다. 그는 착한 학생이지만 일의 우선순위를 구별하지 못하는 사람이다.

(14) **인정 욕구증**(recognition-seeking): 이 스키마를 가진 사람들은 남에게 인정을 받으려는 욕구가 유달리 강하다. 그들은 타인들로부터 지속적으로 칭찬을 받거나 지지를 받지 못하면 불안을 느낀다. 그러므로 그들은 진정한 자신의 가치를 확립할 수가 없다. 자기 자신이 잘못된 행동을 한다고 할지라도 타인들이 인정해주면 가치 있는 일이라고 생각하고, 아무리 올바른 행동을 했어도 타인들이 인정해 주지 않으면 가치 있는 일이라고 생각하지 않는다.

(15) **비관주의**(pessimism): 이 스키마를 가진 사람들은 생각의 초점이 비관적인 일들에 맞추어져 있다. 그들의 마음은 슬프고 난처한 일들에 붙잡혀 있다. 그러므로 그들의 언어는 문제점, 슬픔, 고통, 파괴, 죽음 등등으로 엮어져 있다. 그들의 마음은 늘 어둡고 말은 대부분 부정적이다. 그들은 자신들은 물론 타인들을 모두 비관적으로 생각한다. 그들은 좋은 일이 일어날 것이라는 말을 들을 때에도 그 말을 좋게 받아들이지 않는다. 자기에겐 항상 최악의 일들이 일어날 것이라고 생각한다.

(16) **정서 억제**(emotional inhibition): 이 스키마의 소유자들은 타인들이 싫어하는 일들에 대하여는 말을 하려고 하지도 않고 행동을 하려고 하지도

않는다. 그들은 다른 사람들을 만족시키기 위하여 자기의 감정을 억제하는 삶을 산다. 스스로 정서적 억압을 받는 셈이다.

(17) **극단적 비판주의**(excessive criticism): 이 스키마의 소유자들은 실천 불가능한 목표를 설정해 놓고 거기에 도달하지 못하는 자신을 비판한다. 그들은 어떤 일이든 완전하게 하려고 최선을 다하는데, 기대에 미치지 못할 경우 심각한 자아비판을 한다. 99% 성공하고 1% 실패했을 경우에도 그것을 실패로 간주한다.

(18) **형벌주의**(punitiveness): 이 스키마를 가진 사람들은 누구든지 실수만 해도 그것은 마땅히 비판과 징계를 받아야 한다고 믿는다. 자기가 실수했을 경우엔 자기에게 분노하고 남이 실수했을 때엔 남에게 분노한다.

이상에 소개된 18가지의 부정적 스키마들의 공통점은 말 그대로 "부정적"(negative)이라는 것이다. 이것들은 미국정신의학협회가 제시하는 다음과 같은 13가지 이상심리와 맥락을 같이 한다. 강박성 성격장애(obsessive-compulsive personality disorder), 자아도취적 성격장애(narcissistic personality disorder), 의존증 성격장애(dependent personality disorder), 배우증 성격장애(histrionic personality disorder), 편집증 성격장애(paranoid personality disorder), 회피증 성격장애(avoidance personality disorder), 수동적 공격성 성격장애(passive-aggressive personality disorder), 반사회적 성격장애(antisocial personality disorder), 정신괴리형 성격장애(schizotypal personality disorder), 정신분열증 성격장애(schizoid personality disorder), 경계선 성격장애(borderline personality disorder), 자패증 성격장애(self-defeating personality disorder), 가학적 성격장애(sadistic personality disorder).[14]

예를 든다면, 굴복증 스키마의 소유자는 강박성 성격장애자가 되기 쉽고, 과대망상증 스키마의 소유자는 자아도취증 성격장애자가 될 수 있으며, 의존 스키마를 소유한 사람은 의존증 성격장애자가 될 수 있다. 사회적 소외 스키마를 가진 사람은 반사회적 성격장애자가 될 수 있고, 결핍증 스키마나 실패 스키마의 소유자는 자폐증 성격장애자가 될 가능성이 있다. 사실상 모든 이상심리는 부정적 스키마에 근거를 두고 있다고 할 수 있을 것이다.

이제 긍정적 스키마에 대하여 알아보자. 모든 성경적 가치들은 긍정적 스키마에 해당하는데, 그것들을 몇 가지 성경의 범주에서 찾아보자.

1) 기독교의 삼대 가치(고전 13:13)

하나님은 바울을 통하여 고린도 교인들에게 다음과 같이 믿음과 소망과 사랑을 기독교의 삼대 가치로 제시한다. "그런즉 믿음, 소망, 사랑, 이 세 가지는 항상 있을 것인데, 그 중에 제일은 사랑이라"(고전 13:13).

믿음과 소망과 사랑은 영원한 가치를 지닌 스키마에 속한다는 가르침이다. 의심은 부정적 스키마에 속하고 믿음은 긍정적 스키마에 속하며, 절망은 부정적 스키마에 해당하고, 소망은 긍정적 스키마에 해당한다. 증오가 부정적 스키마에 속하는 반면 사랑은 긍정적 스키마에 속한다. 따라서 의심과 절망과 증오는 나쁜 스키마에 속하고, 믿음과 소망과 사랑은 좋은 스키마에 속한다.

---

14   13가지 이상심리에 대하여 더욱 구체적인 내용에 대하여는 다음 문헌을 참고하라. Oldham, John M. & Morris, Lois B. *The Personality Self-Portrait*. New York: Bantam Books, 1990.

2) 천국의 삼대 요소(롬 14:17)

하나님은 바울을 통하여 로마의 성도들에게 하나님 나라의 삼대 요소를 다음과 같이 제시하신다. "하나님의 나라는 먹는 것과 마시는 것이 아니요, 오직 성령 안에서 의와 평강과 희락이라"(롬 14:17). 의와 평강과 희락은 모두 긍정적 스키마에 속하는 것들로서 하나님 나라의 본질적 요소다.

3) 팔복(마 5:3-10)

예수 그리스도가 제자들을 모아 놓고 본격적인 사역을 시작하실 때에 제일 먼저 가르친 것이 팔복인데, 이는 모두 긍정적 스키마에 속하는 것들로서 그 내용을 요약하면 다음과 같은 것들이다.

(1) 겸손 스키마(3절): 천국을 소유하는 복을 받으려면 심령이 가난해야 한다는 것인데, 여기에서 심령이 가난하다는 것은 자만에 빠져있지 않고 겸손히 하나님을 의지하는 상태를 의미한다.[15] 겸손이라는 스키마는 천국을 소유하는 기초가 된다는 것을 알 수 있다.

(2) 회개 스키마(4절): 애통하는 자는 위로를 받는 복이 임한다는 말씀에서 애통하는 자란 죄를 슬퍼하여 회개하고 돌이키는 사람을 의미한다고 샌더스(J. O. Sanders)는 주장한다.[16] 지은 죄를 인하여 슬퍼하며 회개할 때

---

15 J. O. Sanders, *Spiritual Maturity* (Chicago: Moody Press, 1962), 106.
16 Ibid.

에 하나님은 그런 사람을 위로해 주신다는 것이다. 죄를 인하여 애통하며 회개하는 사람에게는 하나님의 위로를 받는 복이 임한다.

(3) **온유 스키마(5절)**: 온유한 자가 땅을 기업으로 받는다는 가르침은 부드럽고 따뜻한 마음을 가진 사람이 하나님께로부터 천국 기업을 상속받는다는 것을 의미한다고 볼 수 있다. '땅'을 물질로 해석한다면 온유 스키마의 소유자들은 하나님께로부터 물질적 축복도 보장받는다고 할 수 있을 것이다.

(4) **정의(正義) 스키마(6절)**: 의에 주리고 목마른 자는 배부를 것이라는 가르침은 정의 스키마를 가진 사람은 진정한 만족을 누린다는 의미다. 불의한 사람은 불의의 재물을 모은다 해도 그것이 그에게 진정한 만족을 줄 수 없으나, 의로운 사람은 의로운 마음과 행동 자체가 그에게 참된 만족을 제공하게 된다.

(5) **긍휼 스키마(7절)**: 긍휼히 여기는 자는 긍휼히 여김을 받는다는 가르침이다. 남에게 긍휼을 베푸는 사람은 하나님께로부터는 물론 남들로부터도 긍휼히 여김을 받는다.

(6) **청결 스키마(8절)**: 마음이 청결한 자는 하나님을 보는 복을 받는다는 가르침이다. 육신의 눈으로는 그 누구도 하나님을 보지 못하지만 마음이 청결한 사람은 마음의 눈으로 하나님을 볼 수 있다. 청결 스키마는 마음의 눈을 정결케 한다는 가르침이다.

(7) **화평 스키마(9절)**: 화평케 하는 자는 하나님의 아들이라 일컬음을 받

을 것이라는 가르침은 화평 스키마의 소유자들은 하나님의 자녀로 인식
된다는 뜻이다. 불화하는 사람들은 자신들이 스스로 하나님의 자녀라고
말한다 해도 사람들은 그것을 인정하기 어렵다. 그러나 화평케 하는 자들
은 다른 사람들로부터 하나님의 자녀라고 인정을 받게 된다.

(8) 의를 위한 고난을 감수하는 스키마(10절): 천국은 의를 위하여 핍박을
받는 자들의 것이라는 가르침이다. 불의를 위하여 고통을 받는 것은 감
옥이라는 벌을 받는 것이지만, 의를 위하여 고통을 받는 것은 천국이라는
상을 받는다.

4) 성령의 아홉 가지 열매(갈 5:22-23)

하나님은 바울을 통하여 갈라디아 교인들에게 성령의 아홉 가지 열매
를 다음과 같이 제시하는데, 이들은 모두 긍정적 스키마에 속하는 것들
이다.

(1) 사랑(love): 사랑은 기독교의 최고 가치일 뿐 아니라 모든 종교를 초월
하는 절대적 가치로서, 요한은 하나님을 사랑이라고 설명하며, 바울은 사
랑이 없으면 아무 것도 소용이 없다고 함으로써 사랑 스키마의 중요성을
강조한다. 사랑은 성령의 처음 열매다.

그런데 여기에 나오는 사랑은 아가페(ἀγάπη)사랑이다. 아가페 사랑은
무조건적 사랑으로서 하나님이 인간을 사랑하는 하나님의 사랑이다. 하
나님이 인간을 사랑하시는 것은 인간이 사랑받을 만한 조건이 갖추어져
있기 때문이 아니다. 사랑 받을 수 없는 상태에 있는 사람을 사랑하는 것
이 아가페 사랑이다.

아가페 사랑이 하나님의 사랑이라고 하지만 인간이 실천할 수 없는 사랑은 아니다. 만약 아가페 사랑이 인간이 실천할 수 없는 사랑이라면 하나님은 인간에게 사랑하라는 명령을 하시지 말아야 한다. 그러나 하나님은 성경을 통하여 끊임없이 우리에게 서로 사랑하라고 명하시는데, 하나님께서 우리에게 명하신 이 모든 사랑이 아가페 사랑이다. 즉, 우리는 서로 조건 없는 사랑을 실천하라는 것이다.

그러나 무조건적 사랑이 아무리 가치가 있다 해도 우리는 다른 사람을 무조건적으로 사랑하기 힘들다. 그러므로 성령의 도우심이 필요하며 성령의 도우심을 통하여 무조건적인 사랑을 실천할 때에 그것이 곧 성령의 열매로서의 사랑이다.

(2) **희락(joy)**: 성령의 두 번째 열매인 희락은 내적인 기쁨을 의미한다. 외적인 조건이 좋으면 기뻐하고 조건이 나쁘면 그 기쁨이 즉석에서 사라지는 것은 희락이 아니다. 성령의 역사를 통해서 맺어지는 희락의 열매는 환경에 좌우되지 않는다. 물론 환경이 나빠지면 기쁨이 사라지는 것 같지만 내면 깊은 곳에 자리 잡고 있던 희락은 다시 회복되기 마련이다. 희락 스키마를 소유한 사람들은 밝고 명랑하며 행복한 삶을 누린다.

(3) **화평(peace)**: 화평이란 자기 이외의 타자와의 관계를 잘 맺음으로써 주어지는 마음의 상태인데, 그 상태가 내면에 자리 잡을 때에 평안이 된다. '화평'이나 '평안'이나 모두 영어로는 'peace'이지만 한글의 두 단어는 약간의 차이가 있다. 화평은 타자와의 좋은 관계 자체를 지칭하고, 평안은 근심과 걱정이 없는 내적 평정의 상태를 의미한다. 팔복의 "화평케 하는 자"에서의 화평이 타자와의 좋은 관계를 맺는 상태를 의미한다면, 성령의 열매로서의 화평은 평안에 초점을 맞추고 있다. 전자의 반대 개념이

'불화'라면, 후자의 반대 개념은 '불안'이라고 할 수 있을 것이다.

보혜사 성령이 오시면 어떤 일을 할 것인가를 가르치시면서 예수님은 다음과 같이 말씀하셨다. "평안을 너희에게 끼치노니 곧 나의 평안을 너희에게 주노라. 내가 너희에게 주는 것은 세상이 주는 것 같지 아니하니라. 너희는 마음에 근심도 말고 두려워하지도 말라"(요 14:27). 여기에서 예수님이 주시고 성령이 주시는 평안은 세상이 주는 것과는 질적으로 다르다는 것을 가르치셨다. 세상이 주는 평안이 조건적이라면 주님이 주시는 평안은 무조건적이며, 전자가 일시적이라면 후자는 영구적이다.

(4) 인내(patience): 인내란 난제를 만났을 때에 참아내며 견디는 것이다. 그러나 인간의 인내력은 매우 제한적이기 때문에 참고 견딜 수 없는 상황이 무수히 많다. 꼭 참고 견디어야 할 상황에서 인간의 힘으로 감당하기 어려울 때에 성령은 그것을 참고 견딜 수 있는 힘을 주신다.

예수님이 잡히시던 밤에 베드로는 주님을 세 번이나 부인했다. 자기는 절대로 주님을 배신하지 않겠다고 호언장담하던 그는 위협적인 상황에서 예수를 알지도 못한다고 주님을 부인했다. 그것이 인간 베드로의 인내의 한계였다. 그러나 그가 오순절에 내주하는 성령의 역사를 체험한 후에는 어떤 위협도 견디어 내며 결국 순교자가 될 수 있었다. 순교는 성령이 주시는 인내의 열매가 없이는 불가능하다.

(5) 친절(kindness): 한글개역성경에는 성령의 다섯 번째 열매를 '자비'로 번역했는데 헬라 원어대로 번역하면 자비가 아니라 '친절'(kindness)이다. '크레스토테스'(χρηστότης)는 친절을 의미한다. 자비란 호의를 가지고 상냥하게 대하는 태도를 의미한다. 남을 불쌍히 여기는 마음을 가지고 있으면 친절한 행동이 나올 수 있다. 그러므로 자비는 친절의 내적 상태이고 친

절은 자비의 외적 표현이라고 할 수 있을 것이다. 참된 친절은 자비에서 비롯된다고 할 수 있을 것이다. 이런 의미에서 친절을 자비로 의역해도 될 것이다.

그러나 친절이 자비로 번역된 것은 친절이라는 덕목에 대한 가치평가 절하에서 기인된 것이라고 보인다. 자비라는 단어는 엄숙하고 무거운 느낌을 주지만 친절이라는 단어는 평범하고 가벼운 느낌을 주기 때문에 친절을 자비로 번역한 것 같다.

그러나 친절이라는 단어는 평범하지만 결코 가볍거나 가치가 떨어지는 단어는 아니다. 오히려 '믿음의 생활화'라는 주제가 절실한 과제인 오늘날 평범한 일상용어를 사용하는 것은 그만큼 가치가 있다고 볼 수 있다.

아무튼 성경 원어인 '크레스토테스'는 친절로 번역되어야 한다. 남에게 친절을 베푸는 것은 인간적 가치만 있는 것이 아니라 영적 가치가 있다. 영적 가치와 인간적 가치는 배치되거나 상반되는 것이 아니다. 내면에 존재하는 영적 가치는 외부로 나타나야 믿음의 생활화가 가능해진다는 점을 감안할 때에 성령의 열매 중 하나가 친절이라는 것은 주목해야 할 일이라고 생각된다. 친절은 성령의 열매이기 때문에 영적인 것이다.

(6) 양선(goodness): 양선은 어질고 착한 것이다. 악령은 모질고 악한 성품을 배양하지만 성령은 어질고 착한 성품을 길러주신다. 양선이라는 성령의 열매를 맺는 사람은 보통 이상으로 어질고 착한 삶을 산다. 역으로 어질고 착한 삶을 살면 양선이라는 열매를 맺게 된다.

모질고 악한 사람도 성령의 역사를 통하여 어질고 착한 성품을 가진 인격자가 될 수 있다. 한국 초대 교회의 영적 거장이었던 김익두 목사님은 원래 모질고 악한 사람이었다. 그는 젊은 시절에 시골 장날 시장에 가서 싸움을 하여 피를 보지 않으면 밤에 잠이 오질 않을 정도로 모질고 악한

제2장 스키마(Schema)

사람이었다고 한다. 그러나 그가 성령의 역사를 체험한 후엔 양처럼 순한 사람이 되었다고 한다.

그럼 태어날 때부터 어질고 착한 사람의 경우는 어떻게 해석해야 하는가? 그런 사람이 성령의 역사를 체험하면 더욱 어질고 착한 사람이 된다. 그러므로 우리는 천성에 관계없이 더욱 어질고 착한 사람이 되기 위해서 성령의 도움을 받아 양선의 열매를 많이 맺어야 할 것이다.

그런데 선행을 낮게 평가하는 경향이 있다. 선행으로 구원받는 것이 아니라 믿음으로 받기 때문에 선행이 구원의 적(賊)인 것처럼 취급받기도 한다. 그러나 선행은 구원의 적이 아라 구원의 목적이다. 우리가 구원받은 것은 선한 삶을 살면서 하나님께 영광을 돌리기 위함이다.

이에 관하여 예수님은 제자들에게 다음과 같이 가르치셨다. "이같이 너희 빛을 사람 앞에 비춰게 하여 저희로 너희 착한 행실을 보고 하늘에 계신 너희 아버지께 영광을 돌리게 하라"(마 5:16). 구원 받은 백성들('너희')이 선한 삶을 살면 구원 받지 않은 사람들('저희')도 그것을 보고 하나님께 영광을 돌린다는 말씀이다.

예수 그리스도는 '선한 사마리아인'의 비유를 통하여서도 선한 삶이 얼마나 중요한 것인가를 가르치셨다. 예수님은 그 비유를 통하여 하나님을 잘 믿는다고 자부하면서 선을 베풀지 않는 종교인들을 질책하셨다.

(7) 충성(faithfulness): 충성이란 자기가 맡은 일을 잘 하기 때문에 믿음직스럽게 보이는 상태를 말한다. 하나님께 대한 믿음(faith)을 가진 사람은 그 증거로서 믿음직스런(faithful) 행동을 해야 한다. 그것은 하나님을 믿는다는 증거이기도 하다. 충성된 삶은 하나님께로부터 인정을 받을 뿐 아니라 주위의 사람들로부터도 인정을 받는 중요한 가치다.

하나님을 믿는다고 하면서 자기가 맡은 일에 최선을 다하지 않는 것은 성령의 역사와 거리가 먼 삶이다. 그런 신자들은 충성이라는 성령의 열매를 맺을 수 없다. 성령의 역사는 자기에게 맡겨진 일에 최선을 다하는 삶으로 연결된다. 충성이라는 성령의 열매가 많이 맺혀진 사람은 모든 삶의 영역에서 최선을 다하는 사람이다.

(8) 온유(gentleness): 온유란 온화한 마음의 상태다. 예수님은 온유가 자신의 중요한 성품이라고 가르치셨다(마 11:29). 그러므로 예수님을 닮고자 하면 온유한 품성을 길러야 한다.

온유(溫柔)는 부드럽고 따뜻한 마음이다. 일반적으로 부드러운 것은 따뜻하다. 추운 겨울 날 목에 스카프를 두르고 외출하면 목이 따뜻하다. 스카프는 매우 얇지만 매우 따뜻하다. 그것은 부드럽기 때문에 따뜻하다. 만약 그것이 딱딱하다면 매우 차가울 것이다.

부드러운 마음의 소유자들 주위엔 사람들이 모여든다. 따뜻하기 때문이다. 딱딱한 마음을 가진 사람들은 냉랭하고 냉정하다. 그런 사람들 주위엔 사람들이 몰려들지 않는다. 예수님 주위에 그토록 많은 사람들이 몰려들었던 이유들 중 하나는 예수님의 온유한 성품 때문이었다.

(9) 절제(self-control): 절제란 자신을 통제하는 것이다. 본래 인간은 자기중심적이기 때문에 자기에게 유익이 되는 것은 다른 사람에게 해가 되어도 그것을 추구하려는 경향이 있다. 자기에게 유익해도 타인들에게 해로우면 그것을 하지 않는 힘이 절제다. 절제는 아무리 하고 싶어도 타인들에게 해가 되면 그것을 삼가는 마음의 상태다.

절제는 하나님의 영광을 가리는 일이라면 아무리 자기에게 유익이 되어도 그것을 삼가는 정신적 능력이다. 스스로 자기의 마음을 통제하는 정신력이다. 그것은 이성적 가치 판단이 감정적 충동을 억제하는 힘이다.

그러나 아무리 이성이 발달하고 도덕적 판단 능력이 강한 사람이라고 해도 모든 감정적 충동을 다 다스릴 수는 없다. 만약 그런 사람이 있다면 그는 완전한 사람일 것이다. 많은 경우에 알고도 죄를 짓는 것은 이 때문이다. 그러므로 여기에 성령의 도우심이 필요하다. 성령의 역사는 자기 통제력 상실을 보충해준다. 절제는 성령의 중요한 열매다.

이상에서 살펴본 대로, 부정적 스키마는 갖가지 이상심리의 근거가 되고, 긍정적 스키마는 성경에 나오는 주요 가치들과 밀접한 관계가 있다. 이 사실은 우리에게 무엇을 말 해주는가? 성경적인 삶을 살면 긍정적인 스키마가 발달하고 건전한 삶을 살 수 있다는 사실을 알 수 있다. 성경은 우리의 영혼뿐 아니라 정신도 건전하게 하여 복되고 건강한 삶을 살 수 있게 하는 생명의 말씀이다.

위에서 논의된 대로 스키마는 대체로 긍정적 스키마와 부정적 스키마로 분류되는데, 그것들을 그림으로 나타내면 다음과 같다. 물론 스키마는 눈으로 볼 수 없는 추상적 인지 구조다. 만약 스키마를 눈으로 볼 수 있다면 스키마 치료에 큰 도움이 될 것이다.

그림 1: 긍정적 스키마

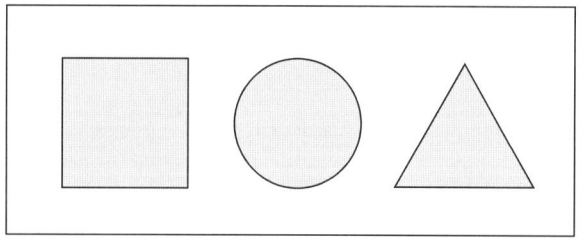

그림 1에서 세 가지 모양의 스키마는 형태는 다르지만 긍정적인 모습을 하고 있다. 그러나 그림 2는 고장난 스키마로서 부정적인 모습을 하고 있다.

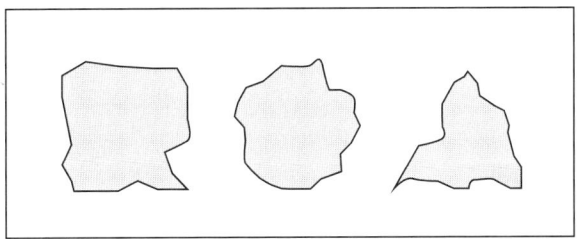

그림 2: 부정적 스키마

위의 그림들에서 긍정적 스카마의 선은 확실하며 질서가 있고 원만하지만 부정적 스키마의 선은 불확실하며 무질서하고 원만하지 못하다.

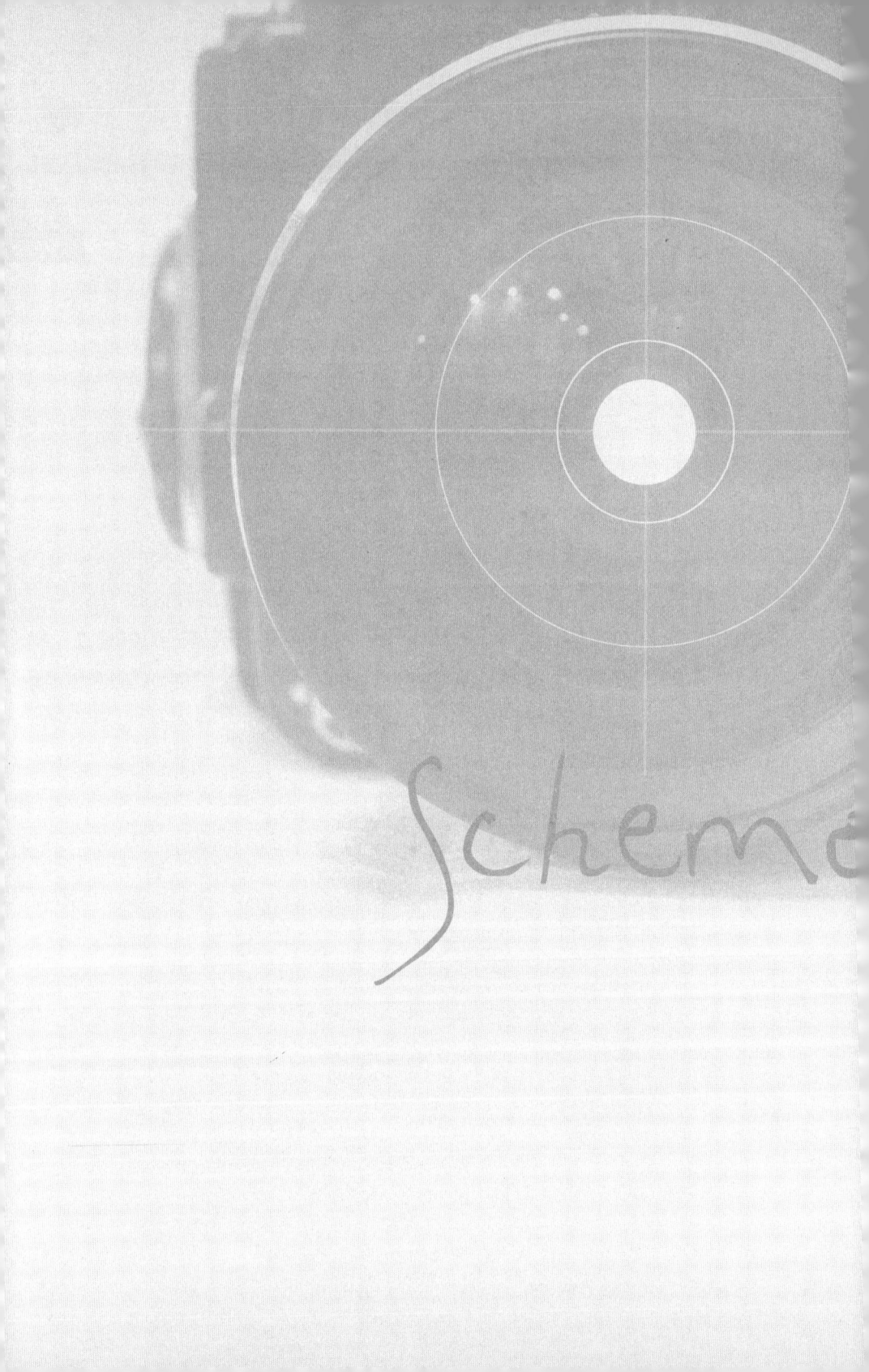

제3장 스키마 고장

■■ 스키마는 두뇌에 형성된 인지 구조이기 때문에 스키마에 따라 생각이 결정된다. 긍정적인 스키마는 긍정적인 생각을 낳고 부정적인 스키마는 부정적인 생각을 낳는다.

그럼 부정적인 생각이 다 나쁜가? 부정적인 스키마는 모두 나쁜 스키마인가? 모든 부정이 다 나쁜 것은 아니다. 부정에 대한 부정은 긍정이기 때문이다. 부정적인 것은 부정을 통하여 긍정이 된다.

그림 2의 부정적 스키마들은 고장난 스키마들이다. 스키마는 계속 만들어지기 때문에 간단히 몇 가지로 표시할 수는 없다. 긍정적 스키마도 무수히 많고 부정적 스키마도 무수히 많다. 부정적 스키마들은 고장난 스키마들로서 일그러져 있거나 구겨져 있고, 모가 나 있거나 병들어 있다. 일그러진 스키마는 일그러진 생각을 하게 만들고 구겨진 스키마는 구겨진 생각을 하게 만들며 모난 스키마는 모난 생각을 하게 하고 병든 스키마는 병든 생각을 하게 한다.

고장난 스키마를 많이 소유한 사람들은 자신에 대하여, 타인들에 대하여, 세상에 대하여, 그리고 하나님께 대하여 부정적인 생각을 한다. 이제 좀 더 구체적으로 이 네 가지 면에서 고장난 스키마의 실상을 탐구해 보자.

1. 자신에 대하여

고장난 스키마의 소유자들은 자신을 부정적으로 보기 때문에 다음과 같은 생각을 하게 된다.

1) 어두운 마음: 부정적 스키마의 소유자들은 자신을 부정적으로 보기 때문에 마음이 늘 어둡다. 기쁘고 명랑한 삶과는 거리가 멀다. 그들의 행복은 하나의 이념이나 이상에 불과하다. 행복은 그들의 현실에 머물지 않는다. 마음이 어두운 것은 마음의 창문을 닫았기 때문인데, 이것은 부정적 스키마에 의해서다. 긍정적 스키마는 마음 문을 열게 하지만 부정적 스키마는 마음 문을 닫게 만든다.

2) 우울한 마음: 부정적 스키마의 소유자들은 마음이 어둡기 때문에 늘 우울한 마음에 젖어 있다. 스스로 우울한 분위기를 벗어나려고 힘써도 잘 안 된다. 그래서는 안 된다는 것을 이론적으로는 알지만 현실은 정반대다. 자기도 모르게 우울하다. 심하면 우울증에 걸리게 되고 죽고 싶은 마음이 들기도 한다. 자살충동에 시달려 자살을 시도하다가 자살로 최후를 마치는 수도 빈번하다. 그들의 내면엔 늘 구름이 끼어 있고 비가 내린다.

3) 절망적인 마음: 부정적 스키마의 소유자들에겐 희망이 없다. 그들은

자신의 능력에 대하여 부정적인 생각을 가지고 있기 때문에 성공적인 삶을 살 자신이 없다. 그들은 또한 자신에겐 행운이 찾아오지 않는다고 생각하기 때문에 늘 절망적이다. 그들에게 희망은 뜬구름이고 절망은 눈앞의 현실이다.

4) 염려하는 마음: 부정적 스키마의 소유자들은 매사에 염려하는 마음으로 가득 차 있다. 자신의 현재 일이나 장래 일에 대하여 염려하는 나머지 근심과 걱정에 사로잡히는 일이 빈번하다. 그들은 자긍심(self-esteem)이 빈약하기 때문에 매사에 자신이 없다. 그러므로 조그마한 일을 만나도 근심과 걱정의 포로가 된다. 부정적 스키마는 매사를 부정적으로 보게 만들기 때문에 자신의 일에 대하여 확신이 없으므로 근심과 걱정에 시달리기 쉽다.

5) 자패적인(self-defeated) 마음: 부정적 스키마의 소유자들은 과거의 실패가 현재의 마음을 사로잡고 있기 때문에 미래에 대하여도 시도하기 전에 이미 패배의식을 가지고 있다. 그러므로 아무리 노력을 해도 일의 효율이 현저히 떨어진다. 그 결과는 또 다른 패배를 낳는다. 이와 같은 패배의 악순환은 삶 자체를 패배하는 삶으로 만든다.

6) 비관적인(pessimistic) 마음: 부정적 스키마의 소유자들은 자신을 초라하게 보기 때문에 자기의 앞날도 비관적으로 보인다. 자기의 내면이 온갖 부정적인 것들로 채워져 있기 때문에 자기 자신이 비관 그 자체로 보인다. 자기의 내면에 형성된 비관주의는 자기 두뇌에 그려진 부정적 스키마에 의해서 형성된 그림자의 산물이다.

2. 타인들에 대하여

고장난 스키마의 소유자들은 자기 자신에 대하여 부정적 생각만 하는 것이 아니라 타인들에 대하여도 부정적인 생각을 하는데, 그 실례를 들면 다음과 같다.

1) **단점 발견자**: 부정적 스키마의 소유자들은 타인들의 장점을 보는 대신 단점을 본다. 자기의 두뇌에 형성된 부정적 스키마에 따라 남을 보기 때문이다. 이런 일화가 있다. 이성계가 무학 대사를 만났을 때에 이렇게 말을 걸었다고 한다. "대사님의 얼굴은 꼭 돼지의 얼굴과 같습니다." 이에 대하여 무학 대사는 이렇게 응답했다고 한다. "임금님의 얼굴은 부처님 얼굴 같습니다." 그러자 깜짝 놀란 이성계는 이렇게 말했다고 한다. "저는 대사님을 돼지 같다고 했는데 대사님은 저를 부처님 같다고 하시네요. 어떻게 그런…" 그러자 무학 대사는 정색을 하고 이렇게 대답했다고 한다. "사람들은 다 자기 생긴 대로 남을 보는 법이지요!"

이 일화에서 이성계가 무학 대사를 돼지로 본 것은 자기의 두뇌에 남을 나쁘게 보는 부정적 스키마가 있었기 때문이라고 해석할 수 있다. "자기 생긴 대로 남을 본다"는 말을 두뇌학적 표현으로 말하자면 "자기 스키마대로 남을 본다"라고 할 수 있다. 긍정적 스키마의 소유자들은 남의 장점을 보기 쉽고 부정적 스키마의 소유자들은 남의 단점을 보기 쉽다.

2) **비난 전문가**: 부정적 스키마의 소유자들은 비난전문가들이다. 비난(blame)과 비판(criticism)은 같은 뜻의 용어가 아니다. 건전한 비판은 옳고 그름을 분별하는 데 필수적인 요소다. 여러 가지 문제들에 대하여 비판적 시각을 가지고 옳고 그름을 판단하는 것은 나쁜 일이 아니라 오히려 바람

직한 일이다. 학교에서 시험을 볼 때에 오 엑스(O, X) 문제를 내는 것은 학생들로 하여금 올바른 판단력을 기르도록 하기 위함이다. 선다형 문제도 정답을 찾는 훈련을 통해 올바른 판단력을 길러주는 시험의 형태다.

그러나 비난은 비판과 다르다. 비난은 문제나 일 자체를 떠나 그 사람의 허물을 가지고 흉을 보는 행위다. 비난 받아야 할 사람을 비난하는 것은 크게 잘못 될 것이 없지만 남을 비난하기를 좋아하는 사람은 인격적으로 문제가 있다. 남을 비난하기를 좋아하는 사람은 자기의 두뇌에 부정적 스키마가 많기 때문이다. 건전한 비판은 문제를 해결하기 위한 발판이 되지만 비난은 문제와 관련된 사람에게 돌을 던짐으로써 문제를 더욱 악화시킬 수 있다.

3) **의심**: 부정적 스키마의 소유자들은 남에게 의심을 많이 품는다. 자기 내면에 형성된 의심 스키마가 그로 하여금 남을 의심하게 만든다. 의처증 환자들 중에는 자신의 생활이 문란한 경우가 많다. 자신의 생활이 문란하기 때문에 자기 두뇌에 의심 스키마가 형성되어 있는데 바로 그 스키마로 아내를 보기 때문에 아내가 부정행위를 한다고 해석하는 것이다.

4) **미움**: 남을 미워하는 일이 빈번하면 두뇌에 미움 스키마가 형성되는데, 이것은 다시 미운 마음을 일으키는 모체가 된다. 나쁜 일을 반복하면 나쁜 습관이 드는데, 이것은 그 사람의 두뇌에 나쁜 스키마가 형성되었다는 것을 의미한다. 어떤 사람이 대체적으로 남을 미워하는 경향이 있다는 것은 그 사람의 두뇌에 미움 스키마가 존재한다는 것을 의미한다. 생각이 습관을 만들고 습관이 모여 삶이 된다는 말에서 '습관'이 바로 스키마에 해당된다. 그러므로 남에 대하여 미운 마음이 빈번히 드는 것을 경계해야 한다.

5) **불평**: 부정적 스키마의 소유자들은 남에게 불평을 많이 한다. 그리고 불평을 많이 하면 불평 스키마가 더욱 강화되어 불평이 습관이 되어 고치기 힘들게 된다. 불평을 많이 하는 사람은 스스로 자신의 두뇌에 고장난 스키마가 존재한다는 것을 명심해야 한다. 자기의 잘못을 남에게 전가시키고 그에게 불평하는 것은 그 사람에게만 해가 되는 것이 아니라 자기 자신에게 큰 해가 된다. 자기 두뇌에 불평 스키마가 형성되어 인격이 손상되기 때문이다.

3. 세상에 대하여

　스키마의 고장은 세계관에도 악영향을 미친다. 고장난 스키마의 소유자들이 공통적으로 갖는 세상에 대한 마음은 다음과 같다.

1) **두려움**: 부정적 스키마의 소유자들은 세상이 두렵다. 세상이라는 거대한 수레바퀴에 치어 죽을 것만 같은 예감이 들어 비활동적이며 무능한 사람이 된다. 세계는 온통 자기의 적들로 가득 차 있다고 그들은 생각한다.

2) **염세주의**: 부정적 스키마의 소유자들은 세상을 악의 장으로 본다. 그들에게 세상은 살 만한 곳이 아니라 악의 구렁텅이다. 그러므로 세상에 물들지 않고 세상에 빠지지 않는 것이 그들의 삶의 목표다. 그들은 세상을 아름답다고 하는 사람들을 이해할 수가 없다. 부정적 스키마의 소유자들은 자기 자신에 대하여도 염세적이며 세상에 대하여도 염세적이다.

3) 반사회적 성격: 부정적 스키마의 소유자들은 세상은 악으로 가득 차 있고 불결하기 때문에 세상을 미워한다. 그러므로 그들은 반사회적(anti-social)이다. 세상에서 일어나는 일들을 있는 그대로 보지 않고 비뚤게 본다. 이런 형상이 심해지면 반사회적 성격장애(anti-social personality disorder)라는 이상심리에 빠져들어 세상을 살아가는 자체가 큰 고통이 된다. 이런 사람들은 세상에 많은 문제를 일으키기도 하고 스스로 목숨을 끊기도 한다.

4. 하나님께 대하여

부정적 스키마의 소유자들은 자신에 대하여, 타인들에 대하여 그리고 세상에 대하여 부정적인 생각을 할 뿐 아니라, 하나님에 대하여도 부정적인 생각을 많이 한다. 이제 구체적으로 부정적인 스키마의 소유자들이 하나님께 대하여 품는 부정적인 생각들에 대하여 알아보자.

1) 실망: 부정적인 스키마의 소유자들은 하나님께 실망을 많이 한다. 자신이 잘못하여 실패한 일도 하나님 탓으로 돌리며 실망한다. 왜냐하면 하나님이 자신을 그렇게 만들어 놓았기 때문이라고 믿기 때문이다. 하나님께 기도하면 하나님께서 이루어주신다는 약속을 믿고 기도했는데 응답받지 않았을 경우 그들은 하나님께 실망한다.

그들은 또한 불의한 사람들이 잘 되는 것을 보고 실망한다. 그들은 의로운 사람들이 고난당하는 것을 보고도 실망한다. 모든 잘못과 불행의 원인을 마귀라고 믿는 사람들도 실상 하나님께 실망한다.

2) 원망: 그들의 실망은 실망으로 끝나지 않는다. 내면 깊은 곳에 쌓인 실망은 이내 원망으로 나타난다. 그러나 하나님께 대한 원망은 쉽게 표현되지 않는다. 그런 감정이 쉽게 표현되면 믿음이 없다는 판단을 받을 수 있기 때문에 그들은 마음에 가득한 원망을 감추어둔다. 그러나 감추어 둔다고 없는 것이 아니다. 그들의 두뇌에 이미 원망 스키마가 존재하기 때문이다.

3) 분노: 하나님께 대한 실망은 원망으로 이어지고, 다시 그 원망은 분노로 나타난다. 그런데 그들은 하나님께 대한 분노를 하나님께 직접적으로 표출하는 대신 사람에게 쏟아놓는다. 감히 하나님께는 쉽게 분노를 표현할 수가 없다고 믿기 때문이다. 그 대신 그들은 자기의 분노를 하나님과 더욱 가깝다고 생각하는 사람에게 쏟아 놓는다.

필자는 이것을 "가인의 분노"(Cain's anger)라는 신조어를 만들어 설명한다. 하나님께서 동생 아벨의 제사만 받아주시고 자기의 제사는 받아주시지 않은 일에 대하여 가인은 분노했다. 그렇다면 그는 하나님께 직접적으로 분노를 표출했어야 할 것이다. 그러나 그는 그 분노를 숨겼다가 동생에게 쏟아놓았다. 동생이 하나님과 더 가깝다고 생각했기 때문이었을 것이다. 자기와 하나님과의 관계보다 동생과 하나님과의 관계가 더 깊다고 생각한 가인은 하나님께 대한 분노를 동생을 살해함으로써 표출했다.

이와 같은 현상은 정도의 차이는 있으나 가정이나 교회에서 종종 나타난다. 부모는 독실한 크리스천인데 자녀는 꼬이고 비뚤어진 반항아인 경우를 우리는 종종 본다. 그는 빈번히 이유 없이 부모에게 반항한다. 그는 부모 중에 신앙심이 더 깊다고 생각하는 사람에게 더욱 반항한다. 예를 들어 아버지는 서리집사이고 어머니는 권사일 경우 그는 어머니에게 더욱 반항심을 나타낸다. 하나님께 대한 분노가 하나님과 더욱 가깝다고 생각되는 어머니에게 나타나는 것이다.

  목회자의 가정에 방탕한 생활을 하면서 아버지를 괴롭히는 아들의 경우도 이에 속한다. 필자가 고등학교 시절에 다니던 교회의 담임목사님은 성자라고 불릴 만큼 거룩한 삶을 살려고 노력하는 목사님이었다. 그런데 고등학교에 다니는 아들이 주먹패들과 어울려 사고를 내곤하였다. 아버지는 결국 그 교회에서 떠나 먼 곳에 있는 교회로 부임을 하여 목회를 하였다. 그러던 어느 날 아버지가 쓰러져 결국 세상을 떠났다는 것이다. 아들이 사고를 냈다는 소식을 듣고 쓰러진 것이었다. 하나님께 대하여 불만이 많던 그 아들은 하나님께 대한 분노를 아버지에게 쏟아 놓았던 것이다.

  이런 현상이 가장 많이 나타나는 곳이 교회다. 미국에 있는 어느 교회에서 일어난 일이다. 어느 집사 가정에 고등학교에 다니는 두 자녀가 있었는데 모두 교통사고로 죽었다. 그 중 한 아들은 12월 31일 밤에 교회에서 영시 예배를 마치고 차를 몰고 집으로 가다가 사고를 당했다. 그 집사님은 목사님과 교인들로부터 많은 위로를 받았지만 그것으론 불충분하였다. 왜 하나님이 아들들 모두를 데려 가셨느냐는 의문이 원망으로 돌변하여 하나님께 대한 분노가 벅차올랐고, 그 분노는 결국 목회자에게 쏟아졌다.

  그 집사님은 성실하게 목회를 하는 자기 담임 목사님을 추방하는 데 앞장서서 투쟁하다가 마침내 담임 목사님을 그 교회에서 떠나게 하였다. 하나님께 대한 분노가 하나님과 가장 가깝다고 생각되는 자기 목사님께 폭발되었던 것이다.

  이런 현상은 정도의 차이는 있지만 모든 목회 현장에 나타난다. 거의 모든 신자들은 근본적으로 하나님께 대하여 불만이 많다. 왜냐하면 하나님께 기도하면 다 들어주신다고해서 열심히 기도하였지만 이루어지지 않는 기도제목들이 많기 때문이다. 기도가 이루어지지 않는 것은 물론, 예상치 않았던 재난이 자기에게 닥쳐올 때에 신자들은 그 원인을 하나님께 돌리는 경우가 많다.

재난을 당할 때에 자기에게 잘못된 것이 무엇인지를 찾아보고 반성하는 사람은 많지 않다. 자기의 잘못이 드러나면 마음이 아프기 때문에 아예 자신의 잘못을 찾으려는 시도를 하지 않는다. 자기보다 더 잘못을 범한 사람은 오히려 복을 받는데 자기는 왜 화를 당해야 하는지를 생각할 때에 화가 치밀어 오른다.

이때 그 사람은 목회자에게 화살을 겨눈다. 왜냐하면 목사는 하나님의 대리자라고 생각하기 때문이다. 하나님께 대한 분노가 목사에게 나타나는 것이다. 이것이 가인의 분노다.

그러므로 목회자들은 이런 심리가 모든 사람들에게 있을 수 있다는 것을 고려하여 넓은 마음을 가지고 사역해야 한다. 그런 분노를 사랑으로 받아주고 인내하며 사역하는 것이 곧 십자가를 지는 것이다. 이런 태도는 목회자들뿐 아니라 가정에서 부모님들도 가져야 하고, 학교에서 선생님들도 가져야 한다.

뿐만 아니라 신자들도 불신자들에 대하여 그런 태도를 가져야 하고, 신앙의 선배들도 후배들에 대하여 그런 마음을 가져야 한다. 성경은 우리이게 모든 신자들은 왕 같은 제사장들이라고 가르친다. 신자들은 불신자들에 대하여 넓은 마음을 가지고 선을 행하고 전도해야 한다. 불신자들 안에 있는 하나님께 대한 가인의 분노가 신자들에게 폭발될 수 있기 때문이다. 신앙의 선배들은 신앙의 후배들에 대하여 넓은 아량을 가지고 대해야 한다. 신앙이 어린 사람들의 마음속에 존재하는 가인의 분노는 신앙의 선배들에게 나타날 수 있기 때문이다.

이처럼 스키마의 고장은 여러 가지 이상심리를 유발하며 문제들을 야기 시킨다. 스키마의 고장은 자신에 대하여는 물론 타인들과 세상에 대하여, 그리고 하나님께 대하여 부정적인 생각을 하게하며 말을 하게하며 행동을 하게한다. 다음 장에서는 고장난 스키마를 어떻게 고칠 것인가를 생각해 보기로 한다.

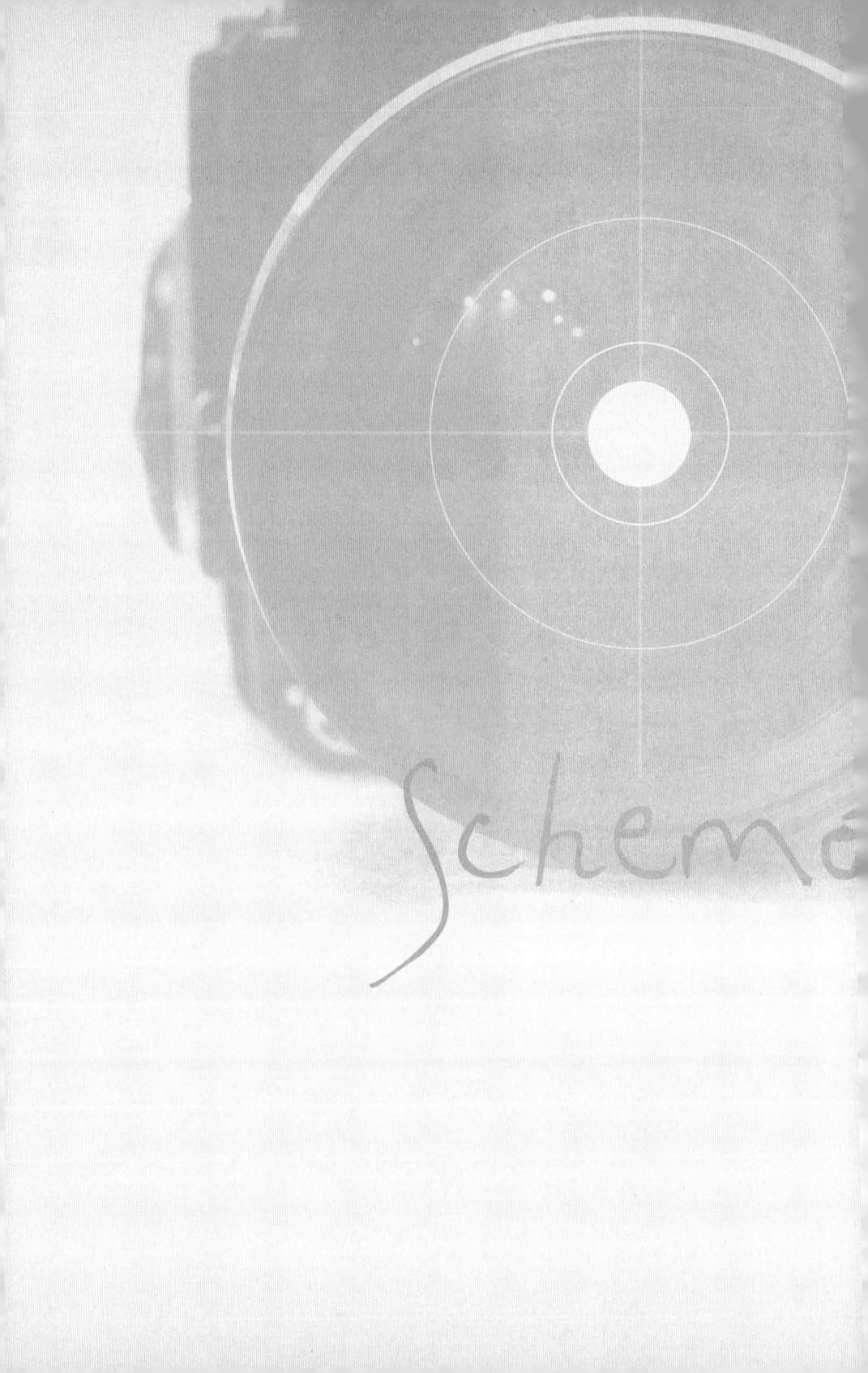

제4장 스키마 회복

■■ 본 장에서는 스키마 회복의 중요성 및 난해성과 가능성 그리고 그 방법이 논의된다. 나쁜 스키마의 회복은 매우 중요한 것이지만 또한 어려운 일이며, 어려운 일이지만 가능한 일이다. 중요하고 어렵지만 가능한 일을 어떻게 할 수 있는가?

1. 스키마 회복의 중요성

전장에서 논의된 바, 고장난 스키마를 어떻게 고칠 것인가를 탐구해보자. 고장난 스키마, 즉 나쁜 스키마(bad schema)를 어떻게 고칠 수 있을까? 어떻게 스키마를 회복시킬 수 있을까? 이것은 매우 중요한 주제가 아닐 수 없다.

모든 생각은 그 사람의 두뇌에 형성된 스키마에 근거한다. 그러므로 나쁜 스키마를 가지고 있으면 나쁜 생각을 하고 그것이 반복되면 나쁜 행동을 하게 된다. 나쁜 스키마를 많이 가지고 사는 것은 많은 질병을 가지고 사는 것 못지않게 해롭고 위험하다.

스키마를 회복시키는 방법에 대하여 논의하기 전에 먼저 나쁜 스키마를 가지고 사는 것이 얼마나 심각한 일인가를 생각해보자. 나쁜 스키마가 두뇌에 많이 존재한다는 것은 그만큼 많은 뇌손상(brain damage)을 입었다는 뜻이다.[1] 모든 스키마는 두뇌에 존재하는데, 나쁜 스키마들은 모두 일그러지고 구겨지고 모나고 병든 인지 구조이기 때문에 그것은 그만큼 두뇌가 손상을 받았다는 것을 의미한다. 뇌손상은 눈에 보이지 않기 때문에 대수롭게 여겨지지 않는 경향이 많은데 이는 잘못된 인식이다.

인체에서 두뇌는 최고급 세포로 구성되어 있다. 두뇌는 약 1,000억 개의 신경세포(neuron)[2]로 구성되어 있는데, 그 신경세포들은 최고급 세포로서 생각(thinking)과 느낌(feeling)과 의지(willing)의 모체가 된다. 다시 말하면 인간의 두뇌가 지정의(知情意)를 관장하는 것이다.

지정의는 인격의 삼대요소이므로 두뇌가 지정의를 관장한다는 것은 두뇌가 인격의 모체라는 사실을 말해준다. 그러므로 두뇌가 손상을 입으면 인격이 손상된다. 나쁜 스키마가 많이 있으면 인격 장애가 온다.

제1장에 언급된 것처럼, 인간의 뇌세포엔 하나님을 인식하는 영적 감각도 가능케 하는 부분이 있는데 이 부분을 '신뇌'(God spot)라고 한다. 따라서 두뇌는 인격뿐 아니라 신앙도 관장한다는 사실을 알 수 있다. 그러므로 두뇌가 손상을 입으면 인격뿐 아니라 신앙에도 나쁜 영향이 미쳐진다는 것을 알 수 있다. 즉 나쁜 스키마가 많이 있으면 신앙인격이 큰 타격

---

1 Barker, 441; Cash, 143.
2 뉴론(neuron)은 가장 중요한 형태의 뇌세포로서 뇌의 기본적 구성 요소다. 이탈리아의 해부학자이며 병리학자인 골지(Camillo Golgi)는 뉴론 연구를 통하여 1906년에 노벨생리의학상을 받았다.

을 입게 되는 것이다.

한국의 성자라고 불리는 어떤 원로 목사님이 치매로 고생을 하셨는데 그 목사님의 입에서 자주 욕설이 나왔다고 한다. 치매는 두뇌의 손상에 의해서 일어나므로 치매로 인하여 훌륭한 목사님의 입에서 욕설이 자주 나왔다는 것은 뇌손상이 그만큼 신앙인격에 큰 해가 된다는 것을 증명한다.

그럼 구체적으로 누구에게 스키마의 회복이 필요한가? 결론부터 말하자면 스키마의 회복은 모든 사람들에게 필요하다. 왜냐하면 인류의 조상인 아담과 하와가 죄를 범함으로써 스키마가 손상되었고 그들의 후손인 모든 인류는 그들로부터 고장난 스키마를 유전적으로 물려받았기 때문이다.

아담과 하와가 하나님과의 약속을 깨뜨림으로써 그들은 죄책감에 사로잡혔고 이내 두려움이 그들의 내면을 지배하였는데, 죄책감과 두려움이 내면에 존재한다는 것은 나쁜 스키마가 두뇌에 형성되었다는 뜻이며 두뇌에 큰 손상이 왔다는 것을 의미한다.

아담과 하와의 자녀인 가인의 경우를 생각해보자. 가인이 아벨을 죽인 것은 하나님께 대한 분노의 표현이라고 볼 수 있는데, 분노는 나쁜 스키마와 심각한 뇌손상에서 비롯된다. 하나님께 대한 가인의 분노는 동생을 살해하는 사건으로 비화했는데, 이를 통하여 그의 두뇌에 살인 스키마가 형성되었던 것이다.

사울 왕이 다윗을 살해하려고 살기등등하여 동분서주하던 모습 속에서 우리는 사울의 두뇌에 얼마나 심각한 스키마가 형성되어 있었던가를 알 수 있다. 선한 왕으로 명성이 높던 다윗 왕의 경우도 예외가 아니다.

다윗의 두뇌엔 간음 스키마와 살인 스키마가 존재하고 있었다. 목욕하는 밧세바를 보고 음란한 마음이 들어 그녀를 불러 간음을 행하고 그녀의 남편인 우리아를 죽인 것은 다윗처럼 선한 사람에게도 이처럼 악성 스키마가 존재했었다는 것을 말해준다.

성경은 모든 사람이 죄인이라고 선언한다. 근본적으로 의인은 하나도 없다(롬 3:10). 부모로부터 물려받은 원죄(Sin)와 자기 스스로 짓는 자범죄(sins)가 모두 각 사람 안에 존재한다. 그러므로 모든 사람은 죄책감을 가지고 있으며 죄책감이 내면에 존재한다는 것은 곧 각 사람의 두뇌가 손상되었다는 것을 의미한다. 즉, 모든 사람들 속에 나쁜 스키마가 존재한다는 것이다. 따라서 스키마의 회복은 모든 사람들에게 요구되는 절대적 과제다.

2. 스키마 회복의 난해성과 가능성

스키마 회복의 가능성에 대하여 생각해보자. 과연 나쁜 스키마들이 치유될 수 있는가? 이 명제는 "나쁜 습관을 고칠 수 있는가?" 라는 질문과 맥락을 같이한다. 나쁜 습관이란 두뇌에 나쁜 스키마가 존재한다는 뜻이며, 나쁜 습관이 고쳐진다는 것은 나쁜 스키마가 고쳐진다는 것을 의미한다. 그러므로 나쁜 습관을 고칠 수 있다면 나쁜 스키마도 바꿀 수 있고, 따라서 스키마 회복은 가능한 것이다.

스키마 회복은 가능하다. 그것은 나쁜 습관을 고칠 수 있다는 개연성에 근거할 뿐 아니라 '두뇌의 유연성'(brain plasticity)에 근거한다. 나쁜 스키마가 고쳐진다는 것은 두뇌가 발전한다는 의미를 내포하고 있다.

두뇌 발달이 지속될 수 있다는 이론은 캐나다의 심리학자 도널드 헵(Donald Hebb)의 이론에 의해 설명된다. 그에 의하면 인간의 두뇌는 매우 '유연하며'(plastic) '역동적'(dynamic)이기 때문에 외부의 자극에 따라 순간순간 급속도로 변화한다는 것이다.[3] 이와 같은 두뇌의 유연성은 외부의 자극이나 정보의 보급에 따라 두뇌의 발달을 가능케 하는데, 이런 가능성은 일생동안 열려있다고 한다.[4]

이와 같은 두뇌 과학적 이론에 의하면, 교육을 통한 새로운 정보의 제공이 두뇌 발달을 가속화시키는 데 큰 역할을 하기 때문에 이 이론은 두뇌 발달을 위한 교육의 중요성의 강조가 전제되어 있다. 두뇌의 유연성의 법칙은 연령의 차이를 초월하여 모든 사람들에게 적용되는 원리이기 때문에[5] 두뇌 발달을 위한 교육은 모든 사람들에게 시행될 수 있고 또한 시행되는 것이 바람직하다고 할 수 있을 것이다.

스키마 회복은 가능하다. 그러나 모든 나쁜 스키마를 완전히 다 회복시킨다는 것은 불가능하다고 보아야 할 것이다. 우리 몸의 모든 질환들을 완전히 다 고친다는 것은 불가능한 일일 것이다. 우리의 몸은 생로병사(生老病死)의 과정에 있기 때문에 100%의 완전 건강 상태로 만드는 것은 불가능한 일이라고 보아야 할 것이다. 한 부분이 병들어 치료되면 다른 부분이 병들 수 있듯이 두뇌 속의 스키마도 그렇다. 하나의 나쁜 스키마를 고치면 다른 나쁜 스키마가 생길 수 있다. 어떤 사람도 100% 완전한 건강을 보장할 수 없는 것처럼 누구도 자기 두뇌 안에 존재하는 모든 스키마를 완벽한 것들로 회복시킬 수는 없다.

그러나 부분적으로 스키마의 회복은 가능하다. 부분적으로라도 회복시키는 것이 바람직하다. 몸의 여러 기관들이 병들었을 때에 한꺼번에 전체를 다 고칠 수 없다고 해도 먼저 부분적으로 치료를 해야 하는 것처럼 스키마의 치료도 마찬가지다.

---

3 Ibid.
4 Ibid. 이와 같은 헵의 이론을 "헵의 유연성"(Hebbian plasticity) 이라고 부른다.
5 Ibid., 50.

그러나 스키마의 치료는 어렵다. "세살 버릇 여든까지"라는 속담은 버릇을 고치기가 힘들다는 뜻인데, 이를 두뇌 과학적으로 설명하면 스키마를 고치는 것이 어렵다는 뜻이다. 이와 비슷한 속담인 "제 버릇 개 주랴"도 스키마 고치기의 난해성을 말해준다. "바늘 도둑이 소도둑 된다"는 속담도 스키마 회복이 어렵다는 것을 말해준다.

요즈음 초등학생들이 상점에 들어가서 물건을 훔치는 일이 비일비재하다고 한다. 크나큰 사회적 문제가 되고 있다. 그런데 더욱 문제가 되는 것은 그 아이들에게 죄책감이 없다는 사실이다. 경찰에게 잡히면 그게 무슨 잘못이냐고 반문한단다. 그런데 그들은 경찰에게 잡혀도 쉽게 풀려난다는 것이다. 어린아이들이기 때문이라는 것이다.

필자는 아내와 함께 텔레비전 뉴스를 시청하며 이렇게 말했다. "바늘 도둑이 소도둑 된다." 어렸을 때에 나쁜 일을 하고 그것이 나쁜 일인지를 모르는 채 자라나면 그들의 두뇌에 나쁜 스키마가 굳혀져서 점점 고치기가 어렵게 된다. 그러므로 어렸을 때에 아이들이 나쁜 일을 하면 그것이 잘못된 일이라는 것을 가르쳐야 한다. 이것은 교육의 변두리 주제가 아니라 핵심적 주제다.

스키마 회복이 어려운 또 하나의 이유는 나쁜 스키마가 지속적으로 만들어지기 때문이다. 두뇌는 유연하므로 무엇을 보고 듣고 느끼고 생각하느냐에 따라 스키마가 형성되는데, 나쁜 것을 보고, 듣고, 생각하면 나쁜 스키마가 만들어진다.

맹모삼천(孟母三遷)도 여기에 근거한 행동이었다. 맹자의 어머니가 자녀 교육을 위해 세 번이나 이사를 하였다는 것은 환경이 사람에게 미치는 영향의 중요성을 말해준다. 나쁜 스키마는 사람이 자기 마음에는 원치 않아도 만들어지는 경우가 많다. 무의식 세계엔 수많은 정보들이 있는데, 그 정보들 중에 나쁜 정보들이 결합되면 나쁜 생각이 들고, 그것이 반복되면 죄를 짓는다.

모든 인간은 유전죄를 가지고 태어난다. 인간의 무의식 세계엔 조상들로부터 물려받은 수많은 정보들이 있는데, 만약 나쁜 정보들끼리 서로 결합하면 나쁜 스키마가 형성되어 나쁜 생각을 하게 되며 그것이 계속되면 나쁜 행동을 하게 된다.

바울은 이에 대하여 다음과 같이 절규한다

> 나의 행하는 것을 내가 알지 못하노니 곧 원하는 이것은 행하지 아니하고 도리어 미워하는 그것을 함이라…내가 원하는 바 선은 하지 아니하고 도리어 원치 아니하는바 악은 행하는 도다. 만일 내가 원치 아니하는 그것을 하면 이를 행하는 자가 내가 아니요 내 속에 거하는 죄니라…오호라 나는 곤고한 사람이로다. 이 사망의 몸에서 누가 나를 건져내랴(롬 7: 15-24).

바울과 같은 성자도 자기 안에 자기도 모르는 사이에 죄를 짓게 하는 그 무엇이 있다고 고백한다.

무의식 세계에 있는 나쁜 정보들이 그 사람의 의지와 상관없이 서로 조합(combination)을 이루면 나쁜 스키마가 만들어지며 그에 따라 나쁜 생각을 하게 된다. 일반적으로 꿈은 허무맹랑하다. 어떤 때는 현실과 반대이며 현실적으로 있을 수 없는 일들이 꿈에 나타난다. 그 이유는 꿈은 무의식 세계 안에 있는 정보들이 제멋대로 결합하여 생기는 현상이기 때문이다. 나쁜 꿈을 자주 꾼다는 것은 두뇌에 나쁜 스키마가 늘어나고 있다는 증거다.

자기도 모르는 사이에 나쁜 생각이 드는 것은 꿈에만 나타나는 것이 아니라 현실 세계에도 나타난다. 자꾸만 죄를 짓고 싶은 생각이 드는 경우가 그것이다. 미국 버지니아 공대에서 조승희라는 한국계 학생이 캠퍼스에서 삼십 여명을 총으로 쏘아 죽였다.

그의 내면에서 자기도 모르는 사이에 살인 충동이 일어나곤 했을 것이다. 즉, 자기가 원치 않는데도 살인 스키마가 만들어졌던 것이다. 그것이 반복되면서 그는 드디어 그런 끔찍한 죄를 범하게 된 것이다. 그는 평소에 착실하고 공부도 잘 하는 학생이었다고 한다. 그러나 자기의 내면에 존재하던 살인 정보들이 잘못된 조합을 이루어 나쁜 스키마가 형성되어 무서운 죄악을 범한 것이었다.

김길태라는 청년이 여중생을 성폭행하고 살해한 사건도 이에 속한다. 그의 내면에 자기도 모르는 사이에 성폭행을 하고 죽이고 싶은 충동이 반복됨으로써 그의 두뇌에 나쁜 스키마가 형성되어 무서운 범죄로 이어졌다.

인간은 그 누구도 자기는 절대로 죄를 짓지 않을 수 있다고 장담할 수 없다. 왜냐하면 자기의 무의식 세계엔 수많은 죄의 정보가 있으며 그것들이 언제 어떤 모습으로 결합하여 나쁜 스키마를 만들지 모르기 때문이다. 다윗 왕과 같이 위대한 믿음의 사람도 조승희와 김길태가 지은 동종의 죄, 즉 간음죄와 살인죄를 범하지 않았던가!

스키마의 회복은 모든 사람에게 필요한 일이며 어려운 일이다. 어렵지만 가능한 일이다. "성격은 고칠 수 없다!"는 말도 스키마 회복의 난해성을 가리키는 말이다. 그러나 이 말은 진(眞)이 아니다. 성격은 고치기가 힘들지언정 못 고치는 것은 아니다.

필자의 경우를 실례로 들어보자. 유년기와 청소년기에 필자는 극히 내성적인 성격의 소유자였다. 지나치게 내성적이어서 남 앞에서 노래를 부르질 못했다. 음악 실기 시험을 볼 때에도 부끄러워 노래를 부르다가 얼굴이 상기되어 목소리가 작아져 결국은 노래를 끝내지 못하고 자리로 돌아온 경우도 있었다. 전교 회장 선거 때 정견발표를 하러 단상에 올라갔다가 수줍고 떨려서 원고의 내용을 잊어버려 그냥 인사를 하고 내려온 적도 있었다.

그런데 이처럼 내성적이던 필자가 외향적인 성격으로 바뀌게 되었다. 말씀과 성령으로 거듭나는 체험이 필자의 성격을 180도 바꿔놓았다. 요한복음 1:12의 말씀을 통하여 하나님의 자녀로 거듭나서 영원한 생명을 얻었다는 구원의 확신을 받은 즉시 필자는 세계관이 바뀌었다. 어둡게만 보이던 세계가 밝아졌다. 내면의 세계에 대한 관심이 깊어지면서 동시에 사회에 대한 관심이 많아졌다. 학교를 졸업하면 세상에 나가서 할 일이 별로 없을 것 같던 마음이 바뀌었다. 어떤 직업에 종사한다고 할지라도 해낼 수 있을 것 같았다. 무기력이 활력으로 대치되고 냉소의 심연에 감사와 찬양이 넘쳤다. 음악 실기 시험을 볼 때에도 부끄러워 노래를 잘못하던 사람이 이젠 노래를 시키지 않아도 분위기만 조성되면 노래를 한다.

이처럼 성격이 바뀔 수 있는데, 그것은 스키마가 바뀌었다는 것을 의미한다. 필자의 체험과 유사한 체험을 한 사람들이 많이 있을 것이다. 왜냐하면 필자의 체험은 성령의 역사를 통한 체험이었기 때문이다. 이런 변화는 특수한 것 같으나 보편적인 것이다. 성령의 역사를 통한 스키마의 회복이 보편적이라는 것을 다음 찬송가에서 확인할 수 있다.

> 나 이제 주님의 새 생명 얻은 몸, 옛 것은 지나고 새 사람이로다…
> ⋮
> 산천도 초목도 새 것이 되었고, 죄인도 원수도 친구로 변한다.

이 찬송가의 내용은 작사자의 체험이 포함되어 있는데, 이 체험은 필자의 체험과 유사하다. 필자뿐 아니라 이와 유사한 체험을 한 사람들은 무수히 많을 것이다.

베드로 등 예수님의 제자들의 경우도 이와 맥락을 같이한다. 두려움에 떨면서 마가 요한의 다락방에 들어가 문을 잠그고 있었던 그들은 성령을 체험했을 때에 밖으로 뛰어 나왔다. 움츠렸던 사람들이 활개를 펴고 거리로 나와 예수를 믿으라고 외쳤다. 두렵고 떨리던 마음은 어느덧 사라지고 담대한 성격의 소유자들이 되었다. 이런 현상이 그들의 마음속에 일어났다는 것은 그들의 두뇌에 가득 차 있던 나쁜 스키마가 좋은 스키마로 회복되었다는 것을 의미한다. 이처럼 스키마의 회복은 가능하다.

3. 스키마 회복의 방법

그럼 구체적으로 어떻게 스키마를 회복시킬 수 있을까? 하나님은 바울을 통해 우리들에게 이렇게 권면하신다.

> 너희는 이 세대를 본받지 말고 <u>오직 마음을 새롭게 함으로 변화를 받아</u> 하나님의 선하시고 기뻐하시고 온전하신 뜻이 무엇인지 분별하도록 하라 (롬 12:2).

이 말씀은 그대로 두뇌 과학에 적용된다. 마음을 새롭게 하면 변화가 온다는 것은 마음을 새롭게 하면 스키마가 바뀐다는 뜻이다. 마음은 스키마에 따라 작용하기 때문이다.

마음을 새롭게 하라는 말씀은 잘못된 마음을 그대로 가지고 있지 말고 새 마음을 품으라는 뜻이다. 그럼 어떤 마음이 새 마음인가? 스키마 회복을 위한 새 마음은 무엇인가? 여기에서 스키마 회복을 위한 새 마음의 실례를 두 가지만 들기로 한다.

1) 용서

나쁜 스키마는 남이 자기에게 해를 끼침으로 형성되기도 하고 자신이 남에게 해를 끼침으로 형성되기도 한다. 남이 자기에게 해를 끼쳐 용서할 수 없는 마음을 갖게 되면 마음속에 상처가 생기는데 이것은 두뇌에 나쁜 스키마가 형성되었다는 의미가 된다. 남으로부터 마음의 상처를 입고 용서할 수 없는 마음의 상태가 계속되면 나쁜 스키마가 계속해서 그 사람의 두뇌에 존재하는데, 이는 다른 말로 표현하자면 그 사람의 두뇌에 뇌손상이 지속된다는 뜻이다. 참으로 억울한 일이지만 사실이다. 잘못은 남이 했는데 손해는 내가 보는 것이다. 나의 두뇌가 손상된 상태로 있기 때문이다.

그러나 용서하면 손상된 스키마가 회복된다. 용서하지 않고 있으면 그 사람을 생각할 때에 마음이 아프고 기분이 나빠지는데, 그것은 두뇌가 계속 상처를 받고 있다는 증거가 된다. 그러므로 우선 자기를 위해서라도 남을 용서하는 것이 바람직하다.

예수님은 몇 번이나 용서를 해야 하느냐는 질문했을 받았을 때에 일곱 번씩 일흔 번이라도 용서하라고 하셨다. 완전수에 완전수를 곱하고도 열 번을 더 곱하는 숫자다. 이것은 용서에는 한계가 없다는 것을 의미한다.

그럼 용서받을 만한 자격이 없는 사람의 경우엔 어떻게 해야 하는가? 예를 들어, 자기의 잘못을 인정하지 않는 사람에 대하여 어떻게 해야 하는가? 그 경우에도 마찬가지다. 내 쪽에서 용서했을 때에 그 사람이 받아들이지 않으면 그 사람의 죄는 그대로 있고 용서한 사람은 유익을 얻는다.

일반적으로 우리가 남의 잘못을 용서하면 적어도 다음과 같은 다섯 가지의 유익을 얻게 된다. 그것이 영적 법칙이다.

첫째, 남의 잘못을 용서하면 하나님께로부터 인정을 받는 유익을 얻는다. 용서하라는 하나님의 말씀을 실천했기 때문에 하나님이 기뻐하시며 하나님을 기쁘시게 한 사람에게 주어지는 은혜와 복이 임하게 되는 것이다.

둘째, 용서하면 하나님께로부터 자기의 죄를 용서받을 수 있는 유익을 얻는다. 예수님은 제자들에게 우리가 남을 용서하지 않으면 하나님도 우리를 용서하지 않는다는 사실을 다음과 같이 말씀하셨다. "우리가 우리에게 죄 지은 자를 사하여 준 것 같이 우리 죄를 사하여 주옵시고"(마 9:12). 남을 용서하는 것은 우리가 하나님께로부터 용서를 받는 기초가 된다. 내가 남을 용서하지 않으면 나도 하나님께로부터 용서받을 자격을 상실한다. 그러므로 남을 용서하는 것은 자신에게 큰 유익이 되는 것이다.

셋째, 용서하면 용서받은 사람과 좋은 관계가 회복되는 유익이 있다. 용서 받은 사람은 자기를 용서해 준 사람에게 호의를 갖게 되며 그 사람과 좋은 관계를 맺게 된다.

넷째, 용서하면 그 자체에서 보람을 느끼는 유익을 얻게 된다. 용서하고 기분이 나쁜 사람은 없다. 진심으로 용서하면 보람을 얻는다. 용서는 하나님의 법칙이기 때문이다.

다섯째, 용서하면 스키마가 회복되는 복을 받는다. 나에게 죄를 지은 사람을 용서함으로써 그 사람으로부터 받은 상처가 치유되는데, 그것은 곧 자기 두뇌에 존재하는 나쁜 스키마가 없어졌다는 것을 의미하는 것이다.

그러므로 용서를 하지 않는 것은 매우 어리석은 일이다. 적어도 이상 다섯 가지의 복을 스스로 배척하는 우를 범하게 되며, 무엇보다 심각한 것은 남으로부터 받은 상처 자체가 뇌손상이기 때문에 그 자체로 크나큰 해를 입게 되는 것이다.

그러므로 남의 잘못을 용서하는 것이 현명한 일이다. 복수의 길로 가지 말고 용서의 길로 가야 한다. 용서의 길엔 행복의 꽃이 피어있지만 복수의 길엔 가시가 있다.

복수심을 가지고 사는 사람의 내면엔 감옥이 존재한다. "나는 그 사람을 절대 용서할 수 없어!"라고 말하는 순간 그 사람의 마음엔 감옥이 존재한다. 자기가 그토록 증오하는 그 사람을 마음에 가두어 놓고 있기 때문이다. 용서할 수 없는 사람의 숫자만큼 내면에 감옥이 지어진다. 용서할 수 없는 사람이 열 명이라면 자신의 내면에 열 개의 감옥이 존재하는 것이다.

그러므로 그 사람을 용서함으로써 그 사람을 감옥에서 풀어주는 것이 좋다. 그 사람을 석방시켜라. 그러는 순간 자신의 내면에 있던 감옥이 사라진다. 더 나아가서 그 사람을 위하여 기도하고 축복하라. 그리하면 감옥이 있던 그 자리가 아름다운 정원이 된다.

그리고 매일 그 사람을 마음의 정원에 초대하여 잔치를 하라. 그 사람의 가족들도 초청하라. 이것은 마음먹기에 따라 얼마든지 가능하다. 자기 집 뒤뜰에 아름다운 정원이 있으면 그 사람을 직접 초대하여 디너(dinner)를 먹으라. 그러나 그럴 만한 형편이 못 되면 상상으로 그것을 실천하라.

자기의 내면에 있는 정원에 그 사람을 조정하여 파티(party)를 열라. 그 사람과 함께 노래를 부르고 서로를 위해 손을 붙잡고 기도하라. 그리하면 당신의 내면은 아름다운 에덴동산이 되리라! 그 순간 그 사람에 대한 증오심의 스키마는 다 사라지고 그곳에 용서와 감격의 꽃이 필 것이다!

2) 회개

내가 남으로부터 상처를 받았을 때엔 용서를 통하여 스키마 회복이 가능하지만, 내가 남에게 잘못을 하여 다른 사람의 마음에 상처를 주고 하나님께 죄를 지은 경우엔 어떻게 해야 하는가?

내가 타인에게 잘못을 범했을 때에 나의 두뇌엔 아무 이상이 없는가? 타인의 두뇌만 손상되었는가? 타인의 두뇌에만 나쁜 스키마가 생겼는가? 아니다. 나의 두뇌에는 훨씬 더 심각한 스키마가 형성되어 있다. 내가 타인에게 해를 입힌 경우 아무리 내가 그것을 모른 척 한다고 할지라도 나의 양심은 그것을 알고 있으므로 양심의 가책을 받게 된다. 바로 그 양심의 가책은 나의 뇌에 손상이 있다는 것을 의미한다.

그뿐만이 아니다. 내가 남에게 해를 준 경우에 그것은 그 사람에게만 해를 준 것이 아니라 하나님께 죄를 지은 것이다. 인간이 인간에게 죄를 범하면 그것은 곧 하나님과의 관계로 나타난다. 신자가 불신자에게 해를 끼쳐도 그것은 하나님과의 관계로 연결되며, 신자가 신자에게 해를 끼쳐도 하나님과 연결되며, 불신자가 불신자에게 해를 끼쳐도 하나님과 연결된다. 하나님은 신자들만의 하나님이 아니라 모든 만물의 하나님이며 모든 사람들의 하나님이기 때문이다.

이에 대한 실례를 성경에서 찾아보자. 먼저 이방 나라가 이방 백성에게 죄를 지었을 때에 하나님이 그것을 심판하신다는 기록을 보자. 하나님은 다메섹(Damascus)이 길르앗(Gilead)을 철 타작기로 타작하듯 무자비하게 폭력을 가한 죄에 대하여 궁궐을 사르는 심판을 하겠다고 선언하였고(암 1:3-4), 가사(Gaza)가 전쟁 포로들을 에돔(Edom)에 팔아넘긴 죄에 대하여 궁궐을 불사르는 심판을 선언하였다(암 1:6-7). 하나님은 암몬(Ammon)에게도 궁궐을 불사르는 심판을 선언하였는데, 그 이유는 임신한 길르앗 여성들의 배를 가르는 죄 때문이었으며(암 1:13-14), 모압(Moab)에게도 궁궐을 불사르는 심판을 선언했는데, 이 그 유는 모압이 에돔 왕의 뼈를 불살라 회를 만들었기 때문이었다(암 2:1-2).

하나님은 이처럼 이방인이 이방인에게 잔인한 일을 행할 때에 그것을 방관하지 않고 심판하신다. 여호와 하나님은 구속주 하나님(God the Redeemer)일 뿐 아니라 창조주 하나님(God the Creator)으로서 만물과 인간을 창조하시고 운행하시며 다스리시는 유일하신 절대자이시기 때문이다.

하나님은 이방 나라가 다른 이방 나라에게 악을 행하는 것만 심판하시는 것이 아니라, 이방 나라가 자기 백성에게 악을 행하는 것도 심판하신다. 하나님께서 에돔의 궁궐에 불 심판을 선언한 것은 에돔 나라가 자기 백성들을 무자비하게 죽였기 때문이었다(암 1:11-12).

하나님이 유대인의 하나님만이 아닌 것처럼, 하나님은 신자들만의 하나님이 아니다. 하나님은 모든 사람들의 하나님이다. 신자들은 우리 안에 있는 하나님의 양들이고, 불신자들은 우리 밖에서 길을 잃고 있는 하나님의 양들이다.

유대인들이 예수 그리스도와 사사건건 충돌한 것은 선민사상 때문이었다. 사실 그들이 예수 그리스도를 구주로 받아들이지 않고 다른 메시아를 기다리고 있는 것은 선민사상 때문이다. 예수 그리스도는 우리 안에 있는 99마리의 양들을 뒤에 두고 길을 잃은 한 마리의 양을 찾아 나선다는 말씀으로 하나님의 심정을 설명하였다.

선한 사마리아인의 비유도 이와 맥락을 같이 한다. 강도를 만나 죽어가는 사람을 살린 것은 정통 유대인들도 아니었고 종교지도자들도 아니었고 제사장들이나 레위인들도 아니었다. 그런 착한 일을 한 사람은 이방인인 사마리아 사람이었다. 이를 통하여 이방인이 선을 행하는 것도 하나님의 말씀을 실천에 옮기는 것이라는 진리를 말해준다(눅 10:25-37).

반면에 죽어가는 사람을 못 본 체한 종교인들은 악을 행한 것이며 마땅히 하나님께 회개했어야 했다. 회개를 하나님께 직접적으로 지은 죄에만 한정시키는 것은 큰 잘못이다. 예수님이 지상에 계실 때에 바리새인등 종교인들은 하나님께만 잘 하면 인간에게 잘못하는 것은 죄가 아니라고 생각했다.

그러나 그것은 매우 잘못된 인식이었다. 예수님은 마지막 심판대에서 심사를 할 때에 타인들에게 잘한 것이 곧 하나님께 잘한 것이며, 타인들에게 잘못한 것이 곧 하나님께 잘못한 것이라고 가르치셨다. 지극히 작은 소자에게 한 것이 곧 예수님께 한 것이라고 가르치셨다. 병든 사람을 돌아보았을 때에 그것이 곧 예수님을 돌아본 것이며, 옥에 갇힌 자를 돌아본 것이 곧 예수님을 돌아본 것이라고 가르치셨다. 그러므로 다른 사람들에게 잘못한 것을 인하여 회개해야 한다.

그런데 여기에서 간과해서는 안 되는 매우 중요한 사항이 있다. 타인에게 잘못을 한 경우 하나님께 회개했다고 그것으로 다 끝난 것이 아니라는 사실이다. 당사자에게 사과해야 한다. 그것이 진정한 회개다. 타인에게 잘못을 범하여 그 사람에게 상처를 입혀놓고 하나님께 회개했다는 이유로 그 사람에게 사과하지 않는 것은 심각한 우를 범하는 것이다.

타인에게 해를 주었을 경우 잘못의 화살표가 수직과 수평으로 행하기 때문이다. 즉, 타인에게 잘못을 범하면 그 잘못이 타인에게 수평적으로 전달됨과 동시에 하나님께 수직적으로 전달되기 때문에 사람이 사람에게 잘못을 범하면 반드시 회개와 더불어 사과가 필요하다.

이것은 "밀양"이라는 영화의 중심주제다. 남의 자녀를 죽인 사람이 감옥에서 하나님을 믿었다. 자식을 잃은 사람도 예수를 믿고 자기 자식을 죽인 원수를 용서하려고 면회를 갔다. 그런데 남의 자식을 죽인 그 죄수는 감옥에서 하나님을 믿고 자기의 죄를 회개했다고 하면서 면회 온 사람에게 용서를 비는 마음이 전혀 없이 떳떳하게 대했다. 면회를 간 사람은 자기 자식을 죽인 원수를 용서하리라는 결심을 하고 찾아가 내가 당신을 용서한다고 말했을 때에 의외의 대답을 들었다. 자기는 하나님께 회개하여 이미 용서를 받았기 때문에 사람으로부터 용서를 받을 필요가 없다는 식으로 말을 했다. 그는 그 말을 듣고 큰 충격을 받았다. 비록 영화에 나오는 이야기이지만 여기엔 매우 심각한 메시지가 들어 있다. 사람에게 잘못을 범한 경우에 우리는 당사자에게 사과를 하고 하나님께 회개해야 한다는 사실이다.

이렇게 회개할 때에 스키마가 치유되는 역사가 일어난다. 첫째, 타인의 잘못으로 충격을 받아 마음의 상처를 받아 스키마가 고장난 사람의 나쁜 스키마가 회복된다. 둘째, 자기의 잘못을 사과하고 회개한 사람의 스키마가 회복된다.

그러므로 참된 회개는 삼중의 가치를 내포하고 있다. 자신과 타인의 손상된 뇌세포를 치유함으로써 자신과 타인의 두뇌에 존재하는 나쁜 스키마를 회복시키며, 하나님을 기쁘시게 하는 가치가 있는 것이다. 그러므로 회개는 부정적인 개념이 아니라 지극히 긍정적인 개념이다. 회개는 잘못된 것을 잘못되었다고 함으로써 잘 되게 하는 일이다. 그것은 부정을 부정함으로써 긍정적 가치를 창조하는 위대한 행위다.

베드로는 그리스도를 십자가에 못 박은 사람들을 향하여 회개하고 예수를 믿으면 유쾌하게 되는 날이 온다고 힘있게 외쳤다(행 3:19). 회개하면 유쾌하게 된다는 것을 두뇌학적으로 설명하면 회개하면 죄책감으로 일그러진 나쁜 스키마가 치유되어 좋은 스키마가 된다는 것을 의미한다.

회개는 좋은 것이다. 회개는 하나님과의 관계를 회복시키고, 사람과의 관계를 회복시키며, 자신과 타인의 두뇌에 존재하는 손상된 스키마를 회복시킨다. 그러므로 우리는 자기의 잘못을 스스로 발견하여 회개하기를 힘써야 한다. 자기가 자기의 잘못을 발견하지 못했을 경우 타인이 그것을 지적하면 감사함으로 받아들이고 회개해야 한다.

회개는 예수 그리스도의 지상사역의 제일성(第一聲)이었다. 마태는 예수 그리스도의 지상사역 제일성을 다음과 같이 보도한다. "이때부터 예수께서 비로소 전파하여 가라사대 '회개하라, 천국이 가까웠느니라' 하시더라"(마 4:17). 회개는 죄인을 천국으로 보내는 힘을 가지고 있으며 하나님과의 관계를 회복시키며, 인간관계를 회복시키고 자신과 타인의 스키마를 회복시키는 위대한 영적 행위다.

그런데 우리는 불행하게도 회개가 실종된 시대에 살고 있다. 회개는 헬라원어로 '메타노이아'로서 마음(노이아/누스)을 돌이킨다(메타)는 뜻이다. 바울이 로마서 12장에서 강조했듯이 회개란 마음을 새롭게 하는 것이다. 그런데 마음을 돌이키는 사람들이 많지 않다. 많은 사람들은 대부분의 경우 자기의 고집과 아집의 틀 속에서 살아간다. 자기의 잘못을 발견하는 것이 회개의 기초인데 자기의 잘못을 잘못으로 인정하려 하지 않는 경우가 허다하다.

필자는 1950년대 말에 대한예수교장로회가 통합과 합동으로 갈라지는 것을 목격했는데 양쪽이 서로가 서로를 향하여 사탄이라고 공격했다. 서로를 향해 사탄아 물러가라고 외치면서 철야 기도를 했다. 신학교에 다니던 1970년대 어느 성결교회에서 싸움이 벌어졌는데 그때도 마찬가지였다.

오늘날은 어떠한가? 교회나 신학교나 분쟁이 일어날 경우 서로가 서로를 향하여 정죄한다. 자기의 잘못은 전혀 인정하지 않고 상대방의 잘못만 하나님께 고발한다. 자기의 잘못이 인정되어야 회개를 하는데 잘못을 인정하지 않기 때문에 회개란 존재하지 않는다. 분쟁이 일어날 경우 틀림없이 어느 쪽이 잘못했을 텐데 잘못했다고 하는 쪽이 없다. 혹은 양쪽 다 모두 잘못했을 경우가 있는데 그 때엔 양쪽이 모두 잘못했다고 하면 회개가 시작될 텐데 그런 일은 별로 찾아보기 힘 든다.

　우리는 회개의 실종 시대를 살아가고 있다. 따라서 우리의 두뇌엔 고장 난 스키마가 가득 차 있다. 그러므로 참된 만족이 없고 참된 기쁨이 없으며 행복 지수가 매우 낮다.

　그럼 왜 자기의 잘못을 인정하지 않는가? 그것을 한 마디 말로 표현하면 '자기중심주의'(self-centeredness)다. 자기중심주의는 원죄의 핵심이다. 아담과 하와가 선악과를 먹은 것은 하나님과의 약속을 어긴 사건이며 그것이 원죄인데, 그들이 하나님과의 약속을 깨뜨리고 선악과를 따서 먹은 것은 선악과를 먹으면 하나님께 종속되지 않고 자기들도 하나님과 동급이 된다는 뱀의 말에 미혹되었기 때문이다.

　그래서 그들의 두뇌엔 자기중심주의라는 스키마가 만들어졌다. 하나님께서 그들의 죄를 묻자 그들은 잘못을 시인하는 대신에 잘못을 타에게 돌렸다. 아담은 하와에게 돌렸고 하와는 뱀에게 돌렸다. 자기중심주의는 자기의 잘못을 잘못으로 시인하지 못하게 하는 마약이다. 바로 그 자기중심주의 스키마가 우리 인류에게 유전죄로 흐르고 있다.

　"아전인수"(我田引水)라는 말은 우리들 안에 존재하는 자기중심주의 스키마를 그대로 보여주는 표현이다. 남의 외도는 '불륜'이라고 하면서 자기의 외도는 '로맨스'라고 하는 말도 이를 말해준다. 우리는 자기의 잘못을 잘못으로 받아들이는 훈련을 할 필요가 있다. 이 훈련은 인격적이며 영적인 것이다.

　사물을 객관적으로 보는 눈이 밝은 사람이 지성인이다. 그런데 현대인들의 머리엔 지식이 많이 쌓여 가지만 사물을 객관적으로 보는 눈은 멀어져 가고 있다. 참된 지성인들이 모인 집단은 자정 능력이 있다. 사물을 객관적으로 보는 눈이 발달되었기 때문이다.

그러나 객관적 안목이 흐린 사람들이 모인 집단은 자정 능력이 없다. 자기들 안에 부정이 있어도 부정으로 인정하지 않는다. 그 집단 밖에 있는 사람들이 그 집단의 잘못을 지적하면 극구 부인한다. 그 집단이 종교 집단일 경우엔 자기들의 잘못을 지적하는 사람들을 사탄이라고 반격한다. 그 대표적인 예가 이단 집단이다.

그러나 이단 집단이 아니라고 해도 그런 현상이 너무나 난무하고 있다. 지금 한국 기독교는 중대한 기로에 서있다. 기독교를 '개독교'라고 폄하하는 네티즌들이 수다하다. 그들의 비판을 '사탄의 역사'라고 반격하는 사람들에 대하여 어떻게 생각하는가? 학생들이 가정환경 조사서를 써 낼 때에 종교란에 "기독교"라고 쓰기를 싫어한다고 한다. 다른 학생들이 보면 따돌림을 당한다는 것이다.

1990년대에 개신교인들은 1,200만 명이었고 천주교인들은 250만 명이었다. 통계청의 발표에 의하면 최근 개신교인은 860만 명이고 천주교인은 520만 명이라고 한다. 지금 한국엔 크나큰 종교적 변동이 일어나고 있다. 천주교인 수는 250만에서 520만으로 늘어났고, 개신교인의 수는 1,200만에서 에서 860만으로 줄어들었다. 천주교인 수는 108% 증가했고, 개신교인 수는 29% 감소했다.

지금 한국 국민들이 한국 개신교를 보는 시각은 매우 부정적이다. 한국의 종교에 대한 신뢰도 조사에서 천주교가 66.6%이고, 불교는 59.8%이며, 개신교는 26.8%라고 한다. 기독교실천윤리운동본부의 조사에 의하면 개신교의 신뢰도가 17.6% 밖에 되지 않는다고 한다. 개신교인의 숫자가 제일 많은데 신뢰도는 제일 낮다.

이것은 무엇을 말해주는가? 여론 조사의 대상자들 중에는 개신교인들이 가장 많을 터인데 개신교의 신뢰도가 가장 낮다는 것은 개신교인들 중 상당히 많은 사람들이 한국 개신교를 신뢰할 수 없다는 뜻을 내포하고 있다.

　이것은 무엇을 의미하는가? 이는 한국 개신교 자체를 신뢰할 수 없다는 뜻이 아니라 개신교의 지도자들을 신뢰할 수 없다는 뜻이다. 인터넷에 들어가면 정치 목사들 때문에 그렇다고 아우성이다.

　장로 대통령 후보를 찍지 않으면 생명책에서 이름을 지운다며 장로 대통령 후보에게 표를 찍으라는 주장을 한 목사를 향한 조롱이 판을 친다. 수억 원짜리 외제차를 타고 다니는 목사들에 대한 비난이 빗발친다. 수억 원의 연봉을 받는 목사들에 대한 비판이 들끓고 있다. 수십 억 원의 퇴직금을 요구하는 목사들에 대한 따가운 비판이 봇물을 이룬다.

　이와는 대조적인 소식에 감동의 물결이 일고 있다. 안철수 교수가 1,500억 원을 가난한 사람들을 위하여 기부한다는 소식에 많은 국민들은 감격하면서 새 세상이 오기를 기대하고 있다. 그런데 안 교수는 기독교인이 아니다.

　이런 상황에서 우리는 어떤 자세를 취해야 하는가? 우리 기독교인들 모두가 회개해야 한다. 회개의 물결이 강같이 흘러야 할 때다. 한국 기독교에 큰 영향을 미치는 지도자들일수록 더욱 처절한 통회와 회개가 요구된다.

　목사들은 제사장들임과 동시에 선지자들이다. 사람들의 잘못을 용서해 달라고 하나님께 기도하는 제사장 역할을 감당함과 동시에 잘못된 길로 가는 정치가들을 향하여 잘못을 지적하여 바른 길로 갈 수 있도록 하는 선지자의 역할을 해야 한다.

　지금 개신교 목회자들은 이 두 가지 역할을 얼마나 수행하고 있는가? 오히려 세인들보다 더 부패한 양상을 보이고 있질 않는가! 교단 총회장이 되려면 몇 억 원을 써야 하고, 한기총 회장이 되려면 몇 십억 원을 써야 한다는 말이 회자되고 있는데 과연 그것이 모두 낭설에 지나지 않는가?

예수님께서 이 땅에 오셔서 최초로 전한 말씀은 회개하라는 것이었다. 그리고 가장 강력하게 회개를 촉구한 대상은 평신도들이 아니라 종교 지도자들이었다. 특히 극 보수를 자랑하던 바리새인들을 향하여 "독사의 자식들"이라고 책망하셨다. 왜 그토록 독실한 종교 지도자들을 향하여 그런 무서운 책망을 하셨는가? 그들이 무엇을 잘못 하여 그랬는가?

그들을 책망한 근거는 위선(僞善)이었다. 위선은 이중의 죄이다. 위선은 악을 덮고, 그 위에 선하다는 거짓을 보태기 때문에 이중의 죄다. 이런 위선자들의 특징은 죄책감이 전혀 없다는 사실이다. 죄책감이 없다는 것은 회개할 수가 없다는 뜻이다.

우리 모두 자신 안에 있는 위선의 껍질을 벗고 자신의 잘못을 회개 하자. 하나님께 회개하고 사람에게 사과하자. 진실하신 하나님 앞에서는 진실된 것만 남는다는 것을 간과해서는 안 될 것이다.

회개는 자기의 잘못을 인정하는 데서 싹이 나고, 사람에게 사과함으로써 꽃이 피고, 하나님께 자백함으로써 열매를 맺는다. 회개의 열매는 구체적으로 맺어진다. 회개는 두뇌에 존재하는 나쁜 스키마를 좋은 스키마로 변화시키는 위대한 행위다.

세상에 완전한 인간은 하나도 없다. 그러므로 회개는 모든 사람들에게 필수적인 것이다. 그러므로 회개하는 것을 수치로 생각하는 것은 무지의 극치다. 죄를 짓고 죄책감에 시달리는 것은 그 사람의 두뇌에 병든 스키마가 가득 차 있기 때문이다. 그러므로 회개하여 죄 씻음을 받아 병든 스키마가 건강한 스키마로 변화되는 것은 좋은 일들 중 좋은 일이 아닐 수 없다.

'보수'라는 용어는 성경적이지도 않고 바람직하지도 않다. 보수란 있는 것을 그대로 지킨다는 뜻이다. 보수주의자들은 자기가 가지고 있는 것들이 모두 옳기 때문에 고칠 것이 없다는 입장에 있는 사람들이다. 말은 그렇게 하지 않겠지만 그렇게 행동을 하는 경우가 많다. 예수님이 이 세상에 오셨을 때에 가장 보수적인 사람들은 그 당시 기득권자들이었던 종교지도자들이었다.

 바리새인들은 스스로 보수임을 자랑스럽게 생각하였다. 그들이 볼 때에 예수님은 급진적 개혁주의자였다. 그들의 잘못된 것들을 지적하며 회개하라고 외쳤기 때문이었다. 예수님께 가장 질책을 많이 받은 사람들은 평신도들이 아니었다. 바로 바리새인들과 같은 보수주의자들이었다. 그러므로 예수님은 보수주의자가 아니라 개혁주의자였다.

 종교개혁 시대에 가장 보수적인 사람들은 가톨릭교 지도자들이었다. 교황과 추기경들과 신부들이었다. 그들은 자기들의 교리와 전통에 위반되는 사람들을 파문하고 화형에 처하기도 했다. 루터는 그런 보수주의자들에게 많은 핍박을 받고 생명의 위협을 받으면서 가톨릭의 잘못을 지적하였다. 가톨릭이 주장하고 있던 비성경적인 내용 95개 조항을 비텐베르크(Wittenberg)성 교회 정문에 붙였다. 그 결과 종교개혁이 이루어졌다. 여기에서 개신교가 탄생했다. 탄생했다 하기보다는 초대 기독교로 돌아갔다고 해야 정확한 표현일 것이다. 루터는 성경보다 가톨릭 전통을 더 우위에 두는 잘못된 체계를 혁신했다. 이것을 종교개혁(Reformation)이라 하며, 종교개혁에 뿌리를 박은 개신교는 근본적으로 개혁주의지 보수주의가 아니다.

 성경을 하나님의 말씀으로 믿지 않는 자유주의에 반대하는 의미로서의 보수주의라는 말을 쓰는데 그것은 적합한 표현이 아니다. 복음주의나 개혁주의라고 해야 옳을 것이다. 보수주의자들의 공통점은 자기중심적이라는 것이다. 물론 개인차가 있지만 대체적으로 보수주의자들은 자기중심적이다. 그들은 자기 것만이 옳다고 강하게 주장하는 경향성이 짙기 때문에 분쟁이 심하다. 이와 같은 보수주의의 약점을 알면서도 "나는 보수주의자다!"라고 주장할 필요가 있겠는가?

　보수주의보다 개혁주의가 더 성경적이며 합리적이고 실용적이다. 우리는 모두 죄인들이기 때문에 자기 자신의 개혁을 계속해야 하고 교회와 교단의 개혁을 계속해야 한다. 마음을 새롭게 함으로 변화를 받으려면 보수주의적 마인드보다는 개혁주의적 마인드를 가지는 것이 바람직하다.

　예수님은 보수주의자가 아니라 개혁주의자였다. 루터(Martin Luther)와 칼빈(John Calvin) 등 종교개혁주의자들도 모두 개혁주의자들이었다. 그러므로 모든 개신교 신도들과 지도자들은 모두 개혁주의자들이 되어야 할 것이다. 자기의 죄를 회개함으로써 자신을 개혁하고, 단체적 죄(corporate sins)를 회개함으로써 개신교를 개혁해야 할 것이다.

　단체적 죄를 회개하는 것은 쉽지 않지만 바람직하다. 어떤 단체가 잘못되었을 때에 그 단체 안에서 그 잘못을 회개하고 새롭게 된다면 가장 바람직하지만 외부의 힘으로 잘못이 바뀐다면 부끄러운 일이다. 우리의 머릿속에는 아직도 황우석 박사의 사건이 뚜렷이 남아 있다.

　그가 모르는 사이에 실수를 했던, 알고도 고의적으로 그렇게 했던 하여튼 잘못을 범했었다. 그러나 다행히도 그가 몸담고 있었던 서울대학교라는 단체 안에서 그 잘못이 지적되고 결국 시정되었다. 만약 잘못을 덮고 그냥 지나쳤다면 틀림없이 그 잘못이 다른 사람들에 의하여 드러나 개인은 물론 서울대학교와 대한민국이 큰 망신을 당했을 것이다. 그러나 다행히도 자체 내에서 정화작업이 이루어졌다. 서울대학교라는 단체는 자정능력이 있었던 것이다. 미국에 있는 한인 교회들은 한국에 있는 한인교회들에 비하여 그렇게 큰 지탄을 받지 않는다. 그러나 실상은 심각하다. 교회를 팔아 목사 개인이 돈을 챙기는 일이 빈번히 일어나고 있다. 교회를 개척하여 성도들이 헌금한 돈으로 교회 건물을 매입하였으나 교회가 부흥하지 않을 경우 목회자가 교회 건물을 팔아 다른 지역으로 이사를 하여 미국 교회를 빌려 목회를 하다가 여의치 않으면 교회 문을 닫는다. 그 목사는 교회 건물을 매매한 돈으로 개인 집을 산다. 다시 그 건물을 팔아 더 큰 집을 산다. 이렇게 하여 돈 세탁을 한다.

나는 이런 목회자들을 알고 있다. 이와 같은 길로 가고 있는 목사들이 수두룩하다. 그런 목사들은 양심의 가책을 받을 때마다 죽기 전에 하나님을 위해 무엇인가 가치 있는 일을 하겠다고 한다. 그러나 이미 교회 건물을 매매한 돈은 몇 번의 돈세탁을 거쳐 그 목사 개인의 집이 되어 있거나 다른 형태로 탈바꿈해 있다.

지금 자기 교회엔 교인이 한 사람도 없고 교회를 팔려고 부동산에 내놓은 어떤 목사가 있다. 나는 그 목사를 볼 때마다 참으로 안타깝고 한심스런 생각이 든다. 지금 그 목사의 두뇌엔 교회를 팔아먹으려는 목사라는 양심의 가책이 만들어낸 병든 스키마로 가득 차 있을 것이다. 그런 모습이 눈에 선하다.

나는 병든 스키마로 가득 찬 그 목사를 바라보며 고민한다. 충고를 해 주어야 하는가, 아니면 그 사람이 듣기 싫어할 것이므로 아무 말도 하지 말아야 하는가? 나의 최종 결론은 진지한 충고를 해 주어야 한다는 것이다. 참으로 그를 사랑하는 마음으로 그에게 다가가 매매하려고 부동산에 내 놓은 교회 건물을 팔지 말고, 바로 그 자리에서 목회를 하라고… 본인이 자신이 없으면 후임자를 찾아 교회가 교회 되게 하라고…

지금 나는 "악이 승리하는 데 필요한 모든 것은 선한 사람들이 아무 것도 하지 않는 것이다"(All that is necessary for evil to triumph is for good men to do nothing)라고 쓰인 플래카드(placard)를 신문에서 보고 있다. 미국 펜스테이트 대학 캠퍼스에서 시위를 하는 사람들이 들고 있는 플래카드다. 선한 사람들이 악을 보고 침묵하면 악이 승리한다는 주장이다.

이는 참으로 중요한 주장이다. 성경에 보면 많은 선지자들이 악을 행하는 사람들에게 바른 말을 하다가 투옥되기도 하고 죽기도 했다. 세례 요한은 헤롯왕의 죄악을 지적하다가 목 베어 죽임을 당했다. 선지자들이 침묵을 지키면 그 시대는 어두움 속으로 들어간다.

오늘날 누가 그 선지자 역할을 해야 하는가? 제일 먼저 떠오르는 사람들이 종교 지도자들이다. 목사들과 신학교 교수들이다. 그런데 한국 교회 기독교 지도자들은 세상을 향하여 바른 소리 하기를 꺼려하는 경향이 만연해 있다. 바른 말은 아무나 할 수 없다. 도덕 수준이 높은 사람이 낮은 사람들에게 할 수 있다. 지금 한국 교회의 영적 지도자들은 왜 정계를 향하여 세상을 향하여 바른 말 하기를 꺼려하는가? 아니, 왜 바른 말을 못 하는가? 바른 말을 못 하는 것은 물론 오히려 더 수준이 낮은 말을 하는가?

이 시대에 선지자 역할을 해야 할 사람들은 종교 지도자들만이 아니다. 선지자란 먼저 알고 있는 사람이다. 그러므로 먼저 알고 있는 사람들은 몰라서 악을 행하는 사람들에게 그것이 악이라는 것을 알려주어야 할 책임이 있고, 더욱이 알면서 악을 행하는 사람들에게는 그 길에서 돌아서도록 충고해야 할 것이다.

개인의 잘못을 서로 지적하며 분쟁하는 것은 바람직하지 않지만 지도자의 잘못은 지적되어야 한다. 그 지도자의 잘못은 그의 지도를 받는 다수의 사람들에게와 그 단체에 큰 해를 줄 수 있기 때문이다.

한국 교회와 교단 내에 자정 능력이 충일하기를 기대한다. 잘못을 지적 받은 목사는 회개를 통하여 하나님께로부터 용서받는 것은 물론 손상된 스키마의 회복을 받아야 한다. 죄책감으로 얼룩진 스키마가 회개를 통하여 깨끗하고 건강한 스키마로 변화되어 참된 기쁨과 보람을 누리는 삶을 살아야 할 것이다.

일일삼성(一日三省)이라는 가르침은 단순한 윤리적 교훈으로만 끝나는 것이 아니다. 하루에 세 번씩 반성을 하면 나쁜 스키마가 정상적인 스키마로 회복되는 데 큰 역할을 할 수 있기 때문이다. 자신의 잘못을 반성할 때에 나쁜 스키마가 좋은 스키마로 변한다는 것은 뇌손상이 회복된다는 의미를 가지기 때문에 매우 중요하다. 그러므로 우리는 자기 자신의 잘못을 스스로 찾아내어 반성함으로써 자신의 윤리 의식과 도덕성을 고양시키는 것은 물론 손상된 뇌세포를 정상화시키는 지혜로운 삶을 살아야 할 것이다.

그런데 회개는 반성보다 더 큰 의미를 가지고 있다. 반성은 스스로가 스스로의 잘못을 시인하고 마음을 돌이키는 행위이지만 회개는 자기의 잘못을 시인하고 그 죄를 하나님께 고백하고 용서를 구하는 영적 행위이기 때문에 회개는 반성보다 더 높은 차원의 행위라고 할 수 있다. 그러므로 우리는 반성하는 인간적 노력과 더불어 하나님께 회개하는 영적 행위를 해야 한다.

그럼 회개할 때에 어떤 일이 일어나는가? 회개가 반성보다 더 큰 영향을 준다는 것은 회개엔 그리스도의 보혈이 수반된다는 점이다. 회개하는 사람의 심령엔 예수 그리스도의 보혈이 흐르게 된다. 회개할 때에 예수 그리스도의 보혈이 흘러 영혼과 마음이 깨끗하게 된다는 것은 두뇌학적으로 말하자면, 회개는 불결하고 병든 스키마를 깨끗하고 건강한 스키마로 변화시킨다는 의미를 가지고 있다.

이에 관한 성경말씀을 상고해 보자. 회개하면 심령이 깨끗하게 변화된다는 사실을 이사야는 다음과 같이 선포했다. "…너희 죄가 주홍 같을찌라도 눈과 같이 희어질 것이요, 진홍 같이 붉을찌라도 양털 같이 되리라" (사 1:18). 구약시대에 짐승의 피를 흘려 회개의 제사를 드릴 때에 주홍 같이 붉은 죄가 눈과 같이 깨끗하게 되며, 진홍 같이 붉은 죄도 양털 같이 희어진다고 했는데, 이는 피의 제사를 통하여 이루어지는 완전한 속죄를 의미한다. 그런데 구약시대에 짐승의 피를 흘려 제사를 드림으로써 죄를 씻음 받는 것은 속죄 양으로 오실 예수 그리스도의 피를 통한 속죄를 상징하는 것이었다.

그러므로 히브리서 기자는 예수 그리스도의 보혈이 죄를 완전히 씻어준다는 점을 다음과 같이 설명한다. "염소와 황소의 피와 및 암송아지의 재로 부정한 자에게 뿌려 그 육체를 정결케 하여 거룩하게 하거든 하물며 영원하신 성령으로 말미암아 흠 없는 자기를 하나님께 드린 그리스도의 피가 어찌 너희 양심으로 죽은 행실에서 깨끗하게 하고 살아계신 하나님을 섬기게 못 하겠느뇨?"(히 9:13-14)

예수 그리스도의 보혈이 회개하는 사람의 죄를 완전히 씻어준다는 것은 다음과 같은 이유 때문이다. 첫째, 예수 그리스도의 피에는 죄가 조금도 없기 때문에 다른 사람들의 죄를 씻을 수 있는 능력을 가지고 있다. 만약 예수님도 평범한 인간이라면 그의 피에도 죄가 흐르고 있었을 것이다. 그러나 그는 인간의 혈통으로 난 것이 아니라 동정녀의 몸에서 성령으로 잉태되어 이 세상에 오셨기 때문에 죄가 전혀 없는데, 이것은 기독론의 주요 내용이다. 그의 피엔 죄가 흐르지 않기 때문에 그의 피는 능력이 있다. 그것이 '보혈의 능력'이다.

이에 대하여 존스(L. E. Jones)는 다음과 같이 노래한다. "죄에서 자유를 얻게 함은 보혈의 능력, 주의 보혈. 시험을 이기는 승리 되니 참 신기한 능력이로다. 주의 보혈 능력 있도다. 주의 피 믿으오, 주의 보혈, 그 어린 양의 매우 귀중한 피로다"(찬송가 202).

이 처럼 예수 그리스도의 보혈은 무흠하고 무죄하기 때문에 능력이 있는 것이다. 그러므로 그 보혈을 믿고 회개하는 사람은 죄 사함을 받으며, 죄 사함을 받으면 죄책감에서 해방되고, 죄책감에서 해방되면 죄책감으로 병들었던 스키마가 회복된다.

둘째, 예수 그리스도의 보혈이 회개하는 사람의 죄를 완전히 씻어줄 수 있는 것은 그 피가 용서를 위하여 흘려졌기 때문이다. 예수 그리스도가 십자가에서 피 흘려 돌아가신 것은 인간의 죄를 용서하기 위해서였다. 예수 그리스도의 보혈 속에는 용서의 정신이 충만하게 흐르고 있다. 그러므로 그 피가 회개하는 사람의 죄를 씻어줄 수 있다.

예수 그리스도의 십자가의 죽음에 대하여 다음과 같이 생각하는 사람들도 있을 것이다. "예수는 무죄한 분이었으나 배신을 당하여 죽었다. 그는 제자들과 동족에게 배신당하여 죽지 않았는가!" "예수가 십자가에서 죽은 것은 운이 없었기 때문이다. 그가 오늘날 태어났더라면 그렇게 죽었겠는가?" "예수가 십자가형을 받은 것은 힘이 없었기 때문이었다. 힘이 있었다면 무죄한 사람이 왜 죽었겠는가?"

그러나 이와 같은 생각들은 인간적 오해에서 비롯된 것이다. 예수 그리스도는 자기가 이땅에 오신 목적이 사람들의 죄를 짊어지고 희생의 제물이 되는 것이라고 예언하셨고, 그 예언대로 기꺼이 그 길을 가신 것이다. 그러므로 예수 그리스도의 십자가의 보혈은 인간의 죄를 용서하기 위한 의도적 죽음에 의한 것이었다. 그러므로 그를 믿고 회개하는 사람은 죄의 사함을 받을 수 있다.

셋째, 예수 그리스도의 보혈이 회개하는 사람의 죄를 씻을 수 있는 또 하나의 이유는, 예수 그리스도의 십자가의 보혈은 인간의 죄에 대한 대가를 치른 희생을 내포하고 있기 때문이다. 죄의 씻음을 받으려면 피를 흘려야 하는 것이 하나님의 법칙인데, 그리스도는 십자가에서 피를 흘림으로써 하나님의 법을 만족시킨 것이다. 죄인들이 치러야 할 죄의 대가를 예수 그리스도가 십자가에서 완전히 치른 것이었다. 그러므로 예수 그리스도의 죽음을 '대속적 죽음'이라 부르며 우리는 그를 '구속주'(the Redeemer)로 믿는다.

이 처럼 예수 그리스도를 믿고 자기의 죄를 회개하는 사람들은 죄를 씻음 받을 수 있다. 우리는 회개를 통하여 죄 씻음을 받고, 죄 씻음을 받으면 병든 뇌세포가 건강해지는데, 이에 대한 두뇌학적 표현이 스키마 회복이다.

예수를 믿지 않는 사람들도 자기반성을 통하여 나쁜 스키마가 회복될 수 있다. 자기반성을 통하여 양심의 가책에서 벗어나며 타인들과의 관계가 회복됨으로써 병든 스키마의 회복이 가능하다. 그러나 그것은 매우 제한적이며 부분적이다. 자기의 잘못에 대한 뉘우침과 반성 및 사과는 죄책감으로 구겨지고 병든 스키마를 완전히 회복시킬 수 없다. 도움은 되지만 완전하진 못하다.

완전한 스키마의 회복은 두 가지를 다 요구한다. 즉, 인간에게 사과하고 하나님께 회개하는 것이다. 자기의 잘못으로 상처받은 다른 사람에게 사과하고 하나님께 회개하면 예수 그리스도의 보혈이 그 사람의 심령 속에 흘러 죄책감으로 구겨지고 병들었던 뇌세포(brain cell)가 건강해질 수 있다.

스키마 회복의 경우를 분석 종합하면 다음과 같다.

(1) 예수를 믿지 않는 사람들의 경우
① 자기의 잘못을 반성하지도 않고 당사자에게 사과도 하지 않는 사람은 손상된 뇌세포를 그대로 가지고 산다. 즉, 나쁜 스키마를 두뇌에 가지고 사는 불행이 지속된다.
② 자기의 잘못을 반성하지만 당사자에게 사과하지 않는 사람은 스키마가 회복되다가 중단된다.
③ 자기의 잘못을 반성하고 당사자에게 사과하는 사람은 뇌손상이 회복된다. 즉, 스키마가 회복된다. 그러나 그리스도의 보혈을 통한 완

전 속죄가 없기 때문에 스키마의 완전 회복은 불가능하다. 하나님의 일반적 은총은 받았지만 특별 은총은 못 받은 상태이기 때문이다.

(2) 예수를 믿는 사람들의 경우

① 예수를 믿지만 자기의 잘못을 반성하지 않고 회개하지도 않는 사람은 손상된 뇌세포를 그대로 가지고 산다. 스키마의 회복이 불가능하다.
② 예수를 믿고 자기의 잘못을 반성하지만 당사자에게 사과하지 않고 하나님께 회개하지도 않는 사람은 손상된 뇌세포가 회복되다가 중단된다.
③ 예수를 믿는 사람이 자기의 잘못을 반성하였지만 당사자에게 사과하지는 않고 하나님께 회개하였다고 생각하는 사람의 스키마 회복에도 문제가 생긴다. 그것은 진정한 회개가 아니므로 하나님께서 그런 회개를 받아주시지 않기 때문이다.
④ 예수를 믿는 사람이 자기의 잘못을 반성하고 당사자에게 사과하며 하나님께 회개하는 경우 그의 스키마 회복은 완전해진다.

그러므로 잘못을 범했을 때에 신속히 자기의 잘못을 반성한 후 당사자에게 사과하고 하나님께 회개함으로써 양심의 가책에서 해방되고 보혈을 통하여 완전한 속죄가 이루어져 손상된 뇌세포가 건강한 뇌세포로 바뀜으로써 스키마의 회복을 도모하는 삶을 사는 것이 바람직하다고 할 수 있을 것이다.

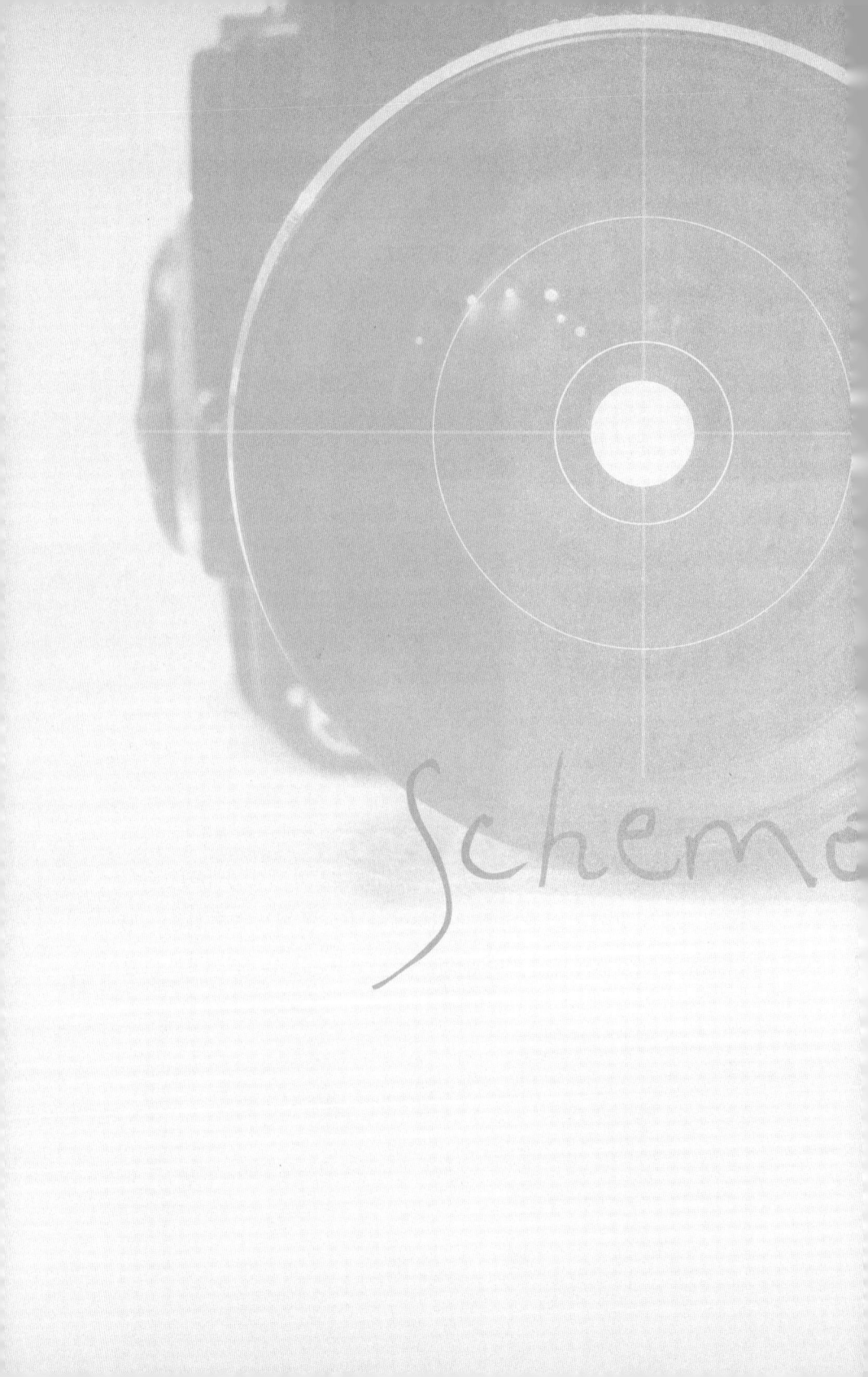

제5장 좋은 스키마 만들기
-칠감일각(七感一覺)

■■ 전장의 초점은 나쁜 스키마를 좋은 스키마로 회복시키는 것에 맞추어져 있었다. 본 장에서는 더욱 적극적으로 좋은 스키마를 만드는 방법을 논의하기로 한다. 사실상 이것은 교육과 훈련 및 훈육의 목표다. 두뇌에 좋은 스키마가 얼마나 존재하느냐에 따라 얼마나 좋은 삶을 사느냐가 결정되기 때문에 좋은 스키마를 만드는 것은 중요한 관심사가 되어야 할 것이다.

좋은 스키마가 지속적으로 만들어지는 것은 학습이 효과적으로 이루어진다는 증거이며, 좋은 스키마 형성이 부진하면 학습에 문제가 있다는 증거다.[1] 학습(learning)이란 학교에서 정규적으로 이루어지는 것만이 아니다. 우리는 일생동안 모든 삶의 현장에서 학습한다. 학습이란 '변화'

---

1 R. F. Biehler and J. Snowman, *Psychology Applied to Teaching* (New York: Houghton Mifflin Company, 1997), 326-7.

(change)를 의미하기 때문에 학습을 교실에만 국한시킬 수 없다.[2] 알고, 느끼고, 체험하는 모든 것이 학습의 과정이다. 그러므로 좋은 스키마가 많이 형성되는 것은 삶 전체와 깊은 관련을 가지고 있다고 할 수 있다.

스키마 형성이 유전적인 것인가, 아니면 환경적인 것인가에 대한 논의가 있다. 소위 유전론과 환경론은 끊임없는 논쟁의 대상이 되고 있다. 촘스키(N. Chomsky) 같은 학자는 유전 쪽을 강조하는 반면 비고스키(L. Vigotsky)와 스키너(B. F. Skinner)는 환경 쪽을 강조한다. 삐아제(J. Piaget)는 유전과 환경 쪽을 다 강조하며, 피셔(K. W. Fisher)는 양자의 통합을 강조하는데, 필자도 피셔의 견해에 동조한다.[3]

스키마 형성에 개인차는 존재하지만 모든 사람들은 유전적 성향을 물려받고 태어나 환경적 영향을 받아 끊임없이 변화한다. 만약 인간의 성향이 유전에만 국한된다면 발달심리학은 그 근거를 잃고 말 것이다. 유전론은 타고난 대로만 살아야 하는 운명론과도 연결이 된다. 그렇다면 교육의 의미도 축소될 것이다.

이에 대한 성경적 입장은 무엇인가? 성경은 우리가 태어난 대로 살라고 가르치지 않는다. 성경은 우리로 하여금 "마음을 새롭게 하여 변화를 받으라"(롬 12:2)고 강조함으로써 스키마 발달의 가능성을 강력히 시사한다. 두뇌는 끊임없이 스키마를 형성시키므로 좋은 스키마 형성을 위해 노력하는 것은 매우 바람직하며 중요한 일이라고 할 수 있다.[4]

두뇌에 나쁜 스키마가 많으면 불행하게 산다. 자기만 불행한 것이 아니

---

[2] K. Issler and R. Habermas, *How We Learn: A Christian Teacher's Guide to Educational Psychology* (Grand Rapids: Baker Books, 1994), 23.

[3] Biehler and Snowman, 64.

[4] D. J. Siegel, *Mindsight: The New Science of Personal Transformation* (New York: Bantam Books, 2010), 150.

라 남들을 불행케 한다. 반면, 두뇌에 좋은 스키마가 많이 있으면 자신이 행복할 뿐 아니라 다른 사람들에게 유익을 주고 행복하게 만든다.

그럼 어떻게 좋은 스키마를 많이 만들 수 있을까? 본 연구는 좋은 스키마를 많이 만드는 원리로서 "칠감일각"(七感一覺)을 제시한다. 칠감은 일곱 가지 감각(感覺)들을 뜻하며, 일각이란 한 가지 감각으로서 '생각'(生覺)을 의미한다.[5] 일곱 가지 감각이란 다섯 가지 감각인 오감(五感)에 두 가지 감각을 더한 것이다.

오감(五感)이란 시감(視感), 청감(聽感), 미감(味感), 후감(嗅感)과 촉감(觸感)을 의미한다. 시감이란 시각(視覺)을 통한 감각이며, 청감이란 청각(聽覺)을 통한 감각이며, 미감이란 미각(味覺)을 통한 감각이며, 후감이란 후각(嗅覺)을 통한 감각이며, 촉감이란 촉각(觸覺)을 통한 감각이다.

이와 같은 다섯 가지 감각들은 인간 뿐 아니라 거의 모든 동물들이 삶을 살아가는 데 필요한 기초적 도구들이다. 그럼 나머지 두 가지 감각들은 무엇인가? 육감(六感)과 영감(靈感)이다. 육감이란 제 육의 감각(the sixth sense)으로서 영어로는 직관(intuition)으로 표기되며, 영감이란 초월적 세계에 대한 감각으로서 영어 표기는 'inspiration'이다.

1. 칠감(七感)

이제 위에서 제시된 칠감에 대하여 논의하여 보기로 하자. 일곱 가지 감각들을 통하여 좋은 스키마가 만들어지는 일에 관하여 구체적으로 논

---

[5] 원래 생각이라는 단어는 한자로 표기되지 않지만, 본 연구에서 편의상 유사한 뜻을 지닌 한자를 사용하기로 한다.

의하여 보기로 하자.

1) 시감(視感)

시감은 시각을 통하여 느끼는 감각이다. 눈으로 볼 때에 느낌이 오면 그 느낌은 곧 두뇌에 스키마를 형성시킨다. 그러므로 두뇌에 좋은 스키마가 많이 만들어지도록 하려면 좋은 것을 많이 보아야 한다.

좋은 것을 본다는 것은 구체적으로 무엇을 보는 것인가? 좋은 것이란 무엇인가? 진선미성(眞善美聖)은 어느 시대에나 어느 나라에서나 보편적으로 좋은 가치들로 간주되는 덕목들이다. 진실하고 선하고 아름답고 거룩한 것은 최고의 가치들이다. 그런데 이 네 가지 덕목들 중 세 가지 덕목들은 매우 추상적이기 때문에 구체적으로 육안으로 보기가 쉽지 않다. 진(眞)과 선(善)과 성(聖)은 눈으로 볼 수는 없는 가치들이다.

그러나 미(美)의 세계는 누구나 볼 수가 있다. 꽃을 볼 때에 아름다움을 느끼는 것은 매우 용이한 일이다. 미의 세계는 시각을 통해 파악되는 아름다움의 세계다. 그런데 아름다운 광경을 보는 것은 미를 느끼는 것으로 끝나지 않는다. 미의 세계엔 아름다움만 존재하는 것이 아니라 진실함도 존재하고 선함도 존재하며 거룩함도 존재한다.

예를 들어보자. 어떤 사람이 아름다운 경치가 펼쳐진 대 자연 앞에 섰다고 하자. 그는 그 광경을 보며 아름다움만 느끼지 않는다. 거기엔 아름다움과 더불어 진실함과 선함과 성스러움이 있다. 우리가 그런 광경을 접할 때마다 더욱 진실해지고 선해지며 성스러워지는 체험을 하게 되는 것은 이 네 가지 덕목이 서로 융합되어 있기 때문이다.

참으로 아름다운 세계엔 진실함 선함 성스러움이 있다. 이 네 가지는 서로 연결되어 있다. 미(美)가 너무 과소평가되어서는 안 된다. 하나님께

스키마

서 천지를 창조하면서 그 때 마다 "보시기에 좋았더라!"고 했다는 사실을 주목할 필요가 있다. 자연을 창조하시고 그것이 보기에 좋았다고 했는데, 보기에 좋다는 것은 아름답다는 뜻이다. 그리고 그 아름다움 속에는 진과 선과 성이 공존한다.

  필자는 이것을 사계일체(四界一體)라는 새로운 용어를 만들어 쓴다. 미의 세계와 선의 세계와 진의 세계와 성의 세계는 서로 긴밀하게 연결되어 있다는 뜻에서 만들어진 신조어다. 참으로 아름다운 세계엔 진과 선과 성이 공존하며, 참으로 진실한 세계엔 미와 선와 성이 공존하며, 참으로 선한 세계엔 미와 진과 성이 공존하고, 참으로 성스러운 세계엔 미와 진과 선이 공존한다. 우리가 아름다운 세계를 볼 때에 진선미성이라는 인간의 사대 가치들을 모두 얻게 된다. 그러므로 우리는 아름다운 세계를 많이 보아야 한다. 그럼으로써 우리의 두뇌에 위대한 가치들의 스키마가 형성된다.

  그럼 우리는 구체적으로 아름다운 세계를 어떻게 보는가? 우리 눈으로 아름다운 것들을 보는 방법은 여러 자기가 있다.

  첫째, 우리는 관광여행(tourism)을 통하여 아름다운 것들을 많이 볼 수 있다. 사실 관광여행의 주된 목적은 아름다운 세계를 보는 것이다. 그러므로 우리는 될 수 있는 한 관광여행을 많이 다니는 것이 바람직하다. 개인별로 가도 좋고 단체로 가도 좋다. 특히 자연관광이 좋다.

  얼마 전 제주도가 세계 칠대 자연경관에 선정되었는데, 이것은 우리나라 사람들에게는 물론 세계 모든 사람들에게 매우 유익한 일이다. 더 많은 사람들이 아름다운 광경을 보기 위하여 제주도로 몰릴 것이다. 더욱 많은 사람들이 그 아름다운 광경을 더욱 많이 보게 되면 그들의 두뇌에 진선미성의 스키마가 많이 만들어지는데, 이는 돈으로 계산할 수 없는 큰 가치를 지니고 있다.

자연관광을 통하여 큰 유익을 본 필자의 예를 들어보자. 필자가 처음 그랜드 캐년(Grand Canyon)을 본 것은 1982년이었다. 필자는 로스앤젤레스(Los Angeles)에서 열리는 세계선교대회에 참여하기 위하여 한국을 떠나면서 사람들에게 선교대회를 마치고 바로 귀국하겠다고 했다.

이왕 비싼 항공료를 지불하고 미국에 가는데 관광을 하는 것이 좋다고 말하는 사람들의 권고를 필자는 거절하곤 하였다. 관광은 그저 놀러 다니는 것이라고 생각하고 그런 판단을 했다. 선교대회에 참여하는 것이 본래의 목적이기 때문에 목적에 충실해야 한다는 가치판단에서 내린 결론이었다.

드디어 미국에 도착하여 선교대회에 참여하였다. 많은 도전을 받는 등 좋은 시간들이었다. 선교대회는 이박삼일로 끝났다. 함께 갔던 모든 멤버들은 관광을 간다고 야단들이었다. 한 사람도 곧바로 귀국하는 사람이 없었다. 어디로 관광을 가느냐는 질문을 받고 나는 곧바로 귀국하겠다고 했다. 나의 말을 들은 모든 사람들은 이구동성으로 관광을 다녀서 귀국하기를 권면했다. 한 사람도 나의 의견에 동조하는 사람이 없었다. 나는 할 수 없이 그들의 권고를 듣고 미국 서부 관광길에 올랐다.

그랜드 캐년(Grand Canyon)과 브라이스 캐년(Bryce Canyon)과 자이언 캐년(Zion Canyon)을 모두 구경하는 사박오일의 여행길이었다. 가이드가 운전하는 밴(van)을 타고 6명의 동료들과 함께 그랜드 캐년으로 향했다. 고속도로를 달리는 차안에서 우리 모두는 환호성을 질렀다. "야, 넓다! 정말 넓다!" 고속도로 양쪽은 사막이었다. 모래만 있는 사막이 아니라 거친 들판에 관목들과 선인장들이 듬성듬성 자라고 있는 사막이었다. 그러다가 끝이 잘 안 보일 정도의 농장들도 보였다. 미국은 정말 땅이 넓은 나라인 것을 피부로 느꼈다.

누군가의 입에서 노래가 나왔다. 이내 약속이나 한 듯이 모두 합창을

했다. 가곡으로 시작해서 동요도 부르고 마지막엔 찬송가를 불렀다. 정말 행복한 여행길이었다. 여행이 이처럼 값진 것인가를 새삼 느끼며 그랜드 캐년에 도착했다. 발아래 눈앞에 펼쳐지는 끝없는 계곡은 말 그대로 장관이었다. 계곡의 길이가 400km나 된다니 서울에서 부산까지의 거리다.

  나는 옷깃을 여미고 광대하신 하나님의 위대한 솜씨를 찬양했다. 장엄미(莊嚴美)에 사로잡힌 나의 마음은 이내 진실함과 선함과 거룩함으로 충만했다. 내 안에 있는 모든 거짓이 다 씻어내려 가는 것 같았다. 악한 생각은 다 사라지고 오직 선한 생각이 마음을 가득 채웠다. 성스러운 마음이 나의 영혼을 채웠다. 참된 아름다움은 아름다움으로 끝나지 않고 진실함과 선함과 성스러움을 내포하고 있음을 절실히 느꼈다.

  지금 돌이켜 보면 그 때에 나의 두뇌에 진선미성의 스키마가 수없이 형성되었음이 틀림없다. 30년이 지난 오늘날까지 그랜드 캐년의 아름다운 장엄미의 기억들이 내 마음에 생생하게 떠오르는 것을 보면! 그 후 세 번을 더 갔지만 갈 때마다 나의 마음은 경이로움에 가득 차곤 했다. 머지않은 장래에 또 갈 예정이다. 지금 나의 두뇌에 형성된 그랜드 캐년에 대한 진선미성의 스키마가 이런 생각을 하게 만들고 있다.

  그랜드 캐년 관광을 마친 후 우리는 브라이스 캐년으로 떠났다. 캐년 입구에 도착하면서 우리 모두는 환호성을 질렀다. 정말 아름다운 광경이 펼쳐지고 있었다. 수많은 황토색 조각품들이 거대한 군락을 이루고 있었다. 말 그대로 만물상(萬物相)이었다. 세상에 있는 모든 걸작 조각들이 여기에 다 모인 것 같았다. 아니, 그 이상이었다. 사람의 손으로는 도무지 빚을 수 없는 걸작품들이 군락을 이루고 있었다. 옹기종기 모여 있는 조각품들은 창조자의 섬세한 솜씨를 말해주고 있었다.

  그랜드 캐년은 위에서 아래를 보는 광경을 이루고 있었고 브라이스 캐년은 옆에서 옆을 보는 광경을 이루고 있었다. 그랜드 캐년이 장엄미(莊嚴美)를 자랑한다면 브라이스 캐년은 섬세미(纖細美)를 자랑하고 있었다. 장엄미 속에 아름다움뿐 아니라 진(眞)과 선(善)과 성(聖)이 공존하는 것처럼, 섬세미 안에도 진선성이 공존함을 느꼈다. 그토록 섬세한 걸작품들은 그 자체가 진실의 총화로서 나에게 선한 마음을 불어넣어주었고 그런 걸작품들의 제작자에 대한 경외심에서 우러나는 성스러움을 느꼈다.

브라이스 캐년 관광을 마치고 자이언 캐년으로 떠나며 나는 가이드에게 그랜드 캐년과 브라이스 캐년을 보았는데, 더 이상 볼 것이 있느냐고 물었다. 가이드는 빙그레 웃으며 여하튼 가서 보자고 했다. 자이언 캐년 입구에서부터 나는 신비로움의 극치를 만끽하고 있었다. 커다란 바위 하나가 큰 산을 이루고 있었다. 그랜드 캐년이 위에서 아래를 보는 광경을 이루고 있고, 브라이스 캐년이 옆에서 옆을 보는 광경을 이루고 있는가하면, 자이언 캐년은 아래에서 위를 보는 광경을 이루고 있었다.

나는 병풍처럼 둘러싸인 거대한 바위산 속에서 하늘을 바라보며 이 모든 것들을 만드신 하나님의 솜씨를 그려보았다. "주 하나님 지으신 모든 세계 내 마음 속에 그리어 볼 때…" 찬송이 저절로 나왔다. 그랜드 캐년이 장엄미를 자랑하고, 브라이스 캐년이 섬세미를 자랑한다면, 자이언 캐년은 웅장미(雄壯美)를 자랑하고 있었다. 그리고 그 웅장미도 역시 아름다움뿐 아니라 진선성(眞善聖)을 머금고 있었다. 참으로 아름다운 것은 진실하고 선하며 성스럽다!

사박오일 동안의 짧은 관광여행을 통하여 나는 실로 많은 유익을 얻었다. 근심과 걱정과 욕심 등등 마음속에 쌓여 있던 모든 공해가 사라졌다. 마음이 넓어지고 깨끗해졌다. 무엇보다도 큰 수확은 자연계시의 중요성을 뼈저리게 체험했다는 사실이다.

하나님은 성경 말씀이라는 특별시를 통하여 구원의 길을 제시하시며,

자연계시를 통하여 창조주 하나님의 솜씨를 보여주신다. 하나님께서 그토록 아름다운 세계를 창조하신 데에는 우리로 하여금 그런 세계를 보라는 메시지가 들어있다. 조작가가 심혈을 기울여 걸작을 만들어 진열해 놓았는데 아무도 보러 오는 사람이 없다면 얼마나 실망이 클까!

둘째, 우리 눈으로 아름다운 것들을 보는 두 번째 방법으로서 산책(散策)을 제시한다. 산책은 여행에 비하여 시간과 경비가 들지 않는다. 우리는 여행을 통하여 멀리 있는 아름다운 세계를 본다. 그러나 아름다운 세계는 반드시 먼 곳에만 있는 것은 아니다. 가까운 곳에도 얼마든지 있다. 공원에도 있고 산에도 들에도 많이 있다. 가벼운 옷차림으로 걸어서 집을 나와 공원 산책을 하며 아름다운 세계를 볼 수 있다. 아니면 차를 타고 가까운 들이나 산으로 가서 아름다운 광경들을 볼 수 있다. 어떻게 그것이 가능한가? 모든 공원에 아름다운 경치가 있는가? 모든 산과 들에 아름다운 경치가 있는가? 결론적으로 말하자면 그렇다.

아름다운 광경들은 어느 곳에나 존재한다. 그랜드 캐년과 같은 거대한 경치가 망원경적 안목을 필요로 한다면, 가까운 공원이나 산과 들은 현미경적 안목을 필요로 한다. 산책하는 사람이 현미경적 안목을 소유하면 어느 곳에서나 아름다운 광경들을 접할 수 있다. 차를 타고 야외로 나가 산이나 들에 주차해 놓고 산책을 하며 현미경적인 안목으로 아름다운 세계를 볼 수 있다.

그럼 현미경적 안목으로 어떻게 아름다운 세계를 볼 수 있을까? 관찰(觀察), 바로 그것이다. 관찰은 관심(觀心)을 가지고 살펴보는 것이다. 작은 것들을 무시하지 않고 관심을 가지고 자세히 살펴보면 그곳에서 우리는 아름다운 모습을 볼 수 있으며, 그 아름다운 모습은 두뇌에 아름다운 스키마를 형성케 한다.

우리가 많이 부르는 아름다운 가곡들 중 "봄 처녀"를 예로 들어보자.

봄 처녀 제 오시네.
새 풀 옷을 입으셨네.
하얀 구름 너울 쓰고,
진주 이슬 신으셨네.
꽃다발 가슴에 안고,
뉘를 찾아오시는가?"

　이 시가 우리에게 주는 세 가지 모습을 그려본다. 첫째로 시인이 보고 있던 시의 대상이 풀들로 둘러싸인 진달래와 같은 꽃나무라고 생각할 수 있다. 시인은 아침에 봄 동산에 올라가서 진달래 꽃나무를 관찰한다. 그 나무는 초록 빛 풀들로 둘러싸여 있고, 그 위로 흰 구름이 떠 있다. 꽃나무를 둘러싼 풀들엔 영롱한 아침 이슬들이 맺혀 있다. 그리고 좌우로 뻗은 가지 사이엔 아름다운 꽃들이 탐스럽게 피어 있다. 시인은 그 꽃나무를 관찰하면서, 새 풀 옷을 입고, 하얀 구름 너울을 쓰고, 진주 이슬을 신고, 꽃다발을 가슴에 안고 사랑하는 사람을 찾으러 가는 아름다운 처녀를 본다.[6]

　그 시인의 두뇌엔 아름다운 스키마가 만들어졌다. 뿐만 아니라 이 노래를 부르는 사람들은 물론 듣는 사람들의 두뇌에도 아름다운 스키마가 만들어진다. 아름다운 봄을 그냥 지나쳐 버리지 않고, 깊은 관심을 가지고 자세히 살펴본 결과 이토록 아름다운 시가 쓰이고, 그것이 감미로운 멜로디를 타고 사람들의 입과 귓가를 드나들며 아름다운 세계를 창조하고 있다.

---

[6]　시의 배경에 대한 이 해석은 필자의 머리에 형성된 스키마에 의한 것이다. 독자에 따라 그 꽃이 피어 있는 곳이 산이 될 수도 있고 들이 될 수도 있으며 정원이 될 수도 있다.

스키마

이상에서 아름다운 세계를 보고 아름다운 시감을 얻음으로써 두뇌에 좋은 스키마를 만드는 방법으로서 관광여행과 산책이 제시되었다. 관광여행과 산책 이외에 또 어떤 방법이 있을까? 아름다운 사진과 그림을 보는 것이다. 아름다운 사진을 보는 것은 직접 갈 수 없는 세계를 볼 수 있는 좋은 방법이다. 아름다운 그림을 감상하는 것도 같은 맥락에서 두뇌에 좋은 스키마를 만드는 방법이다. 텔레비전이나 영화를 통해 아름다운 모습을 보는 것도 두뇌에 좋은 스키마를 만드는 좋은 방법이 될 것이다.

2) 청감(聽感)

아름다운 소리를 들으면 두뇌에 좋은 스키마가 만들어지는데, 아름다운 소리를 듣는 몇 가지의 방법들을 생각해 보자.

(1) 음악 감상

음악 감상은 우리에게 좋은 스키마를 선물한다. 좋은 음악을 감상하면 두뇌에 좋은 스키마가 만들어진다. 임신부가 태교를 위해 클래식을 감상하는 이유가 여기에 있다. 임신부가 아름다운 음악을 들으면 임신부의 두뇌에 좋은 스키마가 형성될 뿐 아니라 그녀의 몸 안에 있는 태아의 두뇌에도 좋은 스키마가 만들어진다. 그러므로 아름다운 음악을 많이 듣는 것이 좋다.

(2) 노래 감상

노래 감상은 음악 감상과 함께 좋은 스키마 형성을 위하여 큰 역할을 한다. '음악 감상'이 인간이 만든 악기로 연주하는 멜로디를 듣는 것이라면, '노래 감상'은 하나님이 만들어주신 악기인 인간의 성대가 연주하는 노래를 듣는 것이다.

　음악 감상을 통하여 우리는 멜로디를 감상하지만, 노래 감상을 통하여 우리는 멜로디와 메시지를 둘 다 감상할 수 있다. 노래 감상을 통하여 우리는 가사가 전하는 메시지도 전달 받는다. 아름다운 노래를 많이 들음으로써 두뇌에 좋은 스키마들이 많이 만들어진다.

　그럼 어떤 노래들을 많이 듣는 것이 바람직한가? 동요가 아이들의 눈으로 자연의 세계를 보았을 때에 느끼는 감동을 노래한 것이라면, 대중가요는 성년 대중들의 인간관계에서 비롯되는 슬픔과 기쁨을 노래하는 것이라고 할 수 있고, 가곡은 자연의 아름다움을 그리며 그것을 사람과 연결시켜 부르는 노래라고 할 수 있고, 성가는 하나님을 찬양하는 노래라고 할 수 있을 것이다. 성가 중에는 자연을 보고 깨달은 하나님의 섭리를 노래한 것들도 있다.

　좋은 스키마를 만드는 데 효과적인 노래들을 추천한다면 동요, 가곡, 성가라고 할 수 있다. 이 노래들의 특징은 자연을 보고 깨달은 내용이 많다는 점이다. 자연의 세계는 순수하며, 순수한 세계를 보고 깨달은 내용들은 모두 순수한 것들이며, 순수한 것들은 두뇌에 순수한 스키마를 만들며, 순수한 스키마들은 좋은 스키마들이다.

(3) 자연의 소리 듣기

　자연의 세계에선 많은 소리들이 들리는데, 자연이 들려주는 대부분의 소리들은 대부분 인간의 두뇌에 좋은 스키마를 만드는 데 도움을 준다. 자연의 세계에서 우리는 바람소리도 듣고 물소리도 듣고 새소리도 들으며 벌레소리도 듣는다. 나뭇가지가 서로 스치는 소리도 들리고 낙엽이 떨어지는 소리도 들린다. 때로는 이 모든 소리가 서로 어우러져 교향곡이 울려 퍼진다.

며칠 전에 중국식당에 가서 식사를 했는데, 식사 후에 제공된 행운의 과자(fortune cookie)를 가져온 적이 있다. 그런데 오늘 보니 그 과자가 책상 위에 있었다. 내가 그것을 좋아하는 이유는 그 안에 명언이 쓰여 있기 때문이다. 나는 만면에 웃음을 머금고 "이번엔 무슨 좋은 말이 들어 있나 보자!"라고 속삭이며 열어 보았다.

이게 웬 일인가! 내가 막 공원으로 가려던 참이었는데, 공원으로 가라는 말이 이렇게 적혀 있었다. "Visit a park. Enjoy what nature has to offer." 직역하면 이렇다. "공원을 방문하시오. 자연이 제공해야 하는 것을 즐기십시오." 의역하면 이럴 것이다. "공원에 가보세요. 자연이 제공하기로 되어 있는 것을 즐기십시오." 이를 자연스럽게 번역하면 이럴 것이다. "공원에 가보세요. 자연이 제공하는 것을 즐기세요." 자연은 반드시 인간에게 무엇인가 값있는 것을 제공하기로 되어 있다는 것을 믿는 사람이 한 말인 것 같다.

이는 하나님의 자연계시(自然啓示)와 맥락을 같이 하지 않는가! 하나님은 성경이라는 특별계시(特別啓示)를 통하여 말씀하실 뿐 아니라 자신이 만드시고 섭리하시는 자연을 통하여 말씀하시지 않는가!

지금 내가 이 글을 쓰고 있는 곳은 미국 캘리포니아 주에 있는 취노 힐스(Chino Hills)라는 도시다. 문자 그대로 언덕이 많이 있는 도시다. 나는 그 말을 되새기며 차를 타고 내가 종종 들르는 공원으로 가서 주차를 하고 숲을 향해 걸었다. "오늘 자연이 과연 나에게 무엇을 제공할 것인가?" 자연은 인간에게 먹을 것과 볼 것과 들을 것을 제공한다.

그럼 오늘 자연은 나에게 무엇을 제공할 것인가? 우선 볼 것을 제공받았다. 아름다운 자연 속에서 나는 무엇인가 값있는 것을 제공받아야 한다고 생각하고 있었다. 그때 새 소리가 들렸다. 아름다운 노래 소리였다. 새 소리와 함께 벌레 소리도 들리고 물소리와 바람소리도 들렸다.

한국 사람들은 새 소리를 들을 때에 '새가 운다'고 표현하는데, 서양 사람들은 '새들이 노래한다'(Birds sing!)라고 표현한다. 우리 민족은 새 소리를 들을 때에 그것을 울음소리로 듣지만 서양 사람들은 노래 소리로 듣는다. 우리 민족이 새 소리를 들을 때에 그것을 울음소리로 듣는데, 이에 대하여 어떤 학자는 그 이유를 다음 두 가지 점에서 찾는다.[7]

첫째, 우리 민족은 오천 년 역사상 900여 번의 침략을 받으며 많은 눈물을 흘렸기 때문에 새 소리도 울음소리로 인식된다고 한다. 둘째, 우리 민족은 너무나 오랜 동안 가난한 세월을 살아오면서 배가 고파 많은 눈물을 흘렸는데, 그것이 새 소리를 울음소리로 인식하는 원인이 된다는 것이다.

그런데 오늘 한국인인 내 귀엔 새 소리가 우는 소리가 아니라 노래 소리로 들렸다. 새들이 지저귀는 소리를 듣고 있는데 눈앞에 악보가 그려지고 있었다. 소리가 악보로 번역되고 있었다. 정말 아름다운 노래가 울려 퍼지고 있었다. 명작이 탄생하고 있었다.

그때에 어린 아이의 웃음소리가 들려왔다. 엄마와 함께 공원에 온 아이의 소박한 웃음소리였다. 그 소리도 정말 아름다웠다. 가까이에서 귀뚜라미 소리도 들렸다. 그 소리 역시 아름다운 음악이었다. 그러면서 내 마음의 귀에 이런 소리가 들렸다. "자연의 품안에서 울려 퍼지는 모든 소리들은 아름다운 노래인가보다!"

나는 자연을 통해 육신의 귀로 노래도 듣고 마음의 귀로 자연이 제공하는 메시지도 들었다. 지금 이런 동요가 마음속에 떠오른다.

꽃가지에 내리는 가는 비 소리,
가만히 기울이고 들어보세요.

---

[7] 이어령, 『흙 속에 저 바람 속에』, (서울: 갑인출판사, 1984), 14-18.

너희들도 이 꽃처럼 맘이 고와라!

너희들도 이 꽃처럼 맘이 고와라!

어린 시절 주일학교에서 배운 노래다. 시인은 꽃가지에 내리는 이슬비 소리를 통해 하나님의 음성을 듣는다. 비를 맞으며 활짝 웃고 있는 꽃의 아름다움에 감동 받은 시인은 "너도 이 꽃처럼 고운 마음을 가지라!"는 하나님의 음성을 듣는다. 그가 무한한 행복을 느끼는 순간 그의 두뇌에 아름다운 스키마가 만들어졌고, 그 아름다운 스키마는 아름다운 시를 쓰게 했으며, 그것이 멜로디를 타고 우리들의 귀에 들려지는 순간 우리의 두뇌에도 아름다운 스키마가 만들어진다.

(4) 노래 부르기

아름다운 노래를 부르면 그 노래를 듣는 사람들 뿐 아니라 노래를 부르는 자기 자신의 귀에도 아름다운 노래가 들리는데, 그 순간 자신의 두뇌에 아름다운 스키마가 형성된다. 아름다운 노래를 부를 때에 행복에 젖어드는 것은 그 사람의 두뇌에 좋은 스키마가 만들어지기 때문이다. 아름다운 노래 소리는 아름다운 스키마를 만들고, 아름다운 스키마는 행복한 마음을 창조한다.

그러므로 아름다운 노래를 많이 부르는 것은 좋은 스키마 형성을 위해 매우 바람직한 활동이다. 찬송을 부를 때에 흘리는 눈물은 감사와 기쁨의 눈물이며, 그 눈물은 두뇌에 형성된 좋은 스키마에 의한 것이다. 그러므로 예배를 드릴 때에 교회에서만 찬송을 부를 것이 아니라 시간을 내어 때와 장소를 가리지 말고 찬송을 부르는 것이 좋다. 특히 대 자연의 세계로 나가서 하나님의 작품들을 감상하여 하나님의 솜씨를 노래하는 것은 좋은 스키마 형성에 큰 도움이 된다.

찬송가가 영의 노래라면 가곡은 마음의 노래다. 우리는 영으로도 노래하고, 마음으로도 노래해야 한다. 영의 노래를 통해 성스러운 스키마가 형성되고, 마음의 노래를 통해 고상하고 아름다운 스키마가 형성된다. 그러므로 고상한 노래들을 많이 부르는 것이 좋다. 자신이 부르는 고상한 노래를 스스로 감상함으로써 두뇌에 좋은 스키마가 만들어진다.

3) 미감(味感)

미감은 혀로 느끼는 감각이다. 음식물을 먹고 음료수를 마실 때에 느끼는 감각이다. 좋은 음식을 먹을 때엔 좋은 스키마가 만들어지며, 좋은 음료수를 마실 때에도 좋은 스키마가 만들어진다. 맛있는 음식을 먹거나 음료수를 마실 때에 좋은 기분을 느끼는데, 그 순간 두뇌에 좋은 스키마가 만들어진다. 얼마 후에 그 음식이나 음료수 생각이 난다면 그것은 그 사람의 두뇌에 존재하던 스키마 때문이다.

그러므로 맛있는 음식을 먹고 맛있는 음료를 마시는 것은 좋은 스키마를 만드는 효과적인 방법이다. 그런데 중요한 것은 다양한 음식과 음료를 섭취해야 한다는 점이다. 편식을 하는 것은 건강에도 좋지 많지만 다양한 스키마 형성에 지장이 있다는 점에서도 좋지 않다.

하나님은 우리에게 여러 가지 맛감각을 주셨다. 혀에는 쓴 맛과 짠 맛과 신 맛 및 단 맛을 느끼는 부분이 구분되어 있다고 한다. 쓴 맛은 혀 뒤쪽에서 느끼고, 신 맛은 혀 양 옆에서 느끼며, 단 맛은 혀끝에서 느끼고, 짠 맛은 가운데쯤에서 느낀다는 이론이 있다. 매운 맛은 통증이기 때문에 통각이라고도 한다.

우리는 인간에게 주어진 다양한 맛감각들을 통해서 다양한 맛을 보는 것이 좋다. 다양한 맛을 볼수록 그만큼 다양한 스키마가 만들어지며, 다양한 스키마가 만들어질수록 폭 넓은 성격의 소유자가 될 수 있기 때문이다. 다양한 음식을 섭취하면 다양한 영양소가 공급되어 육신의 건강이 좋아지고, 다양한 맛을 통하여 다양한 스키마가 만들어짐으로써 정신 건강도 좋아진다.

다양한 음식을 섭취함에 있어서 중요한 것은 즐겁게 먹는 것이다. 아무리 다양한 음식을 섭취한다고 할지라도 우울하거나 슬픈 감정이나 증오의 감정을 가지고 음식을 먹으면 그 음식을 통하여 좋은 스키마가 만들어지지 않는다. 오히려 나쁜 스키마가 만들어진다. 스키마는 신경세포로 형성되기 때문이다. 그러므로 음식을 먹을 때에 감사한 마음으로 즐겁게 먹는 것은 이중 삼중으로 유익한 일이다.

4) 후감(嗅感)

후감이란 후각(嗅覺), 즉 냄새 감각을 통하여 느끼는 감정이다. 코는 호흡기관으로서 공기를 들이 마시고 배출할 뿐 아니라 냄새를 맡는 기관이다. 좋은 냄새를 맡으면 마음이 좋아진다. 좋은 냄새를 맡으면 마음이 좋아지는 현상은 좋은 냄새를 맡으면 두뇌에 좋은 스키마가 만들어지기 때문이다. 좋은 냄새를 많이 맡는 것은 좋은 스키마를 많이 만드는 일이기 때문에 그것은 육신 건강에는 물론 정신 건강에도 좋은 일이다.

그럼 어떻게 하면 좋은 냄새를 많이 맡을 수 있을까? 좋은 냄새가 가장 풍성한 곳은 자연이다. 인간의 몸은 흙에서 왔기 때문에 몸에 좋은 것들이 자연에 가장 많이 깃들어 있다. 다양한 식물들과 꽃들이 피어있으며 맑은 공기가 흐르는 곳이 좋은 스키마 형성에 바람직하다.

자연에 피어있는 수많은 꽃들은 아름다움만을 제공하는 것이 아니라 형언할 수 없는 좋은 향기를 발산한다. 자연의 품에 안겨 이와 같은 향기에 취할 때에 우리의 두뇌엔 좋은 스키마가 만들어진다. 한번 맡은 향기를 얼마 후에도 기억한다면 그 사람의 두뇌에 이미 그 향기에 해당하는 스키마가 만들어졌다는 것을 의미한다. 꽃만이 우리에게 좋은 향기를 제공하는 것은 아니다. 풀 향기 나무 향기도 매우 좋다. 향기를 많이 뿜어내는 허브들도 다양하다. 지구상에는 약 200여 종의 허브가 존재하는데, 그 허브들은 각각 독특한 향기를 발산한다.

라벤더(lavender)는 쑥과 비슷한 향기를 뿜는데, 이는 스트레스 해소에 큰 도움이 된다고 한다. 레몬밤(lemon balm)의 향은 뇌의 활동을 중진시키고, 딜(dill)은 상큼한 향을 내 뿜으며, 숙면에 좋다고 한다. 로즈마리(rosemary)의 상쾌한 향내는 기억력 중진에 효과적이라고 한다. 재스민(jasmine)의 부드러운 향은 우울증 치료에 좋고, 타임(thyme)의 짜릿한 향은 살균작용을 하며, 히솝(hyssop)의 향기는 호흡기에 좋다고 한다.

커피를 끓이거나 마실 때에 나는 냄새도 좋은 정서를 자아내는 스키마를 만든다. 좋아하는 향수 냄새도 좋은 스키마 형성에 도움이 될 것이다. 그러나 무엇보다도 가장 좋은 것은 자연의 품에 안겨 꽃향기와 풀과 나무의 향기를 맡는 것이 가장 바람직하다. 좋은 냄새와 좋은 향기를 많이 맡음으로써 두뇌에 좋은 스키마를 많이 만드는 것은 정신 건강은 물론 육신 건강에도 큰 도움이 될 것이다.

5) 촉감(觸感)

촉감은 피부의 접촉을 통하여 느끼는 감각이다.[8] 스킨쉽(skinship)[9]을 많이

---

8 협의적 의미에서의 촉감이란 손의 접촉 통한 감각(the sense of touch)이라고 할 수도 있으나, 여기에선 광의적 의미로 사용하여, 피부와 접촉됨으로써 느껴지는 모든 감각을 뜻한다.
9 "스킨쉽"(skinship)은 한국 사람들이 만들어 사용하는 신조어로서 영어에는 존재하지 않지만

하면 좋다는 말은 촉감의 중요성을 대변해준다. 촉감의 종류는 다양하다. 자연과의 접촉을 통한 촉감도 있고 사람과의 접촉을 통한 촉감도 있다.

　자연과의 접촉을 통한 촉감을 세분하면, 산과 강과 바다와의 접촉도 있고, 풀과 꽃과 나무와의 접촉도 있다. 자연과의 접촉을 통한 촉감은 햇볕과 바람과 물과의 접촉도 포함된다. 따뜻한 햇볕을 쪼일 때에 따스한 느낌이 드는 순간 비타민 D가 만들어지는 유익이 있음은 물론 그 사람의 두뇌엔 좋은 스키마가 만들어진다.

　한 시인이 시원한 바람을 쏘이며 무척이나 기분이 좋았던 어느 여름날 이런 시가 떠올라 그것을 동요로 만들었다.

　　산 위에서 부는 바람 시원한 바람,
　　그 바람은 좋은 바람 고마운 바람.
　　여름에 나무꾼이 나무를 할 때,
　　이마에 흐른 땀을 씻어준대요.
　　강가에서 부는 바람 고마운 바람,
　　그 바람도 좋은 바람 고마운 바람.
　　잠자는 뱃사공을 배에 태우고,
　　혼자서 나룻배를 저어간대요.

　무더운 어느 여름날 강가에 가서 시원한 바람을 쏘이고 있던 시인의 두뇌에 시원한 바람과의 접촉을 통해 좋은 스키마가 형성되었고, 그 스키마를 통하여 그 바람이 고맙고 좋은 바람이라는 것을 느낀 것이다.

　이처럼 자연과의 접촉은 좋은 스키마 형성에 큰 도움을 준다. 그러므로 빈번히 사용되는 유용한 단어다.

틈을 내어 자연의 품에 안기는 것은 육신의 건강에는 물론 정신 건강에도 큰 도움이 된다. "현장학습"이나 "견학" 등과 같은 교육 용어들은 촉감을 통한 교육의 중요성을 대변해준다.

사람은 자연을 토대로 살아가기 때문에 자연과의 접촉을 통한 좋은 스키마 형성이 중요하다. 그러나 사람은 또한 사회적 존재(social being)이기 때문에 사람과의 접촉을 통한 좋은 스키마 형성이 필요하다.

스킨쉽은 사람과의 접촉을 나타내는 용어다. 스킨쉽은 관심과 배려의 표현이며 사랑의 표현이다. 활짝 웃는 얼굴로 악수를 함으로써 상대방에 대한 관심을 표현하고, 다정한 모습으로 포옹(hugging)을 함으로써 우정과 사랑을 표현한다. 어린 아이의 머리를 쓰다듬는 스킨쉽도 관심과 사랑의 표현이다. 슬픔을 당한 사람의 손을 꼭 잡아주는 것은 격려와 위로의 스킨쉽이다. 이런 스킨쉽들을 통하여 좋은 스키마가 만들어진다.

스킨쉽은 자녀 양육에서 필수적이다. 부모와 자녀간의 스킨쉽이 많으면 서로의 관계가 긴밀해질 뿐 아니라 좋은 스키마들이 많이 만들어진다. 그러므로 스킨쉽을 극대화하며 자녀를 양육하는 것이 바람직하다. 부모에 대하여 좋은 추억이나 아름다운 정을 많이 느끼는 자녀들은 부모와 자녀 간에 좋은 스키마가 많이 형성 되었었다는 것을 의미한다.

6) 육감(六感, intuition)

사람이 동물보다 차원이 높은 존재라는 것을 여러 가지로 말할 수 있는데, 그 중 하나가 사람은 동물들에게는 존재하지 않는 육감이 있다는 것이다. 여기서 말하는 육감은 '동물적 감각'을 의미하는 '육감'(肉感, sensuality)이 아니라 제 육의 감각(the sixth sense)을 의미하는 '육감'(六感, intuition)이다.

오감은 동물들에게도 존재한다. 그러나 사람은 동물들이 소유하고 있지 않는 여섯 번째의 감각을 가지고 있는데 그것이 직관(直觀, intuition)이다.[10] 직관은 기존의 지식에 근거한 논리적 판단이 가져다주는 새로운 지식이 아니라 내부에서 문득 솟아나는 새로운 앎이다. 예를 든다면, 뉴튼(Isaac Newton)이 사과가 떨어지는 것을 보고 "만유인력의 법칙"(law of universal gravity)을 발견한 것은 직관에 의한 것이다.[11] 사과가 떨어지는 것을 보고 무엇인가 새로운 것을 발견했다는 것이다. 사과가 위로 올라가거나 옆으로 날아가지 않고 아래로 떨어지는 것은 지구가 사과를 끌어당기기 때문이라는 것이다.

모든 물체에는 서로 끌어당기는 힘, 즉 인력(gravity)이 있다는 것인데, 이것은 물리학의 중요한 원리가 되었다. 이 법칙은 뉴튼이 실험을 한다든지 수학적으로 계산을 해서 발견한 것이 아니라 직관에 의하여 발견된 것이다.

아르키메데스(Archimedes)가 목욕탕 욕조에 들어갔다가 자기의 몸이 물속에 들어간 부분만큼 물이 흘러넘친다는 것을 발견하고 "알았다!"(Eureka! I have found it!)를 외친 것도 직관의 기능에 의한 것이다. 여기에서 "아르키메데스의 원리"(Archimedes' Principle)가 태어났다. 이것도 그의 수학적 계산에 의한 것이 아니라 직관에 의한 것이었다.

그럼 직관이 스키마 형성과 무슨 관계가 있는가? 직관에 의하여 어떤 진리를 깨달을 때에 그 사람의 두뇌엔 그에 해당하는 스키마가 형성된다. 뇌세포는 매우 유연하기 때문에 생각에 따라 그에 해당하는 스키마가 형성된다. 사과가 떨어지는 것을 보고 뉴튼이 만유인력의 법칙을 발견하는

---

10 육감과 직관은 모두 intuition으로 번역되므로 여기에서 동의어로 사용된다.
11 학자들 사이에 이 발견이 순수한 직관으로 된 것인가에 대한 의구심이 제기되기도 하지만, 사과가 떨어지는 것을 보고 만유인력의 법칙을 발견했다는 설이 널리 보급되어 있다.

순간 그의 두뇌엔 만유인력의 법칙에 해당하는 인지 구조, 즉 스키마가 형성된 것이다. 아르키메데스가 욕조에 들어갔을 때에 아르키메데스 원리를 발견하는 순간 그의 두뇌에도 그 원리에 해당하는 스키마가 형성된 것이다.

 직관의 작용이 활발한 만큼 그 사람의 두뇌에 좋은 스키마가 많이 형성된다. 그러므로 직관의 작용이 활발하게 일어날 수 있는 기회를 많이 갖는 것이 좋다.

 그럼 어떻게 하면 직관의 작용이 활발하게 일어날까? 첫째, 적절한 자극이 필요하다. 뉴튼이 만유인력의 법칙을 발견한 데서 그 실례를 찾을 수 있다. 만약 그가 사과나무 곁으로 가지 않았더라면 사과가 떨어지는 것을 목격하지 않았을 것이며, 그것을 목격하지 않았다면 그 때에 만유인력의 법칙을 발견할 수 없었을 것이다. 그가 사과나무 곁으로 갔기 때문에 사과가 떨어지는 것을 보았고, 사과가 떨어지는 것을 보았기 때문에 직관의 작용이 나타나서 만유인력의 법칙을 발견한 것이다. 그러므로 그가 사과나무 옆으로 감으로써 사과가 떨어지는 것을 목격하는 자극을 받은 것이 중요하다고 볼 수 있다.

 아르키메데스의 경우도 마찬가지다. 그가 공동 목욕탕에 가서 욕조에 들어감으로써 물이 흘러넘치는 것을 목격하는 자극을 받지못했다면 그는 아르키메데스의 원리를 발견하지 못했을 것이다.

 그러므로 여러 가지 체험을 함으로써 적절한 자극을 받는 것은 직관의 작용을 활성화시키는 데 매우 큰 도움이 된다고 할 수 있다. 이런 의미에서 여행을 가거나 현장 학습을 하거나 실험 실습을 하는 것은 직관의 작용을 활성화 시키는 데 도움이 된다고 볼 수 있을 것이다.

 직관의 작용을 활성화시키는 두 번째 요소는 마음을 여는 것이다. 즉, 오픈 마인드(open mind)를 가져야 한다는 것이다. 창문이 닫혀 있으면 신선한 공기가 들어올 수 없듯이 마음의 창문이 닫혀 있으면 신선한 생각이 떠오르지 않는 법이다. 마음이 닫힌 상태로 여행을 간다든지 현장 학습을 한다든지 실험이나 실습을 해도 직관의 활성화는 기대하기 어렵다. 그 이유는 두뇌의 유연성이 저하되기 때문이다. 마음이 닫혀 있으면 두뇌의 유연성이 떨어지고, 두뇌의 유연성이 떨어지면 새로운 생각이 날 수 없다.

직관의 작용을 활성화시키는 세 번째 요소는 다양한 지식을 습득하는 것이다. 다양한 지식이 두뇌에 축적되면 그 지식들이 적절한 조합(combination)을 이루어 새로운 법칙으로 나타날 수 있다. 다양한 독서를 하고 견문을 넓힘으로써 다양한 지식을 쌓는 것은 예상치 않았던 진리를 발견하는 기초가 될 수 있다.

7) 영감(靈感, inspiration)

영감은 직관보다 차원이 높다. 직관을 제 육의 감각이라고 한다면 영감은 제 칠의 감각이다. 직관이 내부에서 문득 떠오르는 참신한 창의적 기능이라면, 영감은 위로부터 내려오는 영적 기능이라고 할 수 있다.

직관은 내부에 축적된 지식이 기초가 되지만 영감은 그런 지식과 관계가 없다. 성경의 기록자들[12]은 많은 지식이 없는 사람들이 많았지만 그들이 그토록 심오한 진리를 기록한 것은 영감에 의한 것이었다.

예를 들어보자. 사도 요한이 기록한 요한계시록은 그의 지식을 훨씬 뛰어넘는 내용들을 담고 있다. 그의 지식과는 차원이 전혀 다른 영적 세

---

12 성경을 쓴 사람을 '저자'(author)라고 하지 않고 '기록자'(writer)라고 하는 것이 더욱 성경적인 표현이다. 저자의 책은 저자의 사상으로 엮어져 있기 때문에 만약 성경의 기록자들을 저자들이라고 한다면 성경의 영감성이 침해를 받는다. 성경은 하나님이 주시는 영감을 기록자들이 기록한 글이다. 그렇기 때문에 성경은 사람의 사상에 의해 엮어진 '인간의 말'이 아니라, 하나님께서 기록자들에게 영감을 주어 기록된 '하나님의 말씀'이다.

계를 그토록 상세하게 기록한 것은 위로부터 내려온 영감 때문이었다. 요한 뿐 아니라 66권 모든 성경의 기록은 모두 영감에 의하여 기록된 것들이다.

이에 대하여 하나님은 바울을 통하여 다음과 같이 말씀하신다. "모든 성경은 하나님의 감동으로 된 것으로 교훈과 책망과 바르게 함과 의로 교육하기에 유익하니"(딤전 3:16). 모든 성경 말씀들(all Scriptures)은 다 하나님께로부터 온 영감을 통하여 기록된 말씀, 즉 하나님의 말씀이라는 뜻이다. 예수님께서 제자들에게 "너희는 나를 누구라 하느냐?"(마 16:15)라고 질문했을 때에 베드로는, "주는 그리스도시요 살아계신 하나님의 아들이시니이다"(마 16:16)라고 대답했다. 예수님은 그 대답을 듣고, "…이를 네게 알게 한 이는 혈육이 아니요 하늘에 계신 내 아버지시니라"(마 16:17)라고 말씀하심으로써 베드로의 답변은 100% 하나님의 영감에 의한 것이라고 인정하셨다. 베드로는 어부출신으로서 학식이 많지 않았던 사람이지만 영감을 받음으로써 심오한 진리를 깨달아 알 수 있었다.

영감이란 이처럼 직접 하나님께로부터 온 것이어야만 한다는 조건이 있는가? 아니다. 100%의 영감도 영감이며 50%의 영감도 영감이고 1%의 영감도 영감이다. 성경은 100%의 영감, 즉 완전 영감에 의하여 쓰였지만 우리의 삶속에서 영적 진리를 깨닫는 것도 영감에 속한다.

100%의 영감으로 쓰인 성경을 읽고 진리를 깨달았을 때에도 그것은 영감이 작용한 것이다. 자신에게 큰 피해를 주어 도무지 용서할 수 없었던 사람을 용서해야 하겠다는 생각이 든 것도 영감의 작용이라고 볼 수 있을 것이다. 양심을 속이며 살면서 죄책감을 가지고 고민하던 사람이 어느 날 갑자기 회개할 마음이 생길 때에도 그것은 영감에 의한 것이라고 볼 수 있다.

그럼 영감과 스키마와 무슨 상관이 있는가? 영감을 받으면 스키마가 발달하는가? 그렇다. 영감을 받는 순간 두뇌에 영감을 받아 깨달은 내용을 구성하는 인지 구조, 즉 스키마가 형성되기 때문이다. 영감을 받아 형성된 스키마는 그 내용이 좋다. 내용만 좋을 뿐 아니라 잘 잊히지 않는다. 그러므로 영감을 많이 받는 삶을 사는 것은 매우 중요한 일이다.

그럼 어떻게 하면 영감을 많이 받을 수 있을까? 첫째, 성경을 많이 접해야 한다. 성경은 100% 영감으로 기록된 진리의 말씀이기 때문에 성경 말씀을 많이 접할수록 영감을 받는 기회가 많아진다. 다양한 방법으로 성경을 접하는 게 좋다.

성경 말씀을 읽고, 듣고, 연구하고, 암송하고, 묵상하는 등 다섯 가지 방법들을 최대한으로 활용해야 한다. 열린 마음으로 성경을 읽을 때에 영감을 받는다. 열린 마음으로 설교를 들을 때에 영감을 받는다. 진지하게 성경 말씀을 연구할 때에 영감을 받는다. 읽고 듣고 연구하여 알고 있는 말씀을 마음 깊이 새김(암송)으로써 영감을 받는다. 또한 마음에 새겨진 말씀을 삶속에 적용하기 위하여 묵상할 때에 영감을 받는다.

영감을 많이 받을 수 있는 두 번째 방법은 기도다. 기도는 하나님과의 대화이기 때문에 기도할 때에 영감을 받는다.

한나(Hannah)는 자식이 없어 둘째 부인인 브닌나(Peninnah)에게 괄시를 받았을 때에 하나님께 간절히 기도함으로써 영감을 받았다. 영감을 받은 그녀는 기쁨에 충만했다. 그 얼굴에서 수심이 다 물러가고 기쁨의 햇빛이 찬란하게 빛나고 있었다. 그 결과 그녀는 귀한 아들을 낳게 되었는데, 그가 바로 사무엘이었다. 그녀의 두뇌에 깊게 새겨졌던 억울하고 서럽던 부정적 스키마가 다 사라지고, 감사와 기쁨의 긍정적 스키마가 형성되었던 것이다.[13] 이상에서 칠감(七感), 즉 일곱 가지 감각들을 통하여 좋은 스키

---

13 영감은 스키마 형성에 지대한 영향을 미치므로 제7장 스키마와 성령에서 더욱 상세히

마를 만드는 방법들이 제시되었다. 이제 일각(一覺), 즉 생각에 대하여 논의해보자.[14] 생각은 스키마를 만드는 매우 중요한 방법이기 때문에 별도의 절(節)을 만들어 논의하기로 한다.

2. 일각(一覺) : 생각(生覺)[15]

본 절에서는 생각의 중요성과 생각의 종류 그리고 생각의 질과 양에 대하여 논의된다. 생각에 대한 다각적 논의를 통하여 생각이 스키마 형성에 미치는 영향을 다루고자 한다.

1) 생각(生覺)의 중요성

"나는 생각한다, 고로 존재한다"(*Cogito ergo sum*)라는 프랑스 철학자 데카르트(R. Descartes)의 말처럼, 생각은 인간 실존의 근본이며 기본이다. 생각하지 않는 삶은 죽은 삶이나 마찬가지라는 의미다. 생각 없이 그냥 사는 삶은 살았으나 죽은 삶이다. 이는 생각이 그만큼 중요하다는 것을 대변하는 말이다.

우리는 흔히 "모든 것은 마음먹기에 달렸다!"라는 말을 듣는데, 이 말은 "모든 것은 생각하기 나름이다!"라는 말과 같다. 생각이 사람의 삶을 좌우한다. 우리는 종종 많은 재벌들이나 정치가들이나 유명 연예인들이 자살

다루어진다.
[14] 여기에서 '일각', 즉 한 가지 감각이란 '생각'을 의미하는 것으로 앞에서 언급되었다.
[15] '생각'에 해당되는 한자어는 국어사전에 존재하지 않으나 편의상 위와 같은 한자로 표기하기로 한다.

하는 것을 보는데, 그들의 공통점은 생각을 잘못했다는 것이다. 생각은 생과 사를 좌우할 뿐 아니라 성공과 실패를 좌우하며 행복과 불행을 좌우한다.

2) 생각의 종류

생각의 방향에 따라 생각의 종류를 분류해보자. 먼저 긍정적 생각과 부정적 생각 그리고 자기중심적 생각과 타자중심적 생각에 대하여 논의해보자. 그 다음 시간에 따라 생각에 대하여 논의해보자.

(1) 부정적 생각과 긍정적 생각(negative and positive thoughts)

생각하는 방향에 따라 생각을 분류하면 부정적인 생각과 긍정적인 생각이 있다. 부정적인 생각은 생각의 방향이 마이너스를 향하고, 긍정적인 생각은 플러스를 향한다. 이런 경향은 정도의 차이는 있지만 모든 사람들에게 나타나는 현상이다.

사람들은 자기도 모르는 사이에 부정적인 생각을 한다. 이런 현상을 심리학자들과 정신의학자들은 "자동적 부정적 사고"(Automatic Negative Thoughts/ANTs)라고 한다. 정신의학자인 다니엘 에이멘(Daniel Amen)은 "Automatic Negative Thoughts"의 첫 글자와 마지막 글자를 이용하여 "ANTs"(개미들)라는 신조어를 만들어 자동적 부정적 생각을 집을 무너뜨리는 개미들로 비유하면서 그 심각성을 주장한다.[16] 미국엔 많은 집들이 목재로 지어져 있는데, 흰개미(termite)가 집에 많이 있으면 집을 무너뜨릴 수 있다고 한다.

---

16 Amen, 153.

두뇌에 이런 개미가 많은 사람들은 근심과 걱정을 많이 하며 우울증(depression)에 시달린다고 한다. 부정적 생각은 생각에만 머물지 않고 부정적인 사건을 유발시킨다는 것이다.[17] "말이 씨가 된다"는 것은 이를 두고 하는 말이기도 하다. 부정적인 말을 많이 하면 그것이 씨가 되어 부정적인 일이 발생한다. 부정적인 말을 반복하면 두뇌에 부정적인 스키마가 만들어지며, 그 부정적인 스키마는 부정적인 행동으로 연결된다.

유진 세이건(Eugene Sagan)이 주장하는 "부정적 내면의 소리"(negative inner voice)도 이와 맥락을 같이하는 이론이다.[18] 많은 사람들은 문제에 직면할 때에 자신은 그것을 할 수 없다거나 혹은 아무리 해도 안 될 것이라는 부정적 소리가 내면에서 울려 퍼진다는 것이다. 그런 사람들은 다른 사람들이 어떤 의견을 제시할 때에 먼저 안 된다는 주장을 한다. 자신의 내면에서 들려오는 부정적 소리는 자신의 문제 해결에 대한 부정적 결론만을 내리는 것이 아니라 타인의 의견에도 부정적 결론을 내리는 것이다.

우리는 이런 현상을 성경에서도 찾아볼 수 있다. 모세가 12명의 정보원들을 가나안 땅에 보내었을 때에 같은 날 같은 장소를 정탐했는데, 그들은 두 가지 상반된 결론을 내렸다. 10명의 정보원들은 부정적 결론을 내렸고, 2명의 정보원들은 긍정적 결론을 내렸다.

부정적 결론을 내린 사람들의 주장인즉, 가나안 땅에 들어가는 것이 아무리 하나님의 뜻이라고 해도 현실은 그렇지 못하다는 것이다. 가나안 땅에 사는 사람들에 비하면 자신들은 아무것도 아니라는 것이다. 그들과 싸워 이길 가능성이 조금도 없다는 것이다. 그러나 2명의 정보원들은 그 반대의 결론을 내렸다. 아무리 현실이 불리하다 해도 가나안이 들어가는 것

---

17 Ibid.
18 권택조, 『영성발달』 (서울: 예찬사, 1999), 83.

이 하나님의 뜻이기 때문에 하나님이 함께 하시므로 가능하다는 주장이었다.

10명의 정보원들도 하나님을 믿는 사람들이었다. 그들은 각 지파의 족장들로서 영적 정치적 리더들이었다. 그들은 신정국가에서 족장이 되었기 때문에 신앙이 출중한 사람들이었다고 볼 수 있다. 그러나 그들의 내면에서 들려오는 부정적 소리가 문제였다. 12명 중 10명이 부정적 내면의 소리를 듣는 사람들이었다는 것은 매우 충격적인 사실이 아닐 수 없다. 만약 모세가 그들의 의견에 동조했더라면 이스라엘 민족은 광야에서 멸망했거나 다시 이집트로 돌아가서 영원한 노예 생활을 했을지도 모른다.

그러므로 부정적 생각을 버리고 긍정적 생각을 해야 한다. 부정적 생각이 부정적 결과를 초래하는 것처럼, 긍정적 생각은 긍정적 결과를 일으킨다. 부정적 생각을 하면 두뇌에 부정적 스키마, 즉 병든 스키마가 만들어지고, 긍정적 생각을 하면 두뇌에 긍정적 스키마, 즉 건강한 스키마가 만들어진다. "콩 심은 데 콩 나고, 팥 심은 데 팥 난다!" 또는 "심은 대로 거두리라!"는 말들은 모두 이에 해당하는 원리다.

(2) 자기중심적 생각과 타자중심적 생각(self-centered and other-centered thoughts)

자기중심적 생각은 생각의 방향이 대체적으로 자기 쪽을 향하므로 이기적이며 주관적이다. 이런 경향은 누구에게나 공존하는 현실이다. 그 어떤 사람도 이런 경향에서 완전히 벗어날 수는 없을 것이다.

'자기중심적'이라는 용어는 '이기적'이라는 용어보다 더 넓은 개념의 단어다. 자기중심적이라는 용어는 이기적이라는 뜻을 포함하며, 그 이상의 의미를 지닌다. 예를 들어, 어느 신학대학 교수가 어떤 학생과 입시 인터

뷰를 하는데, "나는 군에 있을 때에 술을 마시지 않았는데 너는 왜 마셨느냐?"라고 했을 때에, 그것은 이기적인 말은 아니다. 그러나 그것은 자기중심적인 말이다.

매사를 자기중심적으로 해석하는 것은 매우 악하고 위험한 습관이다. 부모들이나 기성세대가 자녀들이나 젊은이들에게 이와 같은 태도를 가지고 대하는 것이 그들로 하여금 부모와 기성세대를 등지게 하는 원인이 되기도 한다. 사실상, 이와 같은 태도는 젊은 세대뿐 아니라 모든 사람들이 싫어한다.

바리새인들이 예수님께 "어찌하여…"라는 용어를 많이 사용하였는데, 그것은 그들이 그만큼 자기중심적인 사람들이었음을 말해준다. 이런 사람들은 자기의 잘못을 잘 인정하지 않는다. 매사를 자기중심적으로 해석하기 때문에 자기의 잘못이 드러나지 않는다. 자기의 잘못으로 빚어진 문제도 타인의 잘못으로 해석된다. 따라서 그들에게 회개는 거의 불가능하다. 잘못했음을 인정하는 것이 회개의 기초인데 그들에게는 그 기초가 없기 때문이다. "남이 바람난 것은 불륜이고 자신이 바람난 것은 로맨스"라는 말도 이를 두고 하는 말이다.

자기중심주의는 매우 심각한 죄의 근원이다. 모든 죄는 자기중심주의에 뿌리박고 있다. 자기중심주의는 원죄의 핵심이기 때문이다. 원죄(the Original Sin)는 아담과 하와가 선악과를 따서 먹은 사건에서 출발한다.

대학 시절 캠퍼스에서 전도를 할 때에 종종 들었던 질문들 중 하나가 바로 이런 것이었다. "선악과를 따서 먹은 것이 그렇게 큰 죄인가? 그것이 죄 중의 죄가 될 수 있단 말인가? 그것이 원죄라고 할 수 있는가? 먹고 싶은 과일을 먹은 것이 그토록 치명적인 죄가 될 수 있단 말인가? 그렇다면 기독교의 하나님은 그토록 마음이 좁은 신인가?"

나는 그 당시 신학을 공부하지는 않았지만 다행히도 그런 질문에 대한 대답을 할 수 있었다. 나는 그들에게 이렇게 대답하곤 했다. "사람이 과일을 먹은 것 자체는 죄가 아니다. 그러나 선악과를 매개체로 해서 하나님과 인간 사이에 언약이 맺어져 있었다. 거기엔 선악과를 따서 먹지 않겠다는 약속이 존재하고 있었다. 인간은 그 약속을 지킴으로써 하나님과의 관계를 맺고 있었다. 그러나 인간이 선악과를 따서 먹음으로써 하나님과의 약속을 깨뜨리고 말았다. 쌍방 간에 맺어졌던 약속이 일방적으로 깨어졌다. 그들은 선악과를 먹으면 죽게 된다는 하나님의 말씀을 개의치 않고 약속을 깨뜨렸다.

왜 그랬을까? 그것을 먹으면 인간이 하나님과 같게 된다는 뱀의 유혹을 받아들였기 때문이었다. 즉, 이제는 더 이상 하나님 중심으로 살지 않고 스스로 하나님이 되어서 자기중심으로 살겠다는 선언이었다. 피조물이 조물주가 되겠다는 자기중심적인 판단에서 비롯된 행동이었다. 바로 여기에 선악과를 따서 먹은 사건의 심각성이 존재한다. 선악과를 따 먹지 않음으로써 하나님과의 약속을 지키며 산다는 것은 하나님 중심으로 살겠다는 신앙 고백이었으나, 선악과를 따 먹음으로써 아담과 하와는 자기중심으로 살겠다는 선언을 한 것이었다. 이것이 원죄이며, 아담과 하와의 자손인 모든 인류는 자기중심성이라는 원죄를 가지고 태어나는 것이다."

같은 맥락에서 스미스(F. L. Smith)나 맷잿(D. Matzat)도 자기중심주의를 원죄라고 주장한다.[19] 예수님이 바리새인들과 그토록 많이 부딪힌 것은 바로 바리새인들의 자기중심주의 때문이었다. 그들 속에 원죄가 너무나 강력하게 작용하고 있었고, 그것이 그들로 하여금 예수님을 고발하고 십자가에 못 박게 하는 원인이 되었다. 웹스터(D. D. Webster)도 바리새인들 속에 뿌리박고 있었던 자기중심주의가 예수님의 공격의 대상이었다고

---

19 F. L. Smith, *When Choice Becomes God* (Eugene: Harvest House Publishers, 1990), 13.

주장한다.[20] 예수님께서 그들을 그토록 심각하게 공격하였던 것은 그들 안에 뿌리박고 있는 자기중심주의 때문이었다.

큰 죄나 작은 죄나 모든 죄는 자기중심주의에 뿌리박고 있다. 바벨탑 사건은 인류에게 매우 치명적인 사건이었다. 하나님은 사람들이 바벨탑을 쌓는 것을 심각한 죄로 취급하시고 그 벌로서 사람들의 언어를 혼잡케 하셨다. 이로 인하여 그들은 서로가 서로의 말을 이해할 수가 없었다. 그것이 왜 그토록 큰 죄가 되었는가? 인간이 자신들의 기술을 이용하여 높은 탑을 쌓는 것이 왜 그토록 심각한 죄가 되었는가?

바벨탑을 쌓은 동기를 두 가지로 분석할 수 있다. 첫째는 그것이 하나님의 심판을 인간의 힘으로 막을 수 있다는 신념의 결정체였다는 사실이다. 다시 홍수 심판이 임한다고 할지라도 하늘 높이 탑을 쌓으면 심판을 면할 수 있다는 확신에서 그들은 바벨탑을 쌓았다.

하나님의 심판을 인간의 힘으로 막고자 하는 것은 인간의 자기중심주의에 근거한다. 그들이 자기중심적인 삶을 지양하고 하나님 중심적인 삶을 추구했다면 그들은 바벨탑을 쌓는 대신 하나님께 순종하는 삶을 택했을 것이다. 그러나 그들은 죄를 미워하고 의를 사랑하는 삶을 택하는 대신에 자기들의 힘만 믿고 바벨탑을 쌓아 하나님을 대항하고자 한 것이다.

바벨탑을 쌓은 두 번째 동기는 자기 영광이었다. 그들은 자신들의 이름을 내기 위하여 바벨탑을 쌓았다(창 11:4). 자신들의 이름을 높이는 것이 바벨탑을 쌓는 동기가 되었다. 그들은 하나님의 뜻엔 관심이 없었다. 오직 자기들의 이름을 내기 위하여 그들은 모든 기술을 동원하여 탑을 쌓았다. 그것은 하나님중심적인 삶을 사는 대신 자기중심적인 삶을 살고자 했

---

20 D. D. Webster, *A Passion for Christ: An Evangelical Christology* (Grand Rapids: Zondervan Publishing House, 1987), 97.

다는 것을 대변한다. 바벨탑을 쌓은 것이 그토록 치명적인 죄가 되었다는 것은 그 동기가 자기중심주의에 뿌리박고 있었기 때문이었다.

인간은 하나님의 피조물이기 때문에 하나님 중심으로 살아야 한다. 그것이 안전과 축복이 보장되는 최선의 길이다. 하나님을 등지는 자기중심적인 삶은 불안전하고 위험하며 하나님의 축복이 배제되는 불행한 삶이다. 인간은 하나님의 피조물이기 때문에 조물주 하나님 중심으로 살아야 한다. 지구가 계속적으로 태양을 중심으로 회전해야 안전하고 태양의 혜택을 받아 온갖 생명들을 살릴 수 있는 것처럼 인간은 하나님 중심으로 살아야 한다.

하나님께서 모든 영광을 하나님께 돌리라고 성경에 그토록 강조한 것은 인간이 영광을 받는 것에 대한 시기심 때문이 아니다. 자신에게 주어지는 영광을 하나님께 돌리지 않고 그 영광을 자기가 계속 간직하거나, 더 나아가 스스로 자기 영광을 추구할 때에 인간은 반드시 교만하게 되고, 그 교만은 자기중심주의의 결정체로서 자신이 스스로 무너지는 결과를 초래하는 것이다. 그러므로 하나님께서 인간으로 하여금 모든 영광을 하나님께 돌리라고 하시는 것은 인간을 위함이다. 자기에게 오는 영광을 하나님께 돌림으로써 인간은 겸손하게 되고, 그 겸손은 하나님의 은혜와 축복을 가져오는 통로가 되기 때문이다.

그러므로 우리는 자기중심적인 삶을 살지 말고 타자중심적인 삶을 살아야 한다. 인간에게 있어서 타자란 하나님과 다른 사람들을 의미한다. 그러므로 타자중심주의는 하나님중심주의와 타인중심주의로 구성된다. 인간은 위로 하나님을 위하고 옆으로 타인들을 위하는 삶을 살아야 정상적인 삶을 살 수 있다.

위로 하나님을 위하여 살고, 옆으로 타인들을 위하여 산다면 자신은 어떻게 되느냐고 반문할 수 있다. 자신은 항상 손해만 보고 살아야 하느냐는 질문이 가능하다. 그러나 그것은 피상적 질문이다. 실지로는 그 반대가 된다. 인간은 하나님을 위하고 타인들을 위하여 살 때에 손해를 보는 삶을 사는 것이 아니라 오히려 유익이 되고 복이 되는 삶을 살게 된다. 지구가 태양을 중심으로 회전할 때에 태양 에너지를 받아 풍성한 생명력을 누리는 것처럼 인간은 하나님을 중심으로 살아갈 때에 하나님께로부터 무한한 복을 받게 된다.

타인들에게 유익을 끼치고자 하는 인생관을 가지고 사는 사람은 복된 삶을 살게 된다. "홍익인간"(弘益人間)이라는 대한민국의 교육이념은 널리 인간에게 유익을 끼친다는 뜻이다. 교육을 받는 목적이 다른 사람들에게 유익을 끼치기 위함이라는 것이다. 이것은 공허한 슬로건이 아니다. 보다 많은 사람들에게 유익을 주는 인물이 되기 위하여 열심히 공부하는 사람은 먼저 자신이 복된 사람이 되며, 그 복된 사람이 다른 사람들에게 유익을 줄 수 있는 인물이 되는 것이다.

나는 대학 시절에 어느 가정에 입주하여 가정교사를 한 일이 있었는데 학생의 어머니가 아들에게 이런 말을 하는 것을 자주 들었다. "공부해서 남 주나? 권 선생님은 공부를 열심히 했기 때문에 이렇게 돈을 벌면서 학교를 다니잖아! 열심히 공부해!" 아들에 대한 부모의 심정은 충분히 이해를 한다. 그러나 그 말엔 어폐(語弊)가 있다. 어폐만 있는 것이 아니라 이기주의를 키우는 독소가 있다. "공부해서 남 주나?"라는 말은 공부해서 남 주지 않고 모두 자기가 가지게 된다는 말이다.

그러나 그것은 그 반대다. 공부는 남에게 주기 위하여 하는 것이다. 만약 공부해서 남에게 주지 않는다면 그 사람이 한 공부는 거의 무용지물이 된다. 예를 들어, 공부를 열심히 하여 박사학위까지 소유한 사람이 있다고 하자. 그는 대학 교수를 목표로 하여 공부를 했지만 10년이 지나도록 교수가 되지 못했다. 시간 강사를 했지만 학생들의 강의평가가 좋지 않아

스키마

결국 포기하고 말았다. 공부한 것을 남에게 줄 수 있는 기회가 없어진 것이다.

반면에 같은 대학원에서 박사학위를 얻은 자기 친구는 두 학기 강의를 하고 학생들의 평가가 좋아서 전임교수가 되어 보람과 행복을 누리며 살고 있다. 이 경우 전자는 공부해서 남에게 주지 못하는 사람이 되었고, 후자는 공부해서 남에게 주는 사람이 되었다. 공부는 남에게 주기 위하여 하는 것이다. 물론 거기에 필연적으로 보수가 수반된다.

어느 분야의 공부나 공부한 것을 남에게 줄 때에 의미가 있다. 공부한 것을 남에게 주는 데는 두 가지 의미가 내포되어 있다. 첫째는 남에게 유익을 주는 것이며, 둘째는 자기에게 보수가 주어진다는 것이다. 공부한 것을 남에게 주지 않으면 남에게 유익을 주지 못할 뿐 아니라 자기에게 보수가 따라오지 않는다. 무능한 사람이 되는 것이다. 그러므로 우리는 보다 많은 사람들에게 보다 많은 유익을 주고자 하는 목표를 가진 인재들을 길러내야 한다.

자기중심주의가 원죄(原罪)라면 타자중심주의는 원의(原義)다. 자기중심주의라는 원죄에서 타자중심주의라고 하는 원의로 돌이키는 삶이 의로운 삶이며 복된 삶이다. 예수 그리스도는 인간을 구원하시는 구주(the Savior)가 되실 뿐 아니라 모든 인간에게 삶의 역할 모델(role model)이 되시는데, 타자중심주의는 예수 그리스도의 인격과 삶의 핵심이다. 우리는 이 사실을 그의 성육신(Incarnation)과 지상사역(earthly life)과 십자가의 죽으심(the Crucifixion)에서 찾아볼 수 있다.

먼저 성육신에 대하여 생각해보자. 예수 그리스도가 인간의 육신을 입고 세상에 오신 것은 자기 자신을 위함이 아니라 전적으로 인간을 위함이었다. 예수님은 하늘 영광을 버리고, 하나님과 동등 됨을 포기하고, 스스로 인간이 되어 낮고 천한 곳에서 태어나셨다. 로마 제국의 식민지로 고통 받던 이스라엘 땅에 오셨다. 그가 자기를 위해서 오셨다면 그는 로마의 황실에서 태어 나셨을 것이다. 그러나 그는 로마의 식민지에서 태어나셨다. 게다가 그가 태어난 장소는 춥고 어두운 마구간이었다. 그는 가장 낮은 사람들부터 모든 사람들을 구원하기 위하여 가장 낮은 곳에 태어나셨다.

  이에 대하여 성경은 다음과 같이 가르친다. "너희 안에 이 마음을 품으라. 곧 그리스도 예수의 마음이니, 그는 근본 하나님의 본체시나 하나님과 동등 됨을 취할 것으로 여기지 아니하시고 오히려 자기를 비어 종의 형체를 가져 사람들과 같이 되었고"(빌 2:5-7). 예수님은 자신의 성육신에 대하여 이렇게 말씀하셨다. "인자의 온 것은 섬김을 받으려 함이 아니라 도리어 섬기려 하고, 자기 목숨을 많은 사람의 대속물로 주기 위함이라"(막 10:45). 예수님이 이 땅에 육신을 입고 오신 것은 인간을 구원하기 위한 하나님의 뜻을 이루기 위함이었다. 그러므로 성육신은 하나님중심주의와 타인중심주의를 모두 포함하고 있다고 볼 수 있다. 타자중심주의는 성육신의 핵심적 위치를 차지하고 있다.

  타자중심주의는 예수 그리스도의 지상 사역에서도 명확히 나타난다. 예수 그리스도의 지상 사역은 가르침(teaching)과 설교(preaching)와 치유(healing)로 요약될 수 있음을 마태는 이렇게 전한다

> 예수께서 모든 성과 촌에 두루 다니사 저희 회당에서 가르치시며 천국 복음을 전파하시며, 모든 병과 모든 약한 것을 고치시니라(마 9:35).

  이 세 가지 사역을 다시 둘로 요약하면 말씀 사역과 치유 사역인데, 이 사역들은 모두 인간을 구원하시기를 원하시는 하나님의 뜻을 이루기 위한 것들이었다.

하나님의 말씀엔 인간을 구원하시려는 하나님의 뜻이 담겨져 있으므로, 말씀 사역은 하나님의 뜻을 이루기 위한 사역이다. 따라서 말씀 사역은 하나님을 위하고 사람들을 위한 사역이었다.

치유 사역도 마찬가지다. 예수님께서 치유사역을 하신 것은 병자들에 대한 자비의 마음이 동기가 되었다. 만약 예수 그리스도의 치유 사역이 자신을 위한 것이었다면 그는 역사상 가장 돈을 많이 번 의사가 되었을 것이다. 왜냐하면 그는 못 고치는 병이 없었기 때문이었다. 그러므로 그리스도의 치유 사역의 중심에도 타자중심주의가 자리 잡고 있음을 알 수 있다.

타자중심주의는 십자가의 죽으심에도 뚜렷이 나타난다. 예수님이 십자가에서 죽으신 것에 대하여 다음과 같은 견해가 있을 수 있다. 첫째, 예수님이 십자가에서 억울한 죽음을 당한 것은 힘이 없었기 때문이다. 힘이 있었다면 왜 그렇게 억울한 죽음을 당했겠는가? 둘째, 예수님이 십자가에서 죽으신 것은 인덕이 없었기 때문이었다. 그는 자기 제자에게 배신당하고 자기 민족에게 배신당하지 아니했던가! 이것을 다른 말로 표현하지면 그가 그만큼 인덕이 없었다고 할 수 있다. 셋째, 예수님이 십자가에서 죽으신 것은 운이 나빴기 때문이었다.

그러나 이 세 가지의 견해는 성경을 모르는 사람들이 인간적 안목으로 바라볼 때에 있을 수 있는 오해에서 비롯된다. 예수님은 힘이 없어서 십자가를 지신 것도 아니고, 인덕이 없어서 그랬던 것도 아니고, 운이 나빠서 그랬던 것도 아니다. 그것은 성경에 예언된 하나님의 뜻을 이루기 위한 자발적 희생이었다. 그것은 인간을 구원하려는 하나님의 뜻을 이루기 위한 희생적 행위였다.

그러므로 십자가의 핵심은 타자중심주의라고 할 수 있다. 십자가의 죽으심은 인간을 구원하려는 하나님의 뜻을 이루기 위한 행위였기 때문에 타자중심주의, 즉 하나님중심주의와 타인중심주의를 내포하고 있다고 할 수 있다.

예수 그리스도는 선한 사마리아인의 비유를 통해 타자중심주의의 중요성을 가르치신다. 한 율법사가 예수님을 시험하려고 영생의 길을 물었을 때에 예수님께서 율법에 무어라고 기록되었느냐고 되묻자 그는 십계명을 요약하여 하나님을 사랑하고 이웃을 사랑하라고 대답했다. 예수님께서 그에게 그 대답이 옳다고 하시면서 그렇게 행하라고 하셨다. 그 율법사는 "그러면 내 이웃이 누구오니이까?"라고 다시 물었다.

자기의 이웃이 누구냐는 그 율법사의 질문에 예수님은 선한 사마리아인의 비유를 말씀하신다. 예루살렘에서 여리고로 가다가 강도를 만나 죽어가는 사람을 보고 제사장도 그냥 지나쳐 갔고, 레위인도 그냥 가 버렸으나 어떤 사마리아인은 그냥 지나쳐 가지 않고 죽어가는 사람을 살렸다는 내용이다(눅 10:25-37). 그 당시 종교 지도자들이었던 제사장과 레위인은 죽어가는 사람을 버려두고 자기 길을 갔다.

그들은 하나님을 극진히 사랑한다는 사람들이었다. 그러나 그것은 허위였다. 위선이었다. 하나님을 사랑한다면 사람을 사랑해야 하는 것이다. 하나님에 대한 수직적 사랑은 인간에 대한 수평적 사랑으로 증명되어야 한다. 하나님중심주의는 타인중심주의로 검증되어야 한다.

예수님은 최후의 심판에 대하여 이 사실을 심도 있게 다루어 가르치신다. 예수 그리스도가 영광의 보좌에 앉아 심판하실 때에 구원 받은 사람들(양)은 오른 편에 앉히시고 구원 받지 못한 사람들(염소)은 왼편에 앉히신 후 오른 편에 앉은 자들에게 이렇게 말씀하신다. "내 아버지께 복 받을 자들이여, 나아와 창세로부터 너희를 위하여 예비 된 나라를 상속하라. 내가 주릴 때에 너희가 먹을 것을 주었고, 목마를 때에 마시게 하였고, 나그네 되었을 때에 영접하였고, 벗었을 때에 옷을 입혔고, 병들었을 때에 돌아보았고, 옥에 갇혔을 때에 와서 보았느니라".

오른 쪽에 앉은 사람들(의인들)은 이 말을 듣고 이렇게 질문했다. "주여, 우리가 어느 때에 주의 주리신 것을 보고 공궤하였으며, 목마르신 것을 보고 마시게 하였나이까? 어느 때에 나그네 되신 것을 보고 영접하였으며, 벗으신 것을 보고 입혔나이까? 어느 때에 병드신 것이나 옥에 갇히신 것을 보고 가서 뵈었나이까?"

그 때에 주님(임금)께서 이렇게 대답하신다.

> 내가 진실로 너희에게 이르노니 너희가 여기 내 형제 중에 지극히 작은 자에게 한 것이 곧 내게 한 것이니라(마 25:31-40).

이 가르침은 다음과 같이 요약된다. '사람에게 한 선행이 곧 하나님께 한 선행이다!' 하나님 중심적인 삶과 타인중심적인 삶은 같은 맥락에 있다는 사실이다. 하나님을 사랑한다면 인간을 사랑해야 한다는 것이다. 하나님을 사랑한다고 하면서 인간을 사랑하지 않는 것은 위선이다. 예수님께서 바리새인등 종교인들을 그토록 질타하신 내용은 그들의 위선 때문이었다.

야고보는 하나님을 믿는다고 하면서 사람에게 잘못하는 사람들에 대하여 그것은 행함이 없는 믿음이며, 그런 믿음은 죽은 믿음이라고 이렇게 경고한다.

> 내 형제들아 만일 사람이 믿음이 있노라 하고 행함이 없으면 무슨 이익이 있으리요 그 믿음이 능히 자기를 구원하겠느냐 만일 형제나 자매가 헐벗고 일용할 양식이 없는데, 너희 중에 누구든지 그에게 이르되 평안히 가라 더웁게 하라 배부르게 하라 하며 그 몸에 쓸 것을 주지 아니하면 무슨

이익이 있으리요. 이와 같이 행함이 없는 믿음은 그 자체가 죽은 것이라 (약 2:14-17).

하나님을 믿고 사랑한다고 하면서 사람들에게 선을 행치 않는 것은 위선이며, 그 믿음은 죽은 믿음이라는 사실은 하나님중심주의와 타인중심주의가 불가분의 관계에 있음을 말해준다.

요한도 이 사실을 강조하며 다음과 같이 경고한다.

> 누구든지 하나님을 사랑하노라 하고 그 형제를 미워하면 이는 거짓말 하는 자니 보는 바 그 형제를 사랑하지 아니하는 자가 보지 못하는 바 하나님을 사랑할 수 없느니라. 우리가 이 계명을 주께 받았나니, 하나님을 사랑하는 자는 또한 그 형제를 사랑할지니라(요일 4:20-21).

이상에서 논의된 바와 같이 자기중심주의를 원죄의 핵심이라고 한다면 타자중심주의는 원의의 핵심이다. 그러므로 우리는 자기중심적 사고를 타자중심적 사고로 전환해야 한다. 이런 사고의 전환은 윤리적 도덕적 유익만을 가져다주는 것이 아니다. 그것은 윤리적 도덕적 유익뿐 아니라 영적인 유익을 주게 되며, 두뇌에 좋은 스키마가 형성되는 유익을 준다.

(3) 시간에 따라. 과거와 현재 그리고 미래

우리는 과거, 현재, 미래라는 세 가지 시제 속에 살아간다. 그러므로 우리는 세 가지 시제에 대한 좋은 생각을 할 때에 좋은 삶을 살 수 있다. 우리는 과거에 대하여, 현재에 관하여 그리고 미래에 대하여 어떤 생각을 하며 살아야 하는가? 이제 좀 더 구체적으로 이에 대하여 생각해보자.

① **과거관**

과거를 돌아보며 후회하기도 하고 불평하기도 하는 등 부정적인 생각을 품는 사람들이 있는가 하면, 만족하고 감사하는 등 긍정적인 생각을 품는 사람들도 있다. 누구에게나 긍정적인 과거가 있는가 하면 부정적인 과거도 있다.

에릭슨(Erik Erikson)의 인간발달론은 8단계로 구성되어 있는데, 최종 단계의 발달 과제는 성실성(integrity)이다.[21] 'Integrity'는 사전적인 의미로 '정직', '완전', '원상' 등으로 번역될 수 있는데, 에릭슨이 자기 이론에서 의미하는 것은 최종 단계인 노년을 살아가는 사람들은 자기의 과거를 돌아보면서 원망이나 후회를 하지 않고 감사하는 마음으로 성실하게 살아가는 것을 의미한다.

과거를 있는 그대로 받아들이며 감사하는 삶이 최후의 인간발달 과제라는 것이다. 자신의 과거에 가정법을 사용해서는 안 된다는 것이다. "내가 만약 부잣집 가정에서 태어났더라면 이렇게 되지 않았을 텐데…." "내가 만약 다른 사람과 결혼을 했더라면 이렇게 살지 않을 텐데…." "내가 만약 더 열심히 공부하였더라면 이렇게 살지 않을 텐데…."

이렇게 자신의 과거에 가정법을 사용한다고 과거를 돌이킬 수도 없다. 과거를 돌이킬 수가 없을 뿐 아니라 오히려 불만이 쌓이게 되며, 그의 미래는 더욱 어두워진다. 이것은 인간발달이 아니라 퇴보다. 그러므로 흘러간 과거를 있는 그대로 감사하는 마음으로 받아들이라는 것이다.

그럼 어떻게 하면 자신의 과거를 감사하는 마음으로 돌아볼 수 있을까? 좋은 추억을 마음에 떠올리면 과거가 아름다우며 감사한 마음이 들기 마련이다. 누구나 마음속에 나쁜 추억이 떠오르면 우울해지지만, 좋은 추억

---

21 Yount, 49-56; 권택조, 『기독교교육심리학』(서울: 대한기독교서회, 2005), 47-9.

이 떠오르면 기쁘고 행복해진다.

그렇다면 의식적으로 좋은 추억을 떠오르게 하면 된다. 나쁜 추억이 떠오를 때마다 그것을 의식적으로 마음에서 지워버리고 그 자리에 좋은 추억이 자리 잡도록 하는 정신적 훈련이 필요하다.[22] 이것을 두뇌 과학적으로 설명하자면, 나쁜 스키마를 좋은 스키마로 바꾸는 과정이다.

과거의 나쁜 기억이 떠오를 때에 의식적으로 그 자리에 좋은 추억을 담아놓는 지혜가 필요하다. 이와 관련하여 오트맨(J. Oatman, Jr.)이 작사한 찬송가를 상고해보자.

> 세상 모든 풍파 너를 흔들어 약한 마음 낙심하게 될 때에,
> 내려주신 주의 복을 세어라. 두려움 없이 항상 찬송 하리라.
> 받은 복을 세어보아라. 크신 복을 네가 알리라.
> 받은 복을 세어보아라. 주의 크신 복을 네가 알리라.

세상 풍파가 우리를 흔들어 마음이 약해지고 낙심이 될 때에 과거에 이미 받은 복을 세어봄으로써 주님의 크신 복을 알게 된다는 노래다. 받은 복을 세어보면 좋은 추억이 떠오르고, 좋은 추억이 떠오르면 심령에 평안과 기쁨이 찾아오게 되는데, 그것은 두뇌에 좋은 스키마가 만들어졌다는 것을 의미한다.

그러므로 과거를 생각할 때에는 항상 좋은 추억을 떠올리는 것이 현명

---

[22] 나쁜 추억을 의식적으로 지워버리는 것은 어려운 일이지만 불가능한 일은 아니다. 이성이 감성을 바꿀 수 있기 때문이다. 인지 요법(cognitive therapy)은 이성의 작용을 통하여 감성을 바꿀 수 있다는 것을 전제로 하고 있는데, 이 요법이 큰 효과를 거두고 있다는 사실은 이성의 힘을 이용하여 감성을 변화시킬 수 있음을 증명해준다. 성경에 "항상 기뻐하라!", "범사에 감사하라!"는 등등의 말씀은 이성의 힘으로 감성을 변화시킬 수 있기 때문에 타당한 명령이 된다. 그러므로 한두 번 해서 안 된다고 포기할 것이 아니라 끊임없이 노력하는 정신적 훈련이 필요하다.

하다. 나쁜 추억을 떠 올리면 억울해지기도 하고 우울해지기도 하는데, 그 결과 더욱 심각한 마음의 상처(trauma)를 입게 된다.

마음의 상처는 하나의 정신적 현상으로 끝나는 것이 아니다. 그것은 곧 두뇌의 손상(brain damage)을 의미하기 때문에 매우 심각한 문제가 아닐 수 없다. 그러므로 이미 지나간 과거의 일들에 대하여 나쁜 추억은 지워버리고 좋은 추억을 마음에 되새김으로써 과거의 일들을 가지고 두뇌에 좋은 스키마를 만드는 지혜를 발휘해야 할 것이다.

② 현재관

현실 속에는 두 가지 측면이 존재한다. 좋은 면과 나쁜 면이다. 항상 좋은 현실만을 맞이하는 사람이 없는 것처럼, 항상 나쁜 현실만을 맞이하는 사람도 없다. 천이 날줄과 씨줄로 짜인 것처럼, 우리의 삶도 두 가지 반대의 요소들로 구성된다.

이에 대하여 하나님은 지혜의 사람 솔로몬을 통하여 다음과 같이 말씀하셨다.

> 형통한 날에는 기뻐하고 곤고한 날에는 생각하라. 하나님이 이 두 가지를 병행하게 하사 사람으로 그 장래 일을 능히 헤아려 알지 못하게 하셨느니라(전 7:14).

좋은 일을 맞이한 날, 즉 형통한 날에는 즐거워하라는 것이다. 그리고 나쁜 일에 처한 날, 즉 곤고한 날에는 생각하라는 것이다.

그런데 이 말씀에 대하여 이렇게 반문할 수도 있다. "형통한 날에 즐거워하지 않을 사람도 있는가? 형통한 날에 즐거워하는 것은 당연한 일이 아니겠는가? 굳이 그렇게 하라고 할 필요가 있는가?" 그렇다. 형통한 날에 즐거워하는 것은 보편적인 현상이다. 누구에게나 가능한 일이고 흔히 있는 일이다.

그럼, 하나님께서 왜 굳이 형통한 날에 즐거워하라고 하셨을까? 이 구절에서 강조점은 곤고한 날에 있다. 형통한 날엔 즐거워하고 곤고한 날엔 절망하라는 것이 아니다. 형통한 날에 즐거워하면서 곤고한 날에도 절망하는 대신 생각해 보라는 것이다. 즉, 곤고한 날을 감정에 맡기지 말고 이성을 사용하라는 것이다. 곤고한 날을 감정에 맡기면 절망의 날이 된다. 그러나 곤고한 날에 이성을 사용하면 더욱 성숙한 인격자가 되고 큰 그릇이 될 수 있다.

곤고한 날에 이성을 사용하여 부정적 감정을 긍정적 감정으로 바꾼 실례를 찾아보자. 바울은 곤고한 날에 이와 같은 생각을 했다.

> 하나님을 사랑하는 자 곧 그 뜻대로 부르심을 입은 자들에게는 모든 것이 합력하여 선을 이루느니라(롬 8:28).

아무리 현실이 고달프다고 할지라도 하나님을 사랑하는 자는 결국 잘 될 것이라는 생각을 하며 살라는 것이다. 바울은 이런 생각을 하면서 살았기 때문에 감옥 안에서도 찬송을 부를 수 있었다.

이것은 바울이 곤고한 날을 맞이하여 하나님께서 그에게 주신 말씀임과 동시에 우리 모든 사람에게 주시는 말씀이다. 곤고한 날에 절망하는 대신 하나님을 사랑하는 사람은 모든 것들이 합력하여 결국 좋게 된다는 생각을 하라는 것이다.

여기에서 "모든 것"이란 문자 그대로 모든 것을 의미한다. 좋은 일, 그저 그런 일, 나쁜 일 등등 모든 일들이다. 문맥상 여기에서 "모든 것" 속에는 나쁜 일들이 많이 포함되어 있다고 볼 수 있다. 끝까지 하나님을 사랑하는 믿음으로 살아가면 결국 좋은 일들이 생긴다는 것이다.

부모의 사랑을 독차지 하던 요셉에게 갑자기 나쁜 일들이 일어났다. 그는 형들에게 인신매매를 당하여 이집트 왕 바로의 시위대장인 보디발의 집에 종으로 팔려갔으나 절망하지 않고, 하나님을 사랑하는 믿음으로 열심히 일을 하여 가정 총무로 발탁되었다.

이 정황을 성경은 다음과 같이 보도한다

> 여호와께서 요셉과 함께 하시므로 그가 형통한 자가 되어 그 주인 애굽 사람의 집에 있으니, 그 주인이 여호와께서 그와 함께 하심을 보며 또 여호와께서 그의 범사에 형통케 하심을 보았더라(창 39:2-3).

그러나 그에게 큰 문제가 발생했다. 그를 흠모하던 보디발의 아내가 그를 유혹하다가 실패하자 그를 투옥시켰다. 그의 현실은 나쁜 일들로 가득 차 있었다. 그러나 그는 감옥에서도 좌절하지 않고 하나님을 사랑하는 믿음으로 현실에 충실했다. 그는 감옥에서 전옥에게 인정을 받아 모든 죄수들의 리더가 되었다.

이에 대하여 성경은 다음과 같이 보도한다

> 여호와께서 요셉과 함께 하시고 그에게 인자를 더하사 전옥에게 은혜를 받게 하시매, 전옥이 옥중 죄수를 다 요셉의 손에 맡기므로 그 제반 사무를 요셉이 처리하고, 전옥은 그의 손에 맡긴 것을 무엇이든지 돌아보지 아니하였으니, 이는 여호와께서 요셉과 함께 하심이라. 여호와께서 그의 범사에 형통케 하셨더라(창 39:21-23).

결국 요셉은 이집트의 수상이 되어 현정을 베풀어 근동 지방에 임한 7

년 흉년에서 수많은 나라 사람들을 살렸으며, 자기를 대상(隊商, caravan)들에게 팔았던 형들도 모두 용서하고 구제하지 않았던가! 겹치는 인생의 환란 속에서도 요셉은 하나님을 사랑하는 믿음으로 최선을 다하여 현재를 살아감으로써 모든 것이 합력하여 선을 이루는 하나님의 법칙을 체험하게 되었다.

곤고한 날에 우리는 생각하는 삶을 살아야 한다. 인생에는 곤고한 날만 있는 것이 아니라 형통한 날도 있다는 것을 알아야 한다. 이것이 하나님의 법칙이기 때문이다. 하나님이 이 두 가지 날을 모든 사람들에게 부여하신다는 것이다. 그러므로 곤고한 날에 형통할 날을 생각하며 현재를 긍정적으로 살아가야 한다. 곤고한 모든 것들이 합력하여 좋은 것이 된다는 법칙을 믿으며 다음과 같은 찬송을 불러보자.

> 어두운 후에 빛이 오며, 바람 분 후에 잔잔하고,
> 소나기 후에 햇빛 나며, 수고한 후에 쉼이 있네.
> 연약한 후에 강건하며, 애통한 후에 위로 받고,
> 눈물 난 후에 웃음 있고, 씨 뿌린 후에 추수하네.
> 괴로운 후에 평안하며, 슬퍼한 후에 기쁨 있고,
> 멀어진 후에 가까우며, 고독한 후에 친구 있네.
> 고통한 후에 기쁨 있고, 십자가 후에 면류관과,
> 숨이 진 후에 영생하니, 이러한 도는 진리로다.

고달픈 현실을 만나 어두운 삶을 살 수밖에 없을 때에 그 이면을 생각하며 희망을 가지고 낙관적으로 사는 것이 삶의 지혜다. 이러한 태도로 삶을 사는 사람은 "항상 기뻐하라!"는 하나님의 명령을 실천할 수 있다. 어두움 속에서 빛을 보는 혜안이 필요하다. 부정적 현실 속에서 긍정적 세계를 바라보는 영적 지혜가 필요하다. 하박국 선지자는 악인이 의인을 압제하는 등 강포가 난무하고 공의가 무너지는 세대에 살았다(합 1:1-4). 하나님께 기도하였으나 응답이 없는 것 같이 막막한 현실 속에서도 그는 절망하지 않고 이렇게 긍정적인 노래를 불렀다.

> 비록 무화과나무가 무성치 못하며, 포도나무에 열매가 없으며, 감람나무에 소출이 없으며 밭에 식물이 없으며 우리에 양이 없으며 외양간에 소가 없을지라도 나는 여호와를 인하여 즐거워하며 나의 구원의 하나님을 인하여 기뻐하리라(합 3:17-18).

한 문장 속에 '못하며', '없으며' 등의 부정어가 여섯 번이나 등장하는 현실 속에서도 하박국은 하나님을 인하여 기뻐하겠다고 노래했다. 수많은 문제들이 가득한 현실 속에서도 그는 그 모든 문제들의 해답이 되는 하나님을 믿기 때문에 즐거운 현실을 살아가겠노라는 신앙 고백이다.

이런 의미에서 하나님을 믿는 사람들은 어떤 난국에서도 항상 기뻐하며 긍정적인 삶을 살아야 할 근거가 있으며 권리가 있다고 할 수 있을 것이다. 이것은 또한 의무이기도 하다. 이 의무를 수행하지 못하는 만큼 그가 믿는 하나님에 대한 불신이 될 수도 있으며, 그의 신앙은 그만큼 위선이라고 할 수 있을 것이다. 그러므로 크리스천의 현실관은 항상 긍정적이며 낙관적이어야 한다.

③ 미래관

하나님을 믿는 사람들은 미래에 관심이 많은 사람들이다. 기독교 신앙의 토대인 성경은 구약과 신약으로 구성되어 있는데, 구약이란 옛 약속(old testament)이라는 뜻이고, 신약이란 새 약속(new testament)이라는 뜻이다.

그 약속의 주인공인 예수 그리스도가 이 땅에 오시기 전에 하나님께서 인간에게 주셨던 약속이 구약이고, 예수 그리스도가 이 땅에 오신 후에 주신 약속이 신약이다.

그러므로 구약 시대의 사람들도 하나님의 약속을 믿고 살았고, 신약 시대의 사람들도 하나님의 약속을 믿고 산다. 따라서 하나님을 믿는 사람들은 전지전능하시고 무소부재하시며 사랑으로 충만하신 하나님이 주신 약속을 믿기 때문에 그들은 미래 지향적이어야 하며, 영원한 낙관론자들로 살아야 한다. 미래가 보장된 사람들이기 때문이다.

하나님을 믿는다고 하면서도 미래 보장의 확신이 없는 사람들은 구원의 확신이 없기 때문이다. 죽으면 천국에 갈지 지옥에 갈지 알 수 없다고 생각하는 것은 거듭남(regeneration/born-again)의 체험이 없기 때문이다. 거듭남의 체험이 없는 대부분의 사람들은 율법을 잘 지켜야 구원을 받을 수 있다는 율법주의에 빠져 있다.

종교개혁자 루터(Martin Luther)와 칼빈(John Calvin)도 율법을 잘 지켜야 구원을 받는 줄 믿고 열심히 율법을 지켰으나 구원 문제로 큰 고민에 빠져 있었고, 웨슬리(John Wesley)도 마찬가지였다. 율법은 인간의 힘으로 죄 문제를 해결할 수 없다는 사실을 알려주는 몽학선생이라고 성경은 가르친다.

같은 고민에 빠져 있다가 복음을 깨달은 바울은 다음과 같이 전한다.

> 너희가 그 은혜를 인하여 믿음으로 말미암아 구원을 얻었으니 이것이 너희에게서 난 것이 아니요 하나님의 선물이라. 행위에서 난 것이 아니니 이는 누구든지 자랑치 못하게 함이니라(엡 2:8-9).

그러므로 구원을 얻으려면 구주 예수 그리스도를 믿어야 한다. 그러면 무엇이 구체적으로 예수 그리스도를 믿는 것인가? 구원을 얻는 믿음이란 무엇인가? 요한은 이에 대하여 다음과 같이 명확하게 선포한다.

> 영접하는 자, 곧 그 이름을 믿는 자들에게는 하나님의 자녀가 되는 권세를 주셨으니(요 1:12).

예수를 구주로 영접하는 자가 곧 그를 믿는 자다. 예수 그리스도가 십자가에서 인류의 죄를 짊어지고 죽으셨다는 사실을 인정하는 정도의 믿음으로는 구원에 이를 수 없다. 십자가에서 자신의 죄를 짊어지시고 죽으셨다가 다시 살아나신 예수 그리스도를 마음속에 영접하는 것이 그를 믿는 것이다.

어떤 사람이 문 밖에 서서 문을 열어달라고 두드릴 때에 문을 열어주지 않는 다면 그는 그를 믿지 못하기 때문이다. 그러나 문을 두드리는 사람이 자기가 믿을 만한 사람이라는 것을 확신하면 문을 열어준다. 문을 열어줌으로써 그를 영접하는 것이 믿는 것이다.

이에 대하여 요한은 또 다시 이 진리를 명쾌하게 선포한다.

> 볼지어다 내가 문 밖에 서서 두드리노니 누구든지 내 음성을 듣고 문을 열면 내가 그에게로 들어가 그로 더불어 먹고 그는 나로 더불어 먹으리라 (계 3:20).

예수 그리스도가 마음 문 밖에서 두드릴 때에 그를 영접하는 사람은 그리스도가 자신의 내면에 거함으로써 영원한 삶을 보장받는 것이다.

예수 그리스도를 마음속에 영접한 사람이 받은 구원의 확실성에 대하여 요한은 또 이렇게 확실히 전한다.

> 또 증거는 이것이니 하나님이 우리에게 영생을 주신 것과 이 생명이 그의 아들 안에 있는 그것이니라. 아들이 있는 자에게는 생명이 있고, 아들이 없는 자에게는 생명이 없느니라. 내가 하나님의 아들을 믿는 너희에게 이것을 쓴 것은 너희로 하여금 너희에게 영생이 있음을 알게 하려 함이라(요일 5:11-13).

하나님의 아들 예수 그리스도를 마음속에 영접한 사람은 영생을 얻은 사람이고 그렇지 않은 사람은 영생을 얻지 못한 사람이라는 말씀이다.

그러므로 영생을 얻은 사람들은 미래에 대하여 낙관적 생각을 해야 한다. 영생은 죽어도 영원히 사는 것이기 때문에 영생의 소유자들의 낙관은 절대적이어야 한다. 그리스도를 구주로 영접하여 하나님의 자녀로 거듭난 모든 사람들은 절대적 낙관주의자들이 되어야 한다.

따라서 예수를 믿는 사람들이 미래에 대하여 절망적인 생각을 갖는 것은 두 가지 중 하나라고 볼 수 있다. 믿는다고는 하지만 영생을 소유하지 못했거나, 영생을 소유했으나 영원한 삶 보다는 현실에 집착해 있거나… 그러므로 미래에 대하여 비관적인 태도를 가지고 사는 사람은 그리스도를 영접하는 믿음을 통하여 영생을 소유하고, 세속에 집착하지 말고 영원한 미래를 바라보고 낙관적으로 살아야 할 것이다.

이와 같이 미래에 대하여 낙관적인 생각을 가질 때에 그 사람의 두뇌엔 좋은 스키마가 만들어지며 보람 있고 행복한 삶을 살 뿐 아니라 영적으로는 물론 정신적으로나 육신적으로 건강한 삶을 살 수 있다.

삶이 이루어지는 것은 현실이다. 현실을 떠나서는 살 수가 없다. 현실을 떠난다는 것은 죽음을 의미하기 때문이다. 그런데 그 현실적 삶을 잘 살기 위해서는 과거에 대한 태도와 미래에 대한 태도가 중요하다. 현실적 삶은 과거의 기억과 미래의 기대로 이루어져 있기 때문에 과거에 대한 태도와 미래에 대한 태도는 현재의 삶을 잘 살기 위한 필수적 요소가 아닐 수 없다.

그럼 과거의 기억과 미래의 기대는 어떤 것들이어야 하는가? 전자는 좋은 추억이고 후자는 꿈이다. 다시 말하자면, 건강하고 행복한 현재를 살기 위해서는 과거의 좋은 추억을 먹으며, 미래의 꿈을 먹어야 한다. 이 두 가지 요소들은 건강하고 복된 삶을 살기 위한 정신적 양식이다. 과거를 돌아보며 좋은 추억을 되새기고, 미래를 바라보며 꿈을 꾸는 사람의 두뇌엔 좋은 스키마가 만들어지며, 좋은 스키마를 가지고 현재를 살아가는 사람은 좋은 삶을 살게 된다. 삶은 두뇌에 있는 스키마에 따라 좌우되기 때문이다. 그러므로 과거를 돌아보며 좋은 추억을 먹고, 미래를 바라보며 꿈을 먹으며 살아야 한다.

과거를 돌아보며 나쁜 추억을 떠올리고 미래를 바라보며 절망하는 것은 독을 마시는 것이나 다름없다. 그 사람의 두뇌에 병든 스키마가 만들어지기 때문이다. 한편 과거를 잊는다거나 미래에 대한 꿈을 접는 것은 어리석은 태도다. 그 결과는 삭막한 삶이 되기 때문이다.

사람은 과거를 기억하고 미래를 기대할 수 있는 능력을 가진 고등한 피조물이다. 이것은 다른 동물들에겐 존재하지 않는 특수 기능이다. 그러므로 과거의 좋은 추억을 먹고 미래의 꿈을 먹는 삶을 사는 것이 인간다운 삶을 사는 기본 요소라고 할 수 있을 것이다.

3) 생각의 질

위에서 생각의 중요성과 생각의 종류에 대하여 논의하였다. 이제 생각의 질에 대하여 논의해보자. 어떤 생각이 질적으로 우수한 것인가? 어떤 생각이 좋은 생각인가? 생각의 질은 생각의 종류와 관련되어 있기 때문에 위에서 논의한 생각의 종류에 좋은 생각이 이미 언급되어 있는데, 그것들을 종합하고 보충하여 정리하면 다음과 같다.

(1) **타자중심**(other-centeredness, 他者中心)

타자중심은 자기중심의 반대 개념으로서 모든 가치의 핵심을 이루고 있다. 대한민국의 교육 이념인 홍익인간(弘益人間)은 타자중심 사상을 잘 표현하고 있다. 교육을 하는 목적이 널리 인간을 유익하게 하는 인물들을 기르기 위한 것이라는 것이다. 다른 사람들에게 유익을 주고자 하는 생각은 선한 삶을 살게 하는 동기를 유발시키고 선을 창조하는 원동력이 된다.

반면, 자기중심은 모든 악의 근원이 된다. 자기중심은 다툼과 부부싸움, 이혼 등의 원인이기도 하고, 강도, 강간, 살인 등과 같은 끔찍한 죄악들의 근간이 된다. 자기중심은 교회 안에서나 나라에서의 당파싸움의 원인이 되기도 하고 국가 간의 전쟁의 시발점이 되기도 한다. 그러므로 자기중심은 질이 낮은 생각이며, 타자중심은 질이 높은 생각이다.

타자중심은 하나님중심과 타인중심으로 구성된다. 한 인간의 타자는 다른 사람들일 뿐 아니라 창조주 하나님이다. 그러므로 타자중심이란 하나님중심과 타인중심을 의미한다. 따라서 하나님을 위하고 다른 사람들을 위하는 생각은 고귀한 생각이며 높은 질의 생각이다.

(2) **낙관주의**(optimism, 樂觀主義)

비관주의는 삶을 어둡게 하며 병들게 하지만, 낙관주의는 삶을 밝게 하고 건강하게 만든다. 신앙에는 비관적인 현실 앞에서도 낙관적인 삶을 살게 하는 힘이 있다. 신앙은 복음을 믿는 것인데, 복음(福音)이란 복된 소식을 의미하며, 이에 대한 영어 표현은 좋은 소식(good news)다.

우리가 믿는 성경 말씀이 복음이라는 것은 성경 말씀이 곧 좋은 소식이라는 것이다. 따라서 신앙생활이란 좋은 소식인 성경 말씀을 믿는 삶을 의미하므로 참된 신앙생활은 낙관적인 생각을 하게 만든다. 그러므로 어떤 신자가 독실한 신앙을 가지고 있다고 하면서 비관적으로 산다면, 그 사람은 경건의 모양은 있으나 경건의 능력이 없는 사람이며, 그 신앙은 죽은 신앙이다.

바울이 고백한 바 "내게 능력 주시는 자 안에서 내가 모든 것을 할 수 있느니라"(빌 4:13)는 말씀은 자신에게 힘을 주시는 그리스도 안에서 어떤 상황에서나 긍정적이며 낙관적인 삶을 살 수 있다는 신앙고백이다.[23] 참된 신앙은 상황을 초월하는 능력을 동반하기 때문에 낙관적 인생관을 가지고 살게 하는 힘이 있는데, 이 힘은 그 사람의 두뇌에 형성된 좋은 스키마와 깊은 관계를 가지고 있다.

(3) 보편적 가치: 진선미성(眞善美聖)

진실하고 선하고 아름답고 거룩한 것은 시대와 문화와 국가를 초월하는 보편적 가치다. 생각이 진실하고 선하고 아름답고 거룩한 것은 윤리적으로나 도덕적으로나 인격적으로 훌륭할 뿐만이 아니라 뇌 과학적으로도 좋다. 그런 생각을 하면 두뇌에 좋은 스키마가 만들어지며 그것들은 보람되고 행복한 삶을 사는 기초가 되기 때문이다.

진선미성이 모든 인간에게 적용되는 보편적 가치이지만 이런 가치를 실제적으로 추구하는 삶은 흔하지 않다. 이런 가치들은 실생활과는 거리가 먼 추상적 가치라고 여겨지는 경향이 많기 때문이다. 그러므로 우리는

---

[23] "I can face all conditions in Him who strengthens me"라는 번역의 영어 성경이 말해주는 것은, 자신에게 능력을 주시는 그리스도 안에서 어떤 상황에서도 그런 현실을 직면할 수 있다는 자신감을 말해주고 있는데, 이것은 현실과 상관없이 늘 낙관적인 삶을 살고 있던 바울의 인생관을 표현하고 있다.

의식적으로 이런 가치들에 대한 생각을 할 필요가 있다. 짐승들은 이런 가치를 의식적으로 추구하지 않는다. 그저 본능에 따라 살기 때문이다. 인간이 이런 가치를 추구한다는 것은 인간이 짐승과 다른 여러 가지 특징들 중 하나라고 볼 수 있다.

그러므로 참으로 인간다운 삶을 살기 위하여 우리는 모든 인간에게 존재하는 보편적 가치들을 추구하는 삶을 살아야 할 것이다. 이런 의식적 가치추구에 충실한 사람들은 되는대로 평범하게 사는 사람들보다 더 보람되고 의미 있는 삶을 살게 되며, 이런 삶은 다른 사람들에게 인정받고 존경받게 할 뿐 아니라 그 사람 자신의 행복을 증대시킨다. 진선미성의 가치를 구현하기 위한 생각을 깊이 하는 습관을 기르는 사람들은 두뇌에 좋은 스키마가 만들어지기며, 그런 삶은 자신을 복되게 만드는 것은 물론 타인들에게 직접적으로나 간접적으로 유익을 주게 될 것이다.

(4) 성경적 가치: 믿음 소망 사랑

바울은 고린도 교인들에게 믿음과 소망과 사랑은 영원한 가치라고 강조했다. 이런 기독교의 주요 덕목들은 질적으로 수준이 높은 것들이며 반드시 좋은 생각과 연결된다.

의심은 어둡고 부정적인 생각을 하게 만들지만 믿음은 밝고 긍정적인 생각을 학 만든다. 믿음은 기본적으로 하나님과의 관계 형성이며, 하나님과의 관계가 형성되면 어둡던 마음이 밝아지고 부정적 생각이 사라지고 그 자리에 긍정적 생각이 찾아든다. 그렇기 때문에 믿음 자체가 질적인 생각의 모체가 되는 것이다.

소망은 앞날에 대하여 긍정적으로 기대하는 것이기 때문에 열린 생각을 하게 만든다. 소망은 꿈꾸게 만들고 좋은 상상을 하게 만들며, 현재에 필요한 것이 없다고 할지라도 있는 것이나 다름이 없는 것처럼 행복한 감성을 창조한다. 그러므로 소망은 질적으로 높은 생각의 모체가 된다.

미움은 어둡고 악하고 두려운 생각을 일으키지만, 사랑은 밝고 선하며 평화로운 생각을 하게 만든다. 성경에 등장하는 사랑은 아가페 사랑으로서 그것은 무조건적인 사랑이다. 그러므로 사랑은 허다한 죄까지 덮는다고 성경은 강조한다. 사랑은 어둡고 추악한 죄들을 덮음으로써 사랑을 받는 사람으로 하여금 좋은 생각을 하게 만들고 사랑을 하는 사람은 형용할 수 없는 보람을 느끼게 하는데, 그 느낌은 사랑의 원천인 하나님께로부터 온 것이며, 또한 사랑을 받는 사람으로부터 온 것이기도 하다.

그러므로 사랑은 고차원적인 생각의 근원이며 모체다. 사랑은 그 자체가 좋은 것이며 좋은 생각이 떠오르게 하는 원천이다. 사랑은 좋은 감성으로 끝나는 것이 아니라 좋은 생각을 창조한다. 따라서 사랑을 통하여 좋은 스키마가 형성된다.

(5) 창의적 생각

창의적 생각은 좋은 생각이다. 새로운 가치를 창출하는 생각이기 때문이다. 창의적 생각은 새로운 가치 창출에 대한 염원과 긍정적 생각의 접목으로 형성된다. 그러므로 새로운 가치 창출에 대한 염원이 솟구치게 하고 그것이 가능하다는 긍정적 믿음을 증가시키는 마음이 필요하다.

모든 발명품들은 이와 같은 과정을 통해서 창출된 것들이다. 라이트 형제(W. Wright & O. Wright)가 비행기를 발명한 것도 그 한 실례(實例)가 될 것이다. 하늘을 날고 싶은 염원으로 가득 찬 그들의 마음에 그것이 가능하다는 믿음에 의해 비행기가 발명되었다.

4) 생각의 양

이제 생각의 양에 대하여 논의해보자. 좋은 생각은 그 양이 많을수록 좋다. 그럼 어떻게 하면 생각의 양을 많게 할 수 있을까? 첫째, 큰 생각을 하는 것이 생각의 양을 많게 하는 원리다. 꿈은 클수록 좋다는 것은 이를 두고 하는 말이다. 큰 꿈을 꿀 때에 생각의 양이 많아진다.

둘째, 적극적 생각이 생각의 양을 많게 한다. 소극적 생각은 생각을 위축시키기 때문에 생각의 양을 적게 만들지만 적극적 생각은 생각의 폭을 넓히기 때문에 생각의 양을 많게 만든다. 좋은 생각을 하지만 꿈이 작고 소극적이면 생각의 양이 축소되고 소멸되기 쉽다. 적극적인 생각을 하면 가치 있다고 생각하는 일에 도전을 하게 되며, 도전은 성공이나 실패를 동반한다.

실패가 두려워 아예 도전을 하지 않는 사람은 소극적인 사람이며 생각의 분량이 적은 사람이다. 도전의 결과 성공을 하면 생각의 양이 많아진다. 그러나 실패를 해도 생각의 양이 적어지는 것이 아니라 오히려 많아진다. 실패의 원인에 대한 생각과 실패를 성공으로 이끌기 위한 생각이 첨가되기 때문이다.

흔히 사람을 그릇에 비유한다. 그릇이 큰 사람이란 좋은 생각을 많이 담을 수 있는 사람이다. 그런데 도전은 성공하든 실패하든 큰 그릇을 만든다. 도전하여 성공하면 그릇이 커진다. 성공한 만큼 새로운 경지를 차지하기 때문이다. 실패해도 그릇이 커진다. 실패를 통하여 새로운 세계를 체험하기 때문이다. 실패는 자신이 깨어지는 경험이지만 이런 경험은 큰 그릇이 되는 하나의 좋은 과정이기도 하다.

셋째, 생각의 양을 많게 하는 세 번째 원리는 공감(empathy)이다. 공감이란 다른 사른 사람의 입장에서 생각함으로써 그 사람과 생각을 공유하는 것인데, 공감은 이해의 폭을 넓힐 뿐 아니라 보살핌(care)의 폭도 넓혀준다. 많은 사람을 많이 보살피는 사람은 큰 그릇이며 큰 그릇엔 많은 것들을 담을 수 있다.

그러나 생각의 양이 많다고 반드시 좋은 것은 아니다. 잡다한 생각들로 가득한 두뇌엔 좋은 스키마가 형성되지 않고 혼란이 자리 잡게 된다. 중요한 것은 체계적 생각(systematic thoughts)이다. 생각이 체계적이면 좋은 생각이 많을수록 좋은 스키마가 많이 만들어진다.

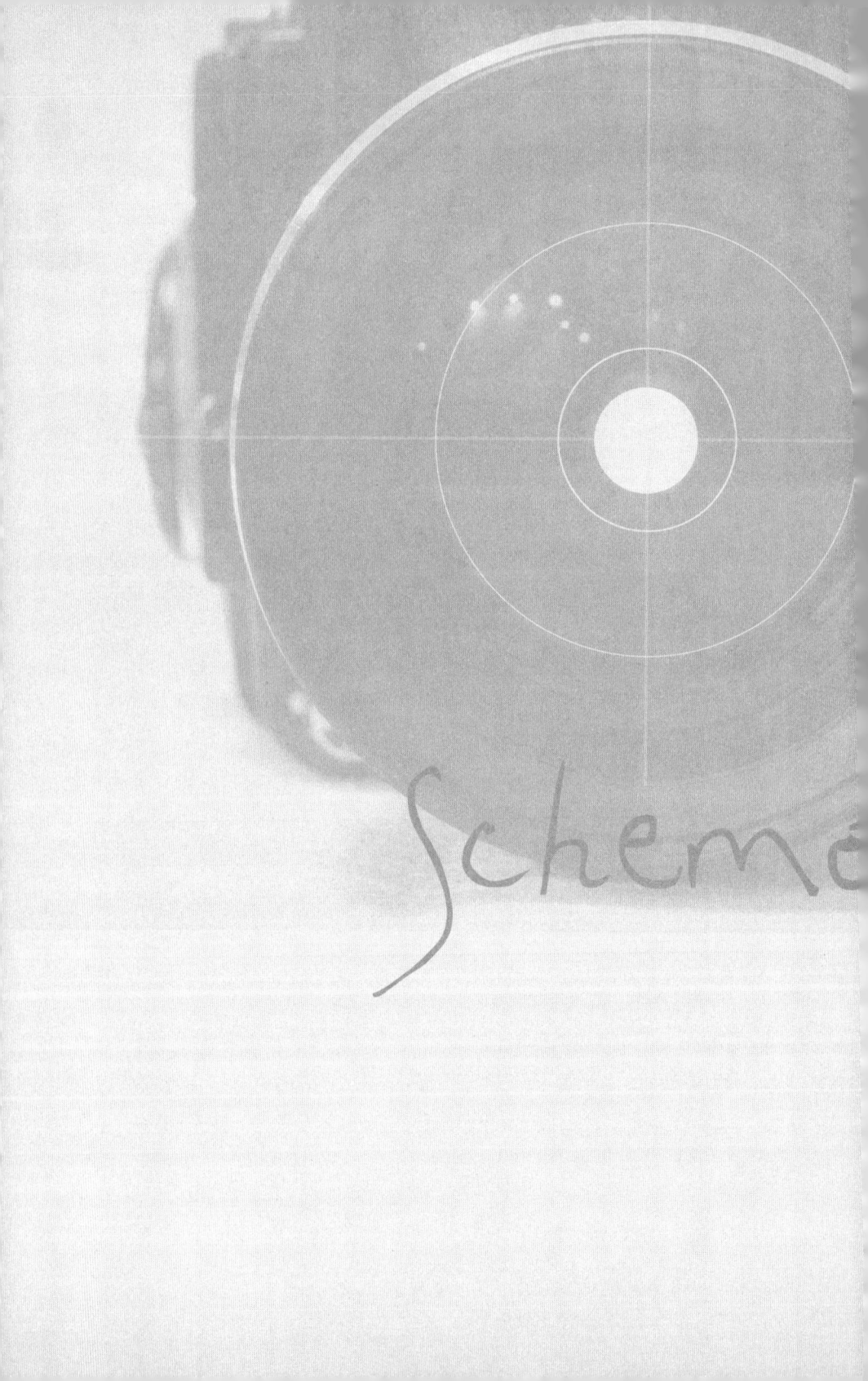

제6장 스키마와 인지 요법
(Cognitive Therapy)

■ ■ 전장에서는 좋은 스키마를 만들기 위한 방법으로 칠감일각에 대하여 논의하였다. 본 장에서는 그 연장선상에서 인지 요법에 대하여 논의하기로 한다. 먼저 인지 요법이 무엇인가를 제시하고, 인지 요법의 효과를 논의한 후, 인지 요법을 어떻게 할 것인가를 다루고자 한다.

1. 인지 요법이란 무엇인가?

인지 요법은 '왜곡된 인지'(distorted cognition)를 바로 잡음으로써 감성적 분위기(mood)를 바꾸는 정신 치료법이다.[1] 인식(인지)과 느낌은 서로 연결

---

[1] Michael D. Yapko, *Breaking the Patterns of Depression* (New York: Broadway Books, 1997), 46.

되어 있기 때문에 인식하는 대로 느끼기 마련이다. 좌뇌가 지성을 지배하고 우뇌가 감성을 지배하는데, 좌뇌와 우뇌는 간뇌를 통해서 서로 밀접한 접속을 하기 때문에 인지 요법이 가능한 것이다.

인지하는 모든 것이 100% 느낌으로 전달되는 것은 아니지만 인지한 것을 느끼는 것은 당연한 일이다. 정도의 차이는 있지만 인지하는 것을 느끼는 것은 자연스런 현상이다. 생각(thinking)과 느낌(feeling)은 서로 밀접한 관계를 가지고 있기 때문이다.

많은 경우에 사람들은 왜곡된 판단을 함으로써 정신적 고통을 겪는다. 실지로 자기 자신에게 나쁜 일이 일어나지 않음에도 불구하고 마치 그런 일이 틀림없이 자기에게 발생할 것이라는 부정적 생각을 하는데, 이것이 우울증(depression)의 원인이 되는 수가 많다.[2] 즉, 인지 요법이란 자신에 대한 부정적 생각에서 비롯된 왜곡된 감정을 올바른 인식을 통하여 치유하는 요법이다.

인지 요법은 자기 자신의 내적 갈등은 물론 대인 관계의 문제를 해결하는 중요한 수단이다.[3] 자기 자신에 대한 왜곡된 인식은 자기 자신을 병들게 할 뿐 아니라 타인들과의 관계에 많은 문제를 야기 시킨다. 자기 자신에 대한 왜곡된 자아관은 자기 자신을 우울하게 만들며 대인관계에 있어서 많은 오해를 하게 만든다. 자기 자신에 대하여 왜곡된 인식을 하고 있는 것은 자기 안에 병든 스키마가 존재하기 때문이다. 그러므로 인지 요법이란 잘못된 인식을 교정함으로써 병든 스키마를 치료하는 요법이라고 할 수 있다.

캐쉬(Adam Cash)는 자기에 대한 왜곡된 생각을 "악취가 나는 생각"

---

2 Ibid.
3 Cash, 285.

(stinking thinking)이라고 명명했는데, 이것은 인간의 정신세계에 극도로 부정적 영향을 끼칠 뿐 아니라 삶과 행동에도 크나큰 악영향을 끼친다고 강조한다.[4] 캐쉬에 의하면 많은 사람들이 자기 스스로 문제들을 만들어 낸다는 것이다. 자기 내부에서 자기 스스로 만들어낸(self-generated) 부정적 자아관이 자기 자신 안에 많은 문제들을 발생하게 할 뿐 아니라, 자기와 관계된 많은 사람들과도 문제를 일으키게 한다는 것이다. 인지 요법은 이와 같이 악취가 나는 생각을 바꿈으로써 정서적 문제 및 불행한 삶을 바꾸는 치료법이다.[5]

인지 요법은 자기의 주변에서 일어나는 중요한 일들에 대하여 어떻게 생각하고(think about), 어떻게 감지하고(perceive), 어떻게 해석하는가(interpret)를 다룬다. 인지 요법은 자기 자신을 어떻게 보며, 자신의 삶속에서 발생하는 일들을 어떻게 보며, 자기의 미래를 어떻게 보느냐를 다룬다.[6] 인지 요법은 여러 가지 정신 요법들 중에서 가장 효과적인 것으로 인정을 받고 있기 때문에 이에 대한 연구와 교육과 적용이 개인적으로나 공적으로 절실히 요구된다.[7]

인지 요법은 세 가지 원리들(principles)로 구성되는데, 번스(D. D. Burns)에 의하면 다음과 같다.[8] 첫째 원리는 인간의 기분(mood)은 인지(cognition)에 의해서 형성된다는 것이다.[9] 즉, 생각이 감정을 결정한다는 것이다. 좋은 생각을 하면 기분이 좋아지고 나쁜 생각을 하면 기분이 나빠진다는 것

---

4 Ibid.
5 Ibid., 288.
6 C. H. Elliott and L. L. Smith, *Overcoming Anxiety for Dummies* (Hoboken, NJ: Wiley Publishing, Inc., 2010), 15.
7 Ibid.
8 D. D. Burns, *Feeling Good: The Mood Therapy* (New York: HarperCollins, 1980), 12.
9 Ibid.

이다. 이것이 정상적인 인간의 심리다.

두 번째 원리는 우울한 감정을 느끼는 것은 부정적인 생각 때문이라는 것이다. 부정적인 생각이 마음을 지배하면 자신과 온 세상이 어두워지고 우울해진다는 것이다.[10] 여기에서 우리가 구분해야 할 것은 부정적 생각의 의미다. 모든 부정적인 생각이 항상 나쁜 것은 아니다. 부정에 대한 부정은 긍정이기 때문이다. 아닌 것을 아니라고 하는 것은 옳은 것이다.

문제는 왜곡된 부정주의다. 소위 '꼬인 생각'(twisted thinking)이나 '비뚤어진 생각'이 여기에 해당한다. 생각이 꼬이거나 비뚤어졌다는 것은 그런 스키마가 두뇌에 존재한다는 것을 증명한다. 두뇌에 존재하는 왜곡된 스키마는 왜곡된 생각을 하게 만들고, 왜곡된 생각(distorted thinking)은 어둡고 우울한 느낌을 갖게 한다.

인지 요법의 세 번째 원리는 정서적 혼란을 일으키는 부정적 생각은 거의 항상 총체적 왜곡들(gross distortions)을 포함하고 있다는 것이다.[11] 이 총체적 왜곡들은 부분적인 부정이 아니라 전체적인 부정의 모태가 된다.

버틀러(G. Butler)와 호프(T. Hope)는 인지 요법의 삼대 원리들을 다음과 같이 제시한다.[12] 첫째 원리는 세상에 대한 자신의 관점에 따라 자신의 기분이 결정된다는 것이다. 세상을 어떻게 보느냐에 따라 느낌과 행동이 달라진다는 것이다. 세계관에 따라 기분이 달라진다는 것이다. 둘째 원리는 기분(mood)과 생각(thought)은 서로 연결되어 있다는 것이며, 셋째 원리는 나쁜 기분을 바꾸기 위해서 생각을 바꾸라는 것이다.[13]

---

10   Ibid.
11   Ibid.
12   G. Butler & T. Hope, *Managing Your Mind* (New York: Oxford University Press, 2007), 71-2.
13   Ibid.

스키마

학자들에 따라 인지 요법의 주요 원리들이 좀 다르게 표현되지만 공통적인 원리는 인지(cognition)와 감정(mood)은 서로 연결되어 있으므로 좋지 못한 감정을 바꾸기 위하여 인지를 바꾸라는 것이다. 이를 쉽게 표현하면, '생각을 바꾸면 마음(기분)이 바뀐다!'라고 할 수 있다. 이것은 '발상의 전환', '인식의 전환', '패러다임 쉬프트'(paradigm shift)등과 유사한 개념이라고 볼 수 있다.

이것은 "회개하라, 천국이 가까웠느니라!"[14]라는 예수님의 첫 설교와도 맥락을 같이 한다. 성경에서 '회개'(repent)란 잘못한 것을 후회하고 마음을 바꾸는 것을 의미한다. 회개라는 헬라 원어인 '메타노이아'(μετανοια, metanoia)에서 '메타'는 바꾼다는 뜻이고 '노이아'는 마음이라는 뜻이기 때문에 회개의 원어적 의미는 마음(생각)을 바꾸는 것이다. 즉, 회개란 생각을 바꾸는 것이다. 생각을 바꾸면 지옥으로 향하던 사람이 천국으로 향한다는 것이다. 이런 의미에서, 생각을 바꿈으로써 감정을 바꾸고, 감정이 바뀜으로써 행동이 변화되도록 하는 인지 요법은 성경적 방법이기도 하다.

환자로 하여금 생각을 조절하여 감정을 바꿀 수 있도록 가르치는 인지 요법은 불안과 우울증을 치료하는 데 매우 효과적인 방법으로 학계의 지지와 각광을 받고 있다.[15] 인지 요법은 문제의 확인(identifying)과 교정(correcting)에 초점을 맞춘다. 그 사람을 우울하게 만드는 사고 과정의 착오(error)가 무엇인지를 파악하여 확인하고, 그것의 교정을 시도한다.[16] '인지적 왜곡'(cognitive distortion)이라고 명명되는 잘못된 인식을 파악하고 교정하는 것이 인지 요법의 핵심이다.

14   마 4:17
15   J. E. Young & J. S. Klosko, *Reinventing Your Life* (New York: A Plume Book, 1993), 11.
16   Yapko, 47.

자기 자신에 대한 인지적 왜곡은 자기 자신에 대한 판단의 착오와 더불어 정서상의 문제를 야기한다. 자기 자신은 운이 나쁜 사람이기 때문에 아무리 노력해도 실패한다는 왜곡된 인식을 가지고 있는 사람은 매사에 자신이 없고 좌절감에 빠지기 쉬우며, 이런 현상은 우울증으로 이어질 수 있다.

자기 자신에 대하여 왜곡된 인식을 가지고 있으면 타인들의 행동에 대하여도 왜곡된 반응을 갖기 쉽다. 예를 들어, 어떤 사람이 직장 동료들이 한 곳에 모여 서로 이야기를 하고 있는 모습을 보고 이렇게 생각했다고 하자. "지금 저 사람들이 내 흉을 보고 있구나. 서로 쳐다보며 웃는 것을 보니 내 흉을 보고 있음에 틀림없어."

사실상 동료들이 웃으며 이야기 것은 건전한 내용이었다고 하자. 그런데 그 사람은 자기에 대하여 부정적인 이야기를 하고 있는 것으로 착각하고 우울한 기분을 금할 수가 없었다고 하자. 그 사람에게 이런 현상이 자주 일어나면 그는 '편집증'(paranoia)이라고 하는 정신 질환 환자라고 볼 수 있다. 이 사람은 외부의 현상들을 부정적인 방향으로 해석하는 경향이 강한 사람이기 때문에 우울한 삶을 살게 되는 것이다.

이런 현상이 나타나는 것은 그 사람의 두뇌에 부정적 스키마가 형성되어 있기 때문이다. 즉, 이미 그 사람의 두뇌엔 부정적 인지 구조가 형성되어 있기 때문에 사건과 사물을 그 구조에 집어넣어 해석하는 것이다. 이런 의미에서 인지 요법은 나쁜 스키마를 좋은 스키마로 고치는 정신 요법이라고 할 수 있다.

이와 같이 자신에 대한 왜곡된 인식은 자신의 감정에 부정적인 영향을 미치고 타인들의 행동에 대하여 잘못된 해석을 하게 함으로써 결국 자기 자신을 불행하게 만든다. 왜곡된 인식은 오해와 편견을 야기하며 자신을 불행하게 만들 뿐 아니라 타인들에게도 해를 끼친다.

유대인들은 왜곡된 메시아사상을 가지고 있었다. 그들이 기다리던 메시아는 인류를 구원하는 메시아가 아니라 자신들만을 구원하는 메시아였다. 그들의 메시아에 대한 인식은 자기중심적인 것이었으며 비성경적인 것이었다. 그들이 원하는 메시아는 자기 민족만을 위하는 메시아였다. 그들은 예수님이 메시아라면 당시에 그들을 지배하던 로마를 물리치고 이스라엘을 세계 최강국으로 만들어야 했다.

그러나 그들은 예수님으로부터 그런 모습을 찾을 수가 없었다. 그러나 많은 사람들이 예수를 그리스도(메시아)로 믿는 것을 보고 두려워하여 예수님을 죽이려는 음모를 꾸미고, 드디어 그에게 십자가 형틀을 안겨주었다. 빌라도 총독은 예수님으로부터 아무 죄를 찾을 수 없으므로 석방시켜 주자고 하였으나 그들은 이구동성으로 처형하라고 아우성을 쳤다. 그 피 값을 자기들이 받겠으니 죽이라고 소리쳤다.

왜 유대인들이 그런 끔찍한 죄를 저질렀을까? 그 이유는 간단하다. 그들의 두뇌에 존재하던 왜곡된 메시아사상 때문이었다. 그들이 가지고 있었던 메시아에 대한 왜곡된 인식이 그들로 하여금 최악의 죄악을 범하게 만들었다.

인지 요법은 자기 안에 존재하는 잘못된 인식을 파악하게 만들고 교정하게 만드는 정신 요법이다. 잘못된 인식은 편견을 야기하고, 편견은 자신과 남을 불행하게 만드는 원인이 된다. 인지 요법은 사물을 객관적으로 관찰할 수 있는 능력을 길러 준다.[17] 그렇기 때문에 인지 요법은 개인의 정신 건강을 도모할 뿐 아니라 사회를 건전하고 건강하게 만드는 데 기여한다고 볼 수 있을 것이다. 인지 요법은 미국의 정신의학자(psychiatrist)인 아론 벡(Aaron Beck)에 의하여 1960대에 창안된 정신 요법으로서 한 개인

---

17 Ibid.

이 자기 경험을 어떻게 구성하고 어떻게 해석하느냐에 따라 기분과 행동이 결정된다는 사실에 주안점을 두고 있다.[18] 자기의 경험을 부정적으로 해석하면 부정적인 스키마가 만들어지며, 그 부정적 스키마는 왜곡된 인식을 하게 만들며, 미래의 사건들을 부정적으로 해석하게 만드는 요인이 되는데, 인지 요법은 이를 교정하는 역할을 한다.

프로이드(Sigmund Freud)의 정신 분석학에 의하면 환자의 우울증은 그 환자가 어릴 적에 받았던 깊은 상처 때문이라고 하는데, 벡(Aaron Beck)은 이것을 비판하면서 인지 요법을 창안하였다.[19] 자기의 환자들을 조사한 결과 그들의 우울증은 어릴 때에 받았던 상처에 의한 것이 아니라 현재 받고 있는 스트레스 때문이라는 것이다. 그러므로 벡은 그들을 치유함에 있어서 그들의 먼 과거의 상처를 치료하는 대신 현재 그들이 가지고 있는 나쁜 감정들을 다루었다.[20] 벡은 인지 요법을 통하여 환자 안에 현존하는 부정적 감정들을 치유하는 데 집중하였다.

우울한 증상이 만성적으로 지속되면 현재의 자기 자신과 세상과 자신의 미래에 대하여 왜곡된 관점들(distorted views)을 갖게 되며 이것이 우울증으로 정착되는데,[21] 인지 요법은 이 왜곡된 관점들을 바로 잡음으로써 우울증의 치료를 시도하다.[22] 인지 요법은 우울증 환자의 내면에 고착된 자신에 대한 부정적 생각과, 세상에 대한 부정적 생각 및 자신의 미래에

---

18   A. S. Reber, R. Allen, & E. S. Reber, *Penguin Dictionary of Psychotherapy* (New York: Penguin Books, 2009), 141; Wood, 136. 정신 건강에 문제를 일으키는 "인지적 왜곡"(cognitive distortion)을 "뒤틀린 생각"(crooked thinking)이러고도 한다.

19   S. S. Ilardi, *The Depression Cure* (Cambridge, MA: Da Capo Press, 2009), 53.

20   Ibid., 54.

21   Elliot and Smith, 15.

22   F. M. Mondimore, *Bipolar Disorder* (Baltimore: The Johns Hopkins University Press, 2006), 144.

대한 부정적인 생각을 다룬다.

이 세 가지 부정적 생각들을 "인지 삼화음"(cognitive triad)이라고 하는데,[23] 이것들은 서로 얽혀 상승 작용을 하게 된다. 이와 같은 인지 삼화음은 두뇌에 나쁜 스키마를 형성시켜 부정적인 생각들을 재생산한다.

2. 인지 요법의 유익

인지 요법은 무슨 유익을 주며 또 얼마나 유익한가? 인지 요법의 효과를 다음과 같이 열 가지로 요약할 수 있다.

1) 성격 교정: 인지 요법은 성격을 교정하는 데 큰 역할을 한다. 이를 통하여 비관주의(pessimism)가 낙관주의(optimism)로, 부정주의(negativism)가 긍정주의(positivism)로 변화될 가능성이 많다. 또한 인지 요법을 통하여 수동적인(passive)성격을 가진 사람이 능동적인(active) 성격의 소유자로 변화될 수 있다.[24]

"성격은 변할 수 없다"는 말이 있지만 실제적으로 성격은 변할 수 있다. 성격을 바꾸는 것은 어렵지만 가능한 일이다. 인지 요법은 인식을 재구성(restructure)하는 정신 요법이기 때문에 이를 통하여 성격도 변할 수 있다.

2) 우울증 치료: 원래 인지 요법은 우울증을 치료하기 위하여 개발된 정

---

23 Ibid. 이와 같이 자기와 세상을 부정적으로 보는 사람들은 이렇게 생각한다. "나는 이 세상에서 버림받은 사람이다. 이 세상은 불공평하고 이 세상엔 나를 위한 것이 하나도 없다. 그러므로 나의 미래엔 희망이 없다." Cash, 288 참조.

24 Howard, 337.

신 요법이기 때문에 우울증 치료에 매우 효과적이다.[25] 연구 보고에 의하면, 인지 요법의 효과는 우울증 약의 효과와 대등하다고 한다.[26] 미국 국립 보건기구(The National Institute of Health)의 보고에서 우울증을 치료하기 위하여 항우울제(antidepressant medication)를 투여하는 방법과 인지 요법(cognitive therapy)과 대인관계 심리 요법(interpersonal psychotherapy)을 활용한 결과 그 효과가 비슷했다고 한다. 의학계의 많은 사람들은 우울증 치료약이 다른 심리 치료보다 훨씬 더 효과적일 것이라고 생각했으나 사실은 대등했다는 것이다.[27]

3) 만성 피로증 치료: 인지 요법은 우울증 치료에 효과가 있을 뿐 아니라 만성 피로증(chronic fatigue syndrome)을 치유하는 데도 효과가 있는 것으로 밝혀졌다.[28] 이는 부정적이고 소극적이며 비관적이던 사람이 긍정적이고 적극적이며 낙관적인 성격으로 변화되고 또한 우울증이 치료되면서 자연히 부수적으로 부여되는 좋은 현상이라고 할 수 있을 것이다.

4) 스트레스 감소: 인지 요법은 스트레스를 덜 받도록 하는 작용을 한다. 생각이 바뀜에 따라 전에 받던 스트레스를 더 이상 받지 않는 일이 많아지기 때문이다. 인지 요법을 통하여 근심과 걱정이 줄어들고,[29] 이에 따라 스트레스가 경감되는 것이다. 인지 치료를 받으면 전에 받던 스트레스를

---

25 J. M. Schwartz & S. Begley, *The Mind and the Brain* (New York: HarperCollins Publishers, 2002), 61.
26 L. L. Smith & C. H. Elliot, *Depression for Dummies* (Hoboken, NJ: Wiley Publishing, Inc., 2003), 84; Burns, 15.
27 Amen, 71.
28 Howard, 337.
29 J. S. Abramowitz, *Getting Over OCD* (New York: The Guilford Press, 2009), 146.

받지 않을 수도 있고 더 적게 받을 수도 있기 때문에 전반적으로 스트레스가 경감된다.

5) 두뇌 기능 증진: 인지 요법은 일시적으로 좋지 않은 현상을 치료하는 것으로 끝나지 않고, 두뇌 기능을 증진시킴으로써 정신 기능을 지속적으로 좋게 만드는 효과가 있다.[30] 인지 요법은 부정적 사고를 긍정적 사고로 전환시킴으로써 두뇌 기능을 합리적이면서 안정적인 방향으로 향상시키는 데 기여한다. 인지 치료는 정신과 의약처럼 두뇌 기능의 균형을 맞추는 데 도움이 된다고 하는데,[31] 이것은 스키마 발달과 맥락을 같이 한다.

6) 원만한 인격: 인지 요법은 좋은 대인관계를 맺는 데 도움이 되며, 원만한 인격을 형성하는 데 기여한다.[32] 인지 치료는 꼬이고 비뚤어진 성격을 교정하기 때문에 원만한 대인관계를 맺는 데 큰 효과가 있다. 이런 의미에서 인지 요법은 삶 전체를 변화시키는데 기여한다고 볼 수 있다.

7) 현실 파악: 인지 요법은 현실을 정확하게 파악하는 데 도움을 준다. 정신적으로 억압되어 우울한 상태에 있는 사람들은 현실을 액면 그대로 파악하지 못하고 매우 나쁜 쪽으로 판단하는데,[33] 이런 판단은 현실을 있는 그대로 파악하지 못하게 하는 요인이 된다. 인지 요법은 이와 같은 장애 요인을 제거하기 때문에 정확한 현실 파악에 도움이 된다.

---

30 Amen, 150.
31 Ibid.
32 Butler & Hope, 11.
33 W. J. Knaus, *The Cognitive Behavioral Workbook for Depression* (Oakland, CA: New Harbinger Publications, Inc., 2006), 79.

8) **혈압을 낮춤**: 인지 요법은 정신 기능만을 좋게 할 뿐 아니라 혈압을 낮추는 효과가 있다고 한다. 피스버츠 의과대학의 심리학자인 라이코넨(Katri Raikkonen)과 매튜스(Karen Matthews)에 의하면 비관주의자들(pessimists)은 낙관주의자들(optimists)보다 혈압이 5점정도 높다고 한다.[34] 따라서 인지 요법은 비관적 생각을 낙관적 생각으로 변화시키는 작용을 하기 때문에 인지 요법이 혈압을 낮추는 데 도움이 된다는 것을 알 수 있다.

9) **에너지 증가**: 인지 요법이 에너지를 증가시키는 데 효과가 있다는 논리는 그것이 생각을 바꾸는 일을 하기 때문이다. 부정적인 생각을 긍정적인 생각으로 바꿈으로써 좌절하던 사람이 새 힘을 얻을 수 있음을 우리는 경험으로도 알 수 있다. "생각이 에너지다!"라는 어떤 회사의 광고문이 이에 해당한다. 생각을 어떻게 하느냐에 따라서 우리 몸 안에서 에너지가 감소될 수도 있고 증가될 수도 있다. 힘이 빠질 수도 있고 힘이 날 수도 있다.

뜨거운 사막에서 물이 반 컵 있는 것을 보고, "물이 반 컵 밖에 안 남았네…"라고 말할 때에 그 사람의 몸엔 에너지가 감소하겠지만, 그 사람이 생각을 바꾸어, "물이 아직도 반 컵이나 남았네!"라고 말한다면 에너지가 증가할 것이다. 인지 요법의 현주소는 같은 상황에서 생각을 바꾸게 하는 데 있으므로 인지 요법은 에너지를 증가시키는 데 기여한다고 볼 수 있다.

생각에 따라 에너지가 얼마나 생산되는가에 대한 연구를 여기에 소개한다. 미국의 저명한 정신과 의사인 호킨스(David R. Hawkins)는 생각에 따른 에너지의 양을 낮은 수치부터 높은 수치까지 열일곱 가지로 정리했는

---

[34] Howard, 862.

데, 그들 중 후반부의 열 가지를 소개하면 다음과 같다.[35]

① 자존심(pride): 어려운 상황에서도 자존심을 잃지 않으면 175의 에너지가 생산된다.

② 용기(courage): 어려운 상황에서도 용기를 잃지 않으면 200이라는 에너지가 생산된다.

③ 중립(neutrality): 어떤 상황에서도 흔들리지 않고 중심을 잡으면 250이라는 에너지가 생산된다.

④ 의지(willingness): 확고한 의지를 가질 때엔 310이라는 에너지가 생산된다.

⑤ 수용(acceptance): 수용하는 마음을 가질 때에 350이라는 에너지가 생산된다. 어떤 문제를 받아들이지 못하여 고민하다가 넓은 마음으로 받아들이고자 할 때에 발생하는 에너지다.

⑥ 합리성(reason): 합리적 생각은 400이라는 에너지를 생산한다.

⑦ 사랑(love): 사랑할 때엔 500이라는 에너지가 생산된다.

⑧ 기쁨(joy): 기쁜 마음의 에너지 수치는 500이나 된다.

⑨ 평화(peace): 평화로운 마음의 상태에서는 600의 에너지가 생산된다.

⑩ 깨달음(enlightenment): 매우 중요하다고 생각하는 진리를 깨달을 때에 700에서 1,000까지의 에너지가 생산된다. 뉴튼(John Newton)이 사과가 떨어지는 것을 보고 인력의 법칙을 깨달았을 때에 700 이상의 에너지가 발생했을 것이다.

호킨스는 깨달음 중에서도 에너지를 가장 많이 발생시키는 깨달음은 영적인 깨달음으로서 이를 "거룩한 영감"(divine inspiration)이라고 칭한다.[36]

---

35 David R. Hawkins, *Power vs Force* (New York: Hay House, Inc., 2002), 76-94.
36 Ibid., 94.

이런 영감을 받을 때에 1,000이라는 최고의 에너지가 발생한다는 것이다. 종교인들과 학자들의 수명이 길다는 것도 이런 이유 때문일 가능성이 크다.

성경은 기록자들이 하나님께로부터 영감을 받아 기록한 글이기 때문에 그것은 에너지의 보고(寶庫)다. 그러므로 성경 말씀을 깨닫는 것은 에너지를 공급받는 방법이기도 하다. 자신이 읽고 연구하는 중에 깨닫는 것도 좋고 설교를 듣고 깨닫는 것도 좋다. 설교를 듣고 은혜를 받았다고 할 때에 힘이 나는 것은 그 때문이다.

10) 행복한 삶: 인지 요법의 목적 중 하나는 기쁘고 행복한 삶을 살게 하는 것이다.[37] 인지 요법은 자신과 세상에 대한 부정적 생각을 긍정적 생각으로 전환시키는 치료법이기 때문에 우울한 분위기에서 불행한 삶을 살던 사람을 밝고 행복한 삶을 살도록 하는 데 도움을 준다.

생각을 바꿈으로써 불행한 사람이 행복한 삶을 살도록 하는데 큰 영향을 준 역사상의 인물들 중 하나로 희랍의 철학자였던 에피큐러스(Epicurus)를 들 수 있다. 이런 의미에서 할로웰(E. M. Hallowell)과 레이트(J. J. Rate)는 에피큐러스를 인지 요법의 아버지라고 부른다.[38] 에피큐러스(341-270 B.C.)는 헬라의 철학자로서 주전 306년에는 아테네에 "정원"(Garden)이라는 학교를 세웠는데 플라톤이 세운 "아카데미"(Academy)나 아리스토텔레스가 세운 학교인 "학원"(Lyceum)보다 더 유명하였다고 한다.[39]

---

37 Burns, 29.
38 E. M. Hallowell & J. J. Rate, *Delivered Distraction* (New York: Ballantine Books, 2005), 264-5.
39 W. L. Reese, *Dictionary of Philosophy and Religion* (New York: Humanity Books, 1996), 202-3; I. Stevenson, *The Complete Idiot's Guide to Philosophy* (Indianapolis, IN: Alpha Books, 2005), 79.

에피큐러스의 철학을 에피큐리어니즘(Epicureanism)이라고 하는데, 사전에는 "쾌락주의"라고 번역되어 있다. 그런데 이것은 오해의 소지가 있는 번역이다. 에피큐리어니즘이 육체적 쾌락을 추구하는 것이 그 핵심이라고 오해할 소지가 있기 때문이다. 에피큐러스가 추구했던 가치는 육체적 쾌락이 아니라 행복(happiness)이었다.[40]

　그것은 육체적 쾌락을 통해서 얻는 행복이 아니라 정신적 육체적 방해를 받지 않는 평온(tranquility)에서 오는 행복으로서 지혜롭고(wisely) 고상하고(nobly) 의로운(righteously) 삶을 사는 것을 전제로 한다.[41] 그러므로 에피큐리어니즘을 "쾌락주의"로 명명하는 대신 "행복주의"로 부르든지 아니면 발음 그대로 "에피큐리어니즘"이라고 부르는 것이 바람직하다고 본다.

　에피큐리어니즘은 15-16세기의 기독교 지식층들에게도 영향을 주어 "크리스천 에피큐리어니즘"(Christian Epicureanism)이라는 용어가 사용되었는데, 이런 용어들은 문예부흥의 선구자였던 에라스무스(Erasmus)의 작품에도 나타난다. 영국의 사상가 토마스 모어(Thomas More)의 작품인 『유토피아』(Utopia)도 크리스천 에피큐리어니즘에 근거를 두고 있다.[42]

　그럼 에피큐리어니즘이 인지 요법과 무슨 관계를 가지고 있는가? 왜 에피큐러스를 인지 요법의 아버지라고 부르는가? 노예로 태어난 에피큐러스는 어려서부터 굶주리고, 매를 맞으며, 버림받으면서 불행한 삶을 살았는데, 그는 자기의 고통을 벗어나기 위해 생각을 바꾸기로 했다.

　자기의 힘으로 바꿀 수 있는 것이 있고, 바꿀 수 없는 것이 있는데, 바꿀 수 있는 것을 바꾸면 된다는 것이다. 에피큐러스는 자기에 대한 인식을

40　Reese, 203-4.
41　Ibid.
42　Ibid.

바꿨다. 사회적으로는 자기가 노예이지만 그는 '나는 노예가 아니다'라고 생각했다.[43] 사실 그것은 올바른 생각이다. 이는 "모든 사람은 하나님 아래에서 동등하다"(All men are equal under God.)는 미국 헌법 정신과 상통한다. 이런 생각은 성경적이며 인격적이다. 그는 노예 제도를 바꿀 수 없다면 노예에 대한 생각을 바꾸면 된다고 생각했다. 이와 같은 인식의 전환은 그에게 마음의 평안과 행복을 주었다.

이런 생각을 전파한 그에게 많은 사람들이 모여들었고, 학교가 세워졌다. 그의 제자들은 그의 가르침을 책으로 만들었는데, 그 책은 널리 읽혀져 로마의 군인들도 애독하게 되었다. 군인들은 전쟁터에서도 그 책을 읽으며 마음의 평정을 찾았다고 한다.[44]

부정적 현실에 대하여 부정적 감정에 붙잡혀 있지 않고, 긍정적 인식을 함으로써 긍정적 감정을 찾을 수 있는 것이다. 주어진 현실을 바꿀 수 없다면 현실에 대한 생각을 바꾸면 된다는 것이다. 이런 의미에서 에피큐리어니즘은 인지 요법과 맥락을 같이 한다고 볼 수 있다.

에피큐리어니즘은 어떤 면에서 성경적인 요소를 많이 가지고 있다. '항상 기뻐하라!', '범사에 감사하라!', '내일 일을 염려하지 말라!', '모든 것이 합력하여 선을 이루느니라!'는 등등의 성경구절들은 에피큐리어니즘의 핵심적 내용에 속한다. 항상 긍정적으로 현실을 살라는 강조점이 서로 유사하다.

그렇다면 에피큐리어니즘이 성경과 다른 점은 무엇인가? 그 근본적 차이는 사후에 대한 관점에 있다. 에피큐리어니즘은 사후의 세계는 없다고 본다. 사람은 원자들(atoms)로 구성되어 있는데, 죽으면 원자는 자연으로

---

43 Hallowell & Rate, 264.
44 Ibid., 265.

돌아가고 영혼은 소멸된다는 것이다.[45] 그러므로 죽음에 대하여 두려워하지 말자는 것이다. 죽음에 대한 두려움이 없어지면 만사에 두려움이 없어진다는 것이다. 사람들이 질병을 두려워하는 것도 질병이 죽음과 연결되어 있기 때문이라는 것이다. 그러므로 죽음을 두려워하지 않는다면 질병도 두려울 게 없다는 것이다. 죽음 이후엔 아무 것도 없으므로 살아 있을 동안 행복을 누리라는 것이다. 생각을 바꾸면 행복을 누릴 수 있다는 것이다.[46] 죽으면 모든 것이 끝나니 내일 일을 미리 염려하지 말라는 것이다. 오늘의 삶을 행복하게 살라는 것이다.

내일 일을 염려하지 말고 오늘의 삶을 기쁘게 살라는 것은 성경적 가치와 일치하지만, 오늘의 삶을 기쁘게 살아야 할 이유가 서로 다르다. 성경에서 내일 일을 염려하지 말고 오늘을 기쁘게 살라는 것은 내세가 없어서가 아니라 하나님께서 우리를 돌보시기 때문이라는 것이다.

이에 대하여 예수님은 다음과 같이 가르치신다.

> 오늘 있다가 내일 아궁이에 던지우는 들풀도 하나님이 이렇게 입히시거든 하물며 너희 일까보냐 믿음이 적은 자들아 그러므로 염려하여 이르기를 무엇을 먹을까 무엇을 마실까 무엇을 입을까 하지 말라 이는 다 이방인들이 구하는 것이라 너희 천부께서 이 모든 것이 너희에게 있어야 할 줄을 아시느니라(마 30-32).

내일 일을 미리 염려하지 말고 오늘을 기쁘게 살라는 것은 죽으면 무의

---

[45] Stevenson, 78.
[46] Ibid. 에피큐리어니즘이 "죽음 이후엔 아무 것도 없으니 살아 있는 동안 수단과 방법을 가리지 말고 쾌락을 누리라"고 한다면 우리는 그것을 쾌락주의라고 부를 수 있을 것이다. 그러나 그렇지 않다. 에피큐리어니즘이 강조하는 삶의 원리는 "지혜롭게(wisely)", "고상하게(nobly)" 그리고 "의롭게(righteously)" 사는 것이기 때문에 그것은 윤리적 가치를 내포하고 있다.

세계로 돌아가기 때문이 아니라 하나님이 우리의 형편을 다 아시고 우리를 돌보시기 때문이라는 가르침이다.

성경은 사후의 세계를 강조한다. 육신은 흙에서 왔기 때문에 흙으로 돌아가지만 영혼은 소멸되지 않는다는 것이다. 하나님을 믿는 사람들은 사후에 영원한 하나님의 나라로 가기 때문에 내일 일을 염려하지 말고 오늘을 기쁘고 감사하게 살라는 것이 성경의 주요 메시지다.

에피큐리어니즘이 사후의 세계는 존재하지 않으므로 내일 일을 염려하지 말고 오늘을 기쁘게 살라는 것을 강조한다면, 성경은 살아 있는 동안에도 하나님이 우리를 돌보시며, 사후에도 하나님의 나라로 가기 때문에 내일 일을 염려하지 말고 기쁘게 살라는 것이다. 전자의 기쁨의 근거보다 후자의 그것이 훨씬 더 긍정적이고 적극적이다. 그러므로 기독교인들은 에피큐리언들보다 더 기쁘고 즐겁게 현재를 살아가야 할 것이다.

이상에서 인지 요법을 통하여 우리가 얻을 수 있는 열 가지의 유익한 점들을 살펴보았다. 그러면, 인지 요법을 어떻게 할 수 있는가?

3. 인지 요법을 어떻게 할 것인가?

이토록 우리에게 큰 유익을 많이 주는 인지 요법을 어떻게 할 수 있는가? 인지 요법의 방법이 무엇인가? 그것은 전문가들만이 할 수 있는 복잡하고 어려운 일인가?

아니다. 누구든지 할 수 있다. 본 절에서는 인지 요법을 자신에게 적용할 수 있으며, 나아가서 다른 사람들에게 도움을 줄 수 있는 방법이 논의될 것이다.

인지 요법은 내면 깊은 곳에 존재하는 자동적 부정적 사고(automatic

스키마

negative thoughts)를 의식적으로 바꾸는 일이기 때문에 매우 어렵다.⁴⁷ "성격은 절대 고칠 수 없다!, 제 버릇 개 주랴!, 세 살 버릇 여든까지!" 등등의 말들이 이를 증명해준다. 이런 말들은 오랜 동안 수많은 사람들의 경험에서 우러난 표현이기 때문에 많은 사람들이 공감한다. 마치 그것이 진리인 것처럼 주장하는 사람들도 있다.

그러나 그것은 가능하다. 어렵지만 가능하다. 만약 그것이 가능하다면, 아무리 어려워도 시도하는 것이 현명한 일이다. 위에서 논의된 바처럼 그 유익이 매우 많고 크기 때문이다. 전문가들은 잘못된 인식들을 확인하고 그것들을 바람직한 인식으로 바꾸는 '인지의 재구성'(cognitive restructuring)이 가능하다고 한다.⁴⁸

인지 요법은 그것이 가능하다는 전제하에 계발된 심리 치료법이며, 수십 년에 걸쳐 그 가능성이 입증되었다. 인지 요법이 효과가 있다는 사실이 바로 그 가능성을 증명해준다.

인지 요법은 인지를 관장하는 좌뇌와 정서를 관장하는 우뇌는 서로 긴밀한 관계를 맺고 있다는 과학적 사실에 근거를 두고 있다.⁴⁹ 부정적 생각을 하면 부정적인 느낌을 갖게 되고, 긍정적 생각을 하면 긍정적인 느낌을 갖는 것은 좌뇌와 우뇌가 서로 긴밀하게 교통하고 있다는 것을 말해준다.⁵⁰

그러므로 많은 학자들과 전문가들이 그 방법들을 계발하였다. 예를 들어, 나우스(W. J. Knaus)가 제시하는 인지 요법의 아홉 가지 단계는 다음과

---

47 Burns, 30.

48 American Psychological Association, *APA College Dictionary of Psychology* (Washington, DC: APA, 2009), 71-2.

49 Butler & Hope, 300.

50 D. J. Miklowitz, *The Bipolar Disorder* (New York: The Guilford Press, 2011), 232.

같다.[51]

① 우울한 생각들 인식하기(recognizing depressive thinking).
② 우울한 생각들을 떨쳐버리기 위한 이성의 활용(using reason against depressive thinking).
③ 정신적 불행의 가면 벗기(shedding a cloak of mental misery).
④ 우울한 신념 지우기(defeating depressive beliefs).
⑤ 무가치한 생각 끝내기(ending worthless thinking).
⑥ 낙관주의(optimism).
⑦ 비난 삼가기(restraining blames).
⑧ 완전주의의 위험 피하기(avoiding the perils of perfectionism).
⑨ 우울한 기분 대처하기(coping with depressive sensations).

위에 제시된 아홉 단계는 자세하지만 중복되는 내용들이 있으며 너무 복잡하기 때문에 실지로 그것을 실행에 옮기기가 난해하다.

어떤 전문가들은 다음과 같은 다섯 단계를 제시한다.

① 평온하게 생각하기(thinking calm).
② 묵상(mediation).
③ 돌봄의 체험(mindful experience).
④ 단순하게 여기기(keeping it simple).
⑤ 영성의 포착(embracing spirituality).

여기에서 그가 말하는 영성은 가장 높은 차원과 연결하는 것을 의미한다. 그것이 하나님이든 우주든 사랑이든 최고의 힘과 연관 짓는 것을 말한다. 다시 말하자면 높고 큰 생각을 하라는 것이다.[52]

---

51 W. J. Knaus, 79-262.
52 E. J. Bourne, A. Brownstein, & L. Garano, *Natural Relief for Anxiety* (Oakland, CA: New Harbinger Publications, Inc., 2004), 183.

전문가들에 따라 더 상세하게 나눌 수도 있고 줄일 수도 있겠지만, 그 모든 과정들을 함축적으로 요약하면 두 단계다. 인지 요법은 자신의 부정적 생각들을 확인하여(identifying) 그 생각들을 교정하는(correcting) 심리 요법이기 때문에, 확인의 단계(identifying stage)와 교정의 단계(correcting stage)로 요약될 수 있다.[53]

그러나 본 연구에서는 창의적 단계(creating stage)를 첨가하고자 한다. 왜냐하면 왜곡된 생각을 교정하는 것만으로는 부족하다고 여겨지기 때문이다. 왜곡된 생각을 교정함과 동시에 새로운 생각을 하는 것이 중요하다. 이제 단계별로 좀 더 자세히 논의하여 보자.

1) 확인의 단계(Identifying Stage): 생각 진단하기

정신과 전문의들과 심리학자들에 의하면 우리 모든 사람들은 우리가 의식하지 못하는 중에 부정적인 사고를 자동적으로 한다고 하는데, 이것을 "자동적 부정적 사고"(automatic negative thoughts)라고 한다.[54] 이것은 정도의 차이는 있지만 모든 사람들에게 공통적으로 나타나는 현상이라는 것이다. 자동차 시동이 걸리지 않을 때에, '내게 되는 일이 있을 리 없지'라고 생각하는 경우 그것이 여기에 속한다. 자동차 시동이 걸리지 않은 일을 확대 해석하여 자기가 하는 일은 다 잘 안될 것이라고 생각하는 것이다.[55]

골프 선수들이 그린(green)에서 퍼팅(putting) 자세를 취하고 오래 있다가 퍼팅을 하면 실수할 가능성이 높다고 하는데, 그 이유는 오래 있는 동안

53　Yapko, 46.
54　Cash, 220.
55　Ibid.

볼이 홀컵에 들어가지 않을 것 같다는 부정적 생각이 크게 지배하기 때문이라는 것이다. 수없이 퍼팅 연습을 많이 하고 그린에 올라가는 프로 선수들도 자동적 부정적 사고의 지배를 받는다는 것이다.

　어느 날 미국에서 40세 정도 되는 청년과 골프를 하는데, 그 친구가 퍼팅을 하기 직전에 한창 뜸을 들이더니 "볼이 홀컵에 들어가는 것 외에는 생각하지 않는다!"라고 중얼거리며 퍼팅을 했다. 그 결과는 실패였다. 멀지도 않은 거리에서 볼이 홀컵을 비켜 나갔다. 그때 나는 웃으면서 이렇게 말했다. "볼이 홀컵에 들어가는 것 외에는 생각하지 않는다고 말하면서 머뭇거리고 있는 순간 '들어가지 않을 거야'라는 생각이 들었지?" 그의 대답은 간단하였다. "어떻게 아셨어요?"

　그럼 우리의 내면에 존재하는 자동적 부정적 사고를 어떻게 확인할 수 있을까? 어떤 생각들이 정신 건강에 해를 끼치는가? 벡(Aaron Beck)은 우울증(depression)에 대한 연구를 하는 과정에서 어떤 종류의 인지적 왜곡들이 정신 건강에 문제를 일으킨다는 사실을 발견하였다. 인간의 내면에는 수많은 인지적 왜곡들이 있는데, 정신 건강에 문제를 야기하는 인지적 왜곡들은 다음과 같이 13가지로 요약된다.[56]

(1) 파국화(破局化, catastrophizing)

　파국화란 한 가지 좋지 않은 일이 발생했을 경우 그것을 파국적으로 해석하는 경향성이다. 사실상 별 일이 아닌 것을 가지고 마치 큰 재난이 발생한 것처럼 심각하게 생각하는 것이다. 어떤 나쁜 일(something bad)을 최악의 일(something worst)로 생각하는 태도다. 어떤 일이 잘못 되면 그것이 큰 재난으로 이어질 것이라고 보는 경우, 이와 같은 태도는 정신 건강에

---

[56] Butler & Hope, 78-80. 이런 뒤틀린 생각들은 우울증을 일으키는 주요 원인이 된다.

악 영향을 미치게 된다.

(2) 과도한 일반화(overgeneralizing)

과도한 일반화란 좋지 않은 일이 한 번 발생하면 그런 일이 앞으로 지속적으로 일어날 것이라고 과도하게 일반화하는 태도다. 한 가지 나쁜 일이 발생했을 때 그것을 일반화시켜 계속적으로 일어날 것이라고 생각하는 것이다.

이것을 스키마 이론으로 해석하면, 나쁜 일이 일어났을 경우 그것은 그 사람의 두뇌에 그에 해당하는 나쁜 스키마가 만들어지면 그 스키마가 그 사람의 정신을 지배하여 앞으로도 그런 일이 지속적으로 일어날 것이라고 속단하는 경향성이라고 볼 수 있다.

예를 들어, 아버지로부터 어떤 요구를 거절당한 아들이 이렇게 말했다고 하자. "아버지는 내가 요구하는 것을 항상 잊어버린다." 한 가지 요구를 거절당한 것을 과도하게 일반화시켜 항상 거절당한다고 생각하는 것이다.

어떤 정치인의 비행을 가지고 "정치가들은 다 썩었단 말이야!"라고 단정하는 것도 과도한 일반화다. 어떤 젊은이가 어른에게 불손한 태도를 취하는 것을 본 어른이 "요사이 젊은 것들은 다 저렇단 말이야!"라고 말하는 것도 이에 해당된다.

그런데 문제가 되는 것은 이렇게 말하는 것이 자기의 정신 건강에 문제가 된다는 것을 모른다는 사실이다. 그와 같은 과도한인 일반화가 잘못된 것이라고 생각하지 않고 오히려 자기는 정의의 사도인 것처럼 그런 생각을 계속하는 것이 더 큰 문제가 된다는 사실을 알아야 한다.

(3) 과장(exaggeration)

여기에서 '과장'이란 긍정적인 일은 덜 중요시 여기면서 부정적인 일은 더욱 중요시하는 태도를 말한다. 어떤 사람들은 긍정적인 사건(positive event)을 중시하고, 부정적인 사건(negative event)을 경시한다. 반면에 어떤 사람들은 긍정적인 사건을 경시하고, 부정적인 사건을 중시한다. 전자의 관심은 긍정적인 사건에 있고, 후자의 관심은 부정적인 사건에 있다.

예를 들어, 신문을 읽을 때에 전자는 좋은 소식을 먼저 보려하고, 후자는 나쁜 소식을 먼저 보려고 한다. 따라서 전자는 좋은 소식을 빨리 전파하고, 후자는 나쁜 소식을 빨리 전파한다.

전자를 만나면 좋은 소식을 많이 듣고, 후자를 접하면 나쁜 소식을 많이 듣는다.

이 두 가지 태도 중에서 무엇이 바람직한가? 전자가 바람직하다. 왜냐하면, 전자의 두뇌엔 좋은 스키마가 많이 들어 있고, 후자의 두뇌엔 나쁜 스키마가 많이 들어 있기 때문이다. 나쁜 소식에 관심이 쏠려 있는 사람들은 나쁜 소식을 과장하여 해석하고 전파한다. 전자는 나쁜 스키마를 많이 가지고 살기 때문에 두뇌 건강에 문제가 있을 뿐 아니라 윤리적인 면에서도 문제가 발생한다.

(4) 긍정적 현실에 대한 평가 절하(discounting the positive)

어떤 사람들은 긍정적인 현실에 대하여 평가를 낮게 한다. 이런 사람들은 남이 잘한 일에 대하여 평가 절하를 할 뿐 아니라 자기 자신이 잘 한 일도 평가 절하한다. 그렇기 때문에 만족이 없다. 못한 일은 아주 못했다고 생각하며 우울하고, 보통으로 한 일은 못했다고 우울해 하며, 잘 한 일도 못했다고 우울해 하기 때문에 우울한 마음이 떠날 수 없다.

(5) 마음 읽기(mind-reading)

다른 사람들이 생각하는 것을 자신이 다 알고 있는 것처럼 생각하는 사람들이 있다. 이런 사람들은 오해를 잘 한다. 이렇게 형성된 오해는 상대방과의 다툼으로 확대될 가능성이 크다. 한 쪽에서 몇 사람들이 모여 무슨 말을 하고 있으면 "저 사람들이 지금 내 흉을 보고 있다"라고 단정 짓고 괴로워한다.[57] 남의 생각을 나쁜 쪽으로 규정짓기 때문에 대인관계도 나빠질 수밖에 없다. 그 결과 스트레스가 증가하고 우울한 마음이 내면을 지배한다.

(6) 예언(predicting the future)

여기에서 예언이란 미래를 나쁜 쪽으로 해석하는 마음을 의미한다. "내게 되는 일이 있을 리 없지." "나에겐 모든 게 잘 안 되게 돼 있어!" "나는 나 자신도 어찌 할 수 없는 사람이지." 자신에 대한 이와 같은 부정적 예언은 스스로 자신을 우울하게 만든다.

반면 자기 성취 예언(self-fulfilling prophecy)은 그 반대 개념으로서 정신 건강에 유익하다. 가난했던 목동 다윗이 "여호와는 나의 목자시니 내가 부족함이 없으리로다…나의 평생에 선하심과 인자하심이 정녕 나를 따르리니 내가 여호와의 전에 영원토록 거하리로다"(시 23:1-6)라고 노래한 것이 자기 성취 예언[58]의 좋은 실례라고 할 수 있을 것이다.

미래를 부정적으로 예언하면 두뇌에 부정적 스키마가 형성되기 때문에 정신 건강에 해가 된다. 그러므로 자신의 미래에 대하여 어두운 미래를 예견하는 대신 밝은 미래를 예견하는 것이 바람직하다.

---

57 이것이 심하면 편집증 환자가 된다.
58 "피그말리온 효과"(pygmalion effect)도 이에 해당된다.

(7) 흑백 논리적 생각(black and white thinking)

흑백 논리는 극단적 태도에서 비롯된다. 이런 생각을 하는 사람들은 하나의 극단에서 다른 극단으로 생각이 옮겨진다. 예를 들어 보자. "만약 이것이 지금 안된다면 모든 것을 그만 두겠다." "불명예로 사느니 차라리 죽는 게 낫다." "하버드 대학에 못 갈 바에야 대학을 갈 필요가 없다." "올 에이 학점을 못 받을 바에야 공부 안 하는 게 낫다."

이런 생각은 무슨 일이든 잘 하고자 하는 결단에서 나올 수도 있지만, 매우 위험하다. 정신 건강에 해롭기 때문이다. 이런 생각은 우울증을 증대시키고 계속되면 자살할 가능성이 높아진다.

(8) 일들을 개인적으로 취급하기(taking things personally)

외부에서 일어난 객관적 일들을 개인적으로 취급하는 것을 말한다. 예를 들어, 레스토랑에서 친절하지 못한 웨이터에 대하여 "저 웨이터는 나를 무시한단 말이야"라고 말할 경우가 이에 해당한다. 사무적인 성격을 가진 그 웨이터는 다른 손님들에게도 같은 태도를 취하는데 이 사람은 그것을 자기 개인에게 적용한다. 이런 생각은 우울증 유발의 원인이 된다.

(9) 자기 나무라기(self blaming)

잘못된 일이 발생했을 경우에 그것이 자기의 책임이 아닌데도 마치 자기가 잘못해서 그런 일이 일어난 것처럼 자신을 나무라는 태도가 여기에 속한다. "다 내 잘못이야." "내가 좀 더 좋은 어머니였다면 내 자식이 더욱 행복할 텐데." 이런 생각을 하는 사람들은 높은 윤리 의식을 가지고 있다고 할 수 있을 것이다. 이런 사람은 자기가 잘못했어도 그 책임을 다른 사람에게 전가하는 사람에 비하면 도덕군자라고 할 수 있을 것이다.

그러나 문제가 되는 것은 그것이 우울증의 원인이 될 수 있다는 사실이다. 그렇게 말을 해 놓고 정말 기쁘다면 모르거니와 그로 인하여 우울한 마음이 생긴다면 그것은 바람직하지 않다. 잘못된 일에 대하여 사실 관계를 명확히 하는 것이 서로의 정신 건강에 좋을 것이다.

(10) 감정적 추론(emotional reasoning)

감정적 추론이란 사실을 감정으로 대치시켜 생각하는 것이다. 어떤 사람이 실지로는 별 문제가 없는 사안을 가지고 "무엇인지 잘못 되어가고 있음이 확실해. 내가 염려하는 점이 바로 그거야!"라고 말한다면 그 사람은 감정을 사실로 오인함으로써 우울함을 느끼게 된다. 상대방은 자기에 대하여 사랑하는 감정이 없는데 "나는 그 여자를 사랑해. 그녀는 나에게 답장을 해 줄 거니까!"라고 생각한다면, 그는 자기의 일방적 느낌을 사실로 혼돈하고 있다. 그 순간 그의 마음은 희망으로 가득 차 있을지 모르지만 사실이 드러나게 되면 그는 우울한 감정에 사로잡힐 수 있다. "사실이 어떻든 나는 내가 좋아하는 대로 할 거야"라고 말하는 사람도 이에 해당한다.

사실을 사실로 파악하고 그것이 좋게 느껴지든 싫게 느껴지든 그것을 받아들이는 사람이 지성인이고 양식이 있는 사람이다. 거짓을 사실로 받아들이면서 그것을 즐기는 사람은 그 당시에는 좋을지 몰라도 그는 점점 우울한 마음을 갖게 된다. 사실이 밝혀질 경우에 양심의 가책을 받기 때문이다.

(11) 명명하기(naming)

명명하기란 자신이나 남을 나쁜 쪽으로 규정짓는 것을 말한다. 예를 들어, "나는 멍청이야!"라고 한다든지, "나는 나쁜 놈이야!"라고 하는 것이나, "그런 일을 저지르는 사람이면 누구나 뇌가 죽은 사람이지!"라고 말하는 경우가 여기에 속한다. 어떤 일을 가지고 그것을 지나치게 나쁜 쪽으로 단정 짓는 것은 자신을 우울하게 만드는 요인이 된다는 것이다.[59]

(12) 유언비어 퍼뜨리기(spreading a rumor)

유언비어를 퍼뜨리는 동기가 여러 가지 있겠지만, 두려움과 염려에서 비롯된 유언비어가 이에 해당한다. 기침을 조금하는 동료 직원이 결근을 했는데 전화를 받지 않을 경우 "그녀가 폐결핵에 걸렸다!"라고 소문을 냈다고 하자. 그러나 그녀가 결근한 것은 폐결핵 때문이 아니라 감기 때문이었다. 그녀를 좋아하는 남자 직원의 마음속에 숨어있던 염려가 동기가 되어 그런 유언비어를 퍼뜨리게 된 것이다.

이것은 그가 원치 않는 유언비어에 해당한다. 싫어하는 상대방에게 해를 입히기 위한 유언비어와는 구별된다. 이런 유언비어를 자주 퍼뜨리는 사람은 그로 인하여 우울해지기 쉽다. 일이 잘 안 되는 쪽으로 생각하기 때문이다.

지진을 매우 두려워하는 사람이 "조만간에 큰 지진이 난다!"라는 말을 퍼뜨리고 다니는 경우도 이에 해당한다. 그 사람의 말대로 얼마 후 큰 지진이 올 수도 있다. 그런 소문이 큰 지진을 대비하는 데는 도움이 될 것이다. 그러나 이런 소문을 습관적으로 퍼뜨리는 사람은 보통 사람들보다 불안이 증폭되어 스트레스를 많이 받기 때문에 그것이 정신건강에 해가 될 수 있다.

(13) 희망적 관측(wishful thinking)

이에 해당하는 사람들은 가정법 과거를 많이 사용한다. 즉, 현재 사실

---

59 Ibid., 80

과 반대되는 것을 설정하고 과거에 그렇게 하지 않았더라면 이렇게 되지 않았을 것이라고 생각하며 후회한다. "만약 내가 그 때에 달리 행동했더라면 지금 훨씬 더 잘 살 텐데…." "만약 내가 대학원을 갔더라면, 지금 나는 교수가 되었을 텐데…." "만약 내가 지금의 남편을 만나지 않았더라면 지금 더 잘 살 텐데…."

  이와 같이 과거에 한 일을 후회하면서 그렇게 하지 않았더라면 지금 더 잘 살 것이라는 희망적 관측을 하는 것은 바람직하지 않다. 왜냐하면 과거를 돌이킬 수 없을 뿐 아니라 그런 생각이 자신을 우울하게 만들기 때문이다. 과거를 거울삼아 미래를 설계하는 것은 바람직한 일이지만, 돌이킬 수 없는 과거를 근거로 현재를 어둡게 보는 것은 바람직하지 않다. 이상에서 우리는 열세 가지의 왜곡된 생각에 대하여 알아보았는데, 이런 생각에 사로잡혀 있으면 우울증에 걸릴 가능성이 높다.

  그럼 이런 생각은 어디에서 발생하는가? 이것을 스키마 이론으로 해석하면 즉답이 나온다. "이런 왜곡된 생각들은 왜곡된 스키마(distorted schema)에서 비롯된다." 인지 요법은 왜곡된 스키마를 바로 잡아 생각을 정상적으로 하게 만드는 정신 요법이다.

  중요한 것은 자신의 내면에 존재하는 이런 생각들을 확인하는 것이다. 이런 종류의 생각들이 정신 건강을 해친다는 사실을 직시해야 한다. 우리 민족은 부정적 생각을 많이 하며 살고 있다. 우리말에 부정적인 단어가 많이 존재한다는 사실이 이를 증명한다. 부정적인 단어의 접두어인 '부'나 '불'의 한자어는 모두 '不'이다.

  부와 불로 시작되는 부정적인 단어들의 예를 들어보면 다음과 같다. 부도덕(不道德), 부정(不正), 부정직(不正直), 부정확(不正確), 부조화(不調和), 부족(不足), 부주의(不注意), 부진(不進), 불가(不可), 불감증(不感症), 불건전(不健全), 불결(不潔), 불경(不敬), 불공정(不公正), 불공평(不公平), 불규칙(不規則),

불균형(不均衡), 불길(不吉), 불능(不能), 불량(不良), 불만(不滿), 불명예(不名譽), 불모(不毛), 불미(不美), 불발(不發), 불복(不服), 불분명(不分明), 불상사(不祥事), 불성실(不誠實), 불손(不遜), 불순(不純), 불시착(不時着), 불신(不信), 불안(不安), 불온(不穩), 불용(不用), 불우(不遇), 불온(不穩), 불의(不義), 불이익(不利益), 불이행(不履行), 불일치(不一致), 불착(不着), 불찰(不察), 불충(不忠), 불충분(不充分), 불쾌(不快), 불투명(不透明), 불편(不便), 불평(不平), 불평등(不平等), 불필요(不必要), 불한당(不汗黨), 불합격(不合格), 불행(不幸), 불협화음(不協和音), 불화(不和), 불확실(不確實), 불황(不況), 불효(不孝). 이상에서 부정적인 의미를 지닌 단어 60개를 예로 들었으나 사실은 더 많이 존재한다. 이런 단어들을 사용한다고 잘못된 것은 아니다. 이들은 잘못된 상태를 표현하기 위하여 부득불 사용된 단어들이다. 필자가 지금 쓴 문장에서 '부득불(不得不)'이라는 단어에도 불(不)자가 두 개나 들어있지 않는가!

  여기에서 중요한 관점은 우리의 삶속에 부정적인 내용들이 매우 많이 존재한다는 것이다. 특히 우리 민족은 어떤 현상을 부정적으로 표현하는 경향이 아주 농후하다. 예를 들어, 새 소리를 들을 때에 한국인들은 "새가 운다!"고 표현한다. 서양인들은 새 소리를 들을 때에 "새가 노래한다!"(Birds sing!)고 표현한다. 한국 새들은 울고, 서양 새들은 노래하기 때문에 그렇게 달리 표현하는 것이 아니다. 같은 새소리를 들으며 한국 사람들은 "운다"고 하고, 서양 사람들은 "노래한다"고 한다. 우는 것은 부정적 감정의 표현이고, 노래하는 것은 긍정적 감정의 표현이다.

  한국인들은 새 소리뿐 아니라 다른 소리들을 들을 때에도 운다고 하는 표현을 많이 쓴다. 여울물이 흐르는 소리를 들을 때에 "여울이 운다!"고 말하고, 문풍지가 떨리는 소리를 들을 때에 "문풍지가 운다!"고 표현한다.

  우리 민족은 '한'(恨)이 많은 민족이며 내면에 '화'(火)를 가지고 사는 민족이라고 한다. 그런데 '한'과 '화'에 해당하는 적절한 용어가 없기 때문에

스키마

영어권 정신의학계에서는 그대로 음역을 한다. 이런 현실을 볼 때에 우리 민족의 내면 깊은 곳에 부정적 감정들 많이 존재한다고 볼 수 있을 것이다.

이런 부정적 감정들은 정신 건강에 큰 해를 준다. 그러므로 우리들은 자신의 내면에 존재하는 부정적 감정들을 파악함과 동시에 이런 부정적 감정들을 긍정적 감정으로 교정하는 노력이 필요할 것이다.

2) 교정의 단계(Correcting Stage): 생각 바꾸기

인지 요법의 제2단계는 교정의 단계다. 부정적 감정들을 확인했으면, 그대로 머물러 있지 말고 그것들을 긍정적 감정들로 교정해야 한다.

그럼 어떻게 감정을 교정하는가? 생각을 바꿈으로써 교정이 가능한데, 이것이 인지 요법의 기본 골격이다.

생각을 바꾸기 위해선 먼저 다른 관점들(other perspectives)을 살펴보면서 대안을 모색해야 한다.[60] 대안을 모색함에 있어서 필요한 것은 도전적 자세다.[61] 대안을 찾는 기본자세는 "모든 문제엔 해답이 있다!"는 신념이다.

문제 앞에서 좌절하며 우울해 하는 대신 인생의 모든 문제엔 반드시 해답이 있다는 신념을 가져야 한다. 학교에서 시행되는 시험에서 모든 시험 문제에 해답이 있듯이, 우리 인생의 모든 문제들에도 해답이 있다는 믿음이 필요하다. 더구나 크리스천들은 모든 문제의 해답을 알고 계시는 하나님, 즉 전지(全知)하신 하나님(the omniscient God)을 믿기 때문에 더욱 그런 생각을 가져야 한다.

---

60 Butler & Hope, 303-5.
61 Miklowitz, 236-9.

전지전능(全知全能)하신 하나님을 믿는다고 신앙고백을 하면서도 문제 앞에서 좌절하는 크리스천의 신앙엔 그만큼 거품이 있는 것이다. 그것은 거품일 뿐 아니라 위선이기도 하다. 좌절을 많이 하는 만큼 그 사람의 신앙엔 거품이 많으며, 그의 신앙은 그만큼 위선적이라고 할 수 있다.

그럼 구체적으로 생각을 어떻게 바꾸어야 하는가? 생각 바꾸기의 내용과 형태를 알아보자.

(1) 생각 바꾸기의 내용

① 닫힌 마음(closed mind)을 열린 마음(open mind)으로 바꾸어야 한다. 마음을 열면 생각이 열리고 생각이 열리면 새로운 관점들을 찾을 수 있다. 닫힌 마음은 융통성의 활로를 차단하고 생각을 고착시킨다. 닫힌 마음을 여는 것은 생각 바꾸기의 필수 과정이다.[62]

② 좁은 생각을 넓은 생각으로 바꾸어야 한다. 좁은 생각 속엔 더 이상 다른 생각들이 들어갈 여지가 없다. 그러나 넓은 마음속엔 다양한 관점들이 들어갈 수가 있다.

③ 낮은 생각을 높은 생각으로 바꾸어야 한다. 당장 눈에 보이는 현재적 가치만 추구할 것이 아니라 좀 더 높은 가치를 추구해야 한다. 생각의 차원을 높여야 한다. 높은 곳에 올라가면 많은 것을 볼 수 있는 것처럼 생각이 고상하면 다양한 관점을 갖게 된다.

④ 작은 생각을 큰 생각으로 바꾸어야 한다. 영성(spirituality)은 모든 종교들에서 각자 나름대로 의미를 가지고 사용되는 단어다. 그런데 이 단어는 종교를 초월해서 세계보건기구(WHO)에서도 사용된다. 영성이 건강에도 지대한 영향을 미친다는 전제하에 이 단어가 사용된다.

---

62 Butler & Hope, 73-4.

영성은 세계 보건기구 뿐 아니라 일반 사회에서도 널리 사용되는 중요한 단어다. 일반 사회에서 사용되는 영성은 '우주적' 혹은 '초월적' 의미를 갖는다. 모든 사람들과 만물들은 우주적으로 초월적으로 서로 연결되어 있다는 것이다.

이런 개념은 기독교의 영성과 배치되지 않는다. 기독교는 창조주 하나님(God the Creator)이시며 섭리주 하나님(God the Sustainer)이신 야훼 하나님을 믿기 때문이다. 만물을 만드시고 운행하시는 하나님을 믿는 사람들은 모든 것들은 그 하나님의 손 안에 있다는 큰 생각을 할 수 있다. 그렇기 때문에 큰 생각을 해야 한다. 이렇게 큰 생각을 할 때에 새로운 관점이 보이는 것이다.

⑤ 복잡한 생각을 단순한 생각으로 바꿀 필요가 있다. 생각의 단순성(simplicity)은 영성 발달의 핵심 요소이기도 하다. 생각을 복잡하게 함으로써 문제의 해결점을 보지 못하는 경우가 많다.

복잡한 생각에 얽혀 생각의 틀이 좁아진 사람은 생각을 단순화 시킬 필요가 있다. 나이키(Nike) 회사의 광고문인 "그냥 해보라!"(Just do it!)도 생각의 단순성의 능력을 대변하고 있다. 생각이 복잡하게 얽히면 결국 잘 안 될 것이라는 부정적 관념의 포로가 되고, 그 결과 시도도 못하고 좋은 생각들을 사장시키는 결과를 초래할 가능성이 있다.

⑥ 굳은 생각을 부드러운 생각으로 바꾸어야 한다. 생각이 굳어 있으면 대안이 보이지 않는다. 생각의 유연성은 두뇌 활동을 활발하게 하며 대안을 찾는 데 큰 도움을 준다.

⑦ 자기중심적 생각(self-centered thinking)을 타자중심적 생각(other-centered thinking)으로 바꾸어야 한다. 많은 문제들이 자기중심적 사고에서 비롯된다. 아담과 하와가 선악과를 먹은 것도 자기중심적 생각 때문이었고, 가인이 아벨을 죽인 것도 자기중심적 생각 때문이었다. 탕자가

집을 나가 패가망신한 것도 자기중심적 생각 때문이었고, 귀가한 탕자에 대하여 기분이 나빠 아버지에게 항의했던 형의 생각도 자기중심적 생각이었는데, 그런 생각은 아버지의 마음에 상처를 주었다.

바리새인들이 예수님을 죽인 것도 자기중심적 생각 때문이었다. 자기중심적 생각은 타인들의 생각을 차단하는 방해물이다. 자기중심적 생각은 폭이 좁기 때문에 타인들의 생각이 내면에 들어오는 데 장애가 된다. 자기중심적 생각은 생각의 여유를 위축시킨다.

그러나 타자중심적 생각은 생각의 폭을 넓히며, 두뇌의 유연성을 극대화시킴으로써 타인들과의 대화에 활기를 주고 커뮤니케이션의 효율을 높인다. 여기에서 타자중심적 생각은 하나님중심적 생각과 타인중심적 생각을 모두 포함한다. 자기 이외의 타자는 하나님과 타인들로 구성되기 때문이다.

그러므로 타자중심적 생각을 하면 하나님의 입장에서 생각함으로써 사고의 통로가 넓어지며, 타인들의 입장에서 생각하는 사고의 통로도 넓어진다. 그러므로 타자중심적인 사고가 발달한 사람은 하나님과의 소통의 창문이 열리고 다른 사람들과의 소통의 창구가 열린다. 자기의 입장에 얽매이지 않고 타자들의 입장에서 생각함으로써 공감(empathy)이 형성되기 때문이다.

(2) 생각 바꾸기의 형태

이제 생각을 바꾸는 형태들에 대하여 생각해보자. 사람들은 자기 스스로 생각을 바꾸기도 하고, 타인들에 의해 생각을 바꾸기도 하며, 환경에 의해 생각이 바뀌지기도 하며, 성경말씀을 통하여 바뀌지기도 하고, 기도를 통하여 바뀌지기도 하며, 성령의 역사를 통하여 바뀌지기도 한다.

① 스스로 생각 바꾸기

바울은 감옥에 갇혀 죽음의 그림자에 둘러싸여 있을 때에도 노래를 불렀고, 그 결과 감옥 문이 열리는 기적이 일어났는데, 그는 로마의 크리스천들에게 다음과 같이 편지를 썼다. "너희는 이 세대를 본받지 말고 오직 마음을 새롭게 함으로 변화를 받아 하나님의 선하시고 기뻐하시고 온전하신 뜻이 무엇인지 분별하도록 하라"(롬 12:2).

여기에서 마음을 새롭게 함으로 변화를 받으라는 말씀은 스스로 생각을 바꾸라는 뜻이다. 그는 감옥에서 상황을 바꿀 수 없는 형편에서 생각을 바꾼 결과 감옥 안에서 노래를 부를 수 있었고, 그 결과 감옥 문이 열리는 기적을 체험한 사람이다. 스스로 생각을 바꾸면 변화를 받는다는 것이다. 상황을 바꾸지 못할 때엔 생각을 바꾸면 새로운 세계가 열린다. 스스로 마음을 바꾸면 기적 같은 변화를 체험할 수 있다.

아무리 노력을 했으나 비만을 극복하지 못한 사람들을 위하여 비만 치료를 위한 생각 바꾸기 글을 여기에 소개한다. 스스로 생각을 바꾸기 위하여 다음의 글을 반복해서 읽으라. 그리하면 음식 섭취에 대한 생각이 바뀌어져서 비만 문제가 해결될 수 있다.

■ 비만 치료를 위한 생각 바꾸기

비만은 만병의 근원이라고 한다. 비만은 고혈압의 근원이라고 한다. 이대로 가다가는 어느 날 갑자기 고혈압으로 쓰러져 죽을지도 모른다.

비만은 당뇨병의 근원이라고 하는데, 당뇨병은 여러 가지 합병증을 일으킨다. 당뇨병으로 소경이 되기도 하고, 다리가 절단되기도 한다.

비만은 고지혈증의 근원이며, 동맥경화증을 일으키고, 허혈성 심장질환을 일으키며, 악성 종양을 일으킨다고 한다. 즉, 비만은 각종 암에 걸리게 한다는 것이다.

비만은 지방간을 많게 하여 간경화증을 일으키고, 담석증을 유발하며, 수면무호흡증을 일으킨다고 한다. 비만은 관절염을 발생시키고, 통풍으로 고통 받게 하며, 불임증의 원인이 되기도 한다는 것이다. 비만은 콜레스테롤을 증가시키며, 호르몬 장애를 일으키기도 하며, 저산소증의 원인이 된다고 한다.

이처럼 비만은 만병의 근원이 된다. 매년 한국에서 260만 명 이상이 비만으로 사망한다고 한다. 비만은 내 몸에 각종 질병을 일으켜 나를 파괴한다.

뿐만 아니라 비만은 정신적으로도 피해를 준다. 비만한 사람은 남에게 혐오감을 준다. 비만한 사람은 미련해 보이고 바보처럼 보인다. 비만한 사람은 각종 인터뷰에서 불이익을 받는다. 비만은 취업의 걸림돌이 되며 결혼의 장애물이 된다. 뿐만 아니라 비만은 나의 정신세계를 파괴한다. 비만은 나에게 열등감을 조장하고 수치심을 유발하며 자신감을 상실케 한다.

그런데 나는 비만 문제를 해결하지 못하고 있다. 만약 이대로 간다면 나는 위에 제시된 수많은 병에 걸릴 것이며, 우울하고 무기력한 인생을 살게 될 것이다.

비만은 몸 안에 들어가는 음식의 양이 몸이 필요로 하는 음식의 양보다 더 많기 때문에 생기는 비정상적 현상이다. 즉, 비만은 필요 이상의 음식을 섭취하기 때문에 생기는 기현상이다. 그러므로 식사량을 줄이는 것은 비만 해결의 지름길이다.

그러나 나는 식사량을 줄이려고 해도 며칠 가지 못한다. 식사량을 줄여야 한다는 이성적 판단이 먹고 싶은 욕망을 조절하지 못한다. 만약 내가 이대로 간다면 나는 식욕의 노예가 될 것이며 그 결과 온갖 병에 시달리며 불행한 삶을 살 것이 분명하다.

그러나 나는 자신이 있다. 내 안에 존재하는 참된 나는 기현상적인 나를 변화시킬 것이다. 내 안에 존재하는 참된 나는 나의 식욕을 조절할 것이다. 내안에 존재하는 참된 나는 나를 지으신 하나님의 도움을 받아 내 몸이 필요로 하는 만큼의 식사를 할 수 있도록 할 것이다. 그리하여 나의 체중은 점점 줄어들고 근육이 발달하여 나는 조만간에 건강하고 멋있는 몸매를 가지고 활기찬 삶을 살 것이다.

나는 머지않아 나와 같은 고민을 하는 사람들에게 희망이 될 것이다. 내가 100일 동안 매일 이 글을 반복해서 읽는다면 나는 조만간 새로운 모습으로 나타날 것이다!"

위의 글을 100일 동안 매일 세 번씩 읽으라. 체중 조절에 대한 염려를 버리고 자신의 내면 깊은 곳에 위의 글을 인지시키라. 위의 글은 사실적이며 합리적이다. 사실에 근거한 합리성이 마음을 지배하면 반드시 좋은 결과를 얻을 것이다. 반드시 그 사실이 현실로 드러날 것이다.

안될 것을 미리 걱정하고 마음이 약해지지 말라. 고착된 마음 설정(fixed mindset)을 버리고 성장하는 마음 설정(growth mindset)을 가지라.[63] 굳어진 마음 설정은 작은 실패를 큰 실패로 연결시키지만, 성장하는 마음 설정은 작은 실패를 통하여 큰 것을 배우게 하고, 큰 실패를 통하여서는 더 큰 것을 배우게 한다.[64] "실패는 성공의 어머니!"라는 격언은 성장하는 마음 설정을 하는 사람들의 것이다.

"자기 성취 예언"(self-fulfilling prophesy)은 스스로 생각을 바꾸는 좋은 실례가 된다. 자기 성취 예언이란 자신이 원하는 바가 이루어질 줄을 믿으

---

63   C. S. Dweck, *Mindset* (New York: Ballantine Books, 2006), 206. 여기에서 Dweck이 사용하는 mindset이라는 용어는 schema와 같은 것이다.

64   Ibid.

면 그에 상응하는 결과가 따라온다는 신념을 표현하는 것인데, 이에 대한 심리학적 근거가 입증되고 있다.[65] 이것은 자신에게만 적용되는 것이 아니라 남에게도 그 사람이 어떻게 될 것이라고 반복적으로 말하여 주면 그 사람에게 그런 현상이 나타날 수 있다고 한다.[66] 그 이유는 반복적인 말을 통하여 그에 해당하는 스키마가 형성되기 때문이라고 설명할 수 있을 것이다. "말이 씨가 된다!"는 우리의 속담도 이에 해당되는 원리다.

자기 성취 예언은 심리학적 근거를 가지고 있을 뿐 아니라 성경적 근거를 가지고 있다. 예수님은 제자들에게 말하는 것을 믿으면 이루어진다는 것을 이렇게 가르치셨다. "내가 진실로 너희에게 이르노니 누구든지 이 산더러 들리어 바다에 던지우라 하며 그 말하는 것이 이룰 줄 믿고 마음에 의심치 아니하면 그대로 되리라"(막 11:23).

이는 자신이 진실로 원하는 말을 하고 그것을 의심치 않으면 그대로 이루어진다는 내용의 가르침으로서 자기 성취 예언과 맥락을 같이 한다고 할 수 있을 것이다. 어떤 말을 하고 그것이 이루어질 것을 믿고 의심치 않는다는 것은 그 말한 내용에 따라 그에 해당하는 스키마가 만들어졌다는 것을 의미한다.

그러므로 자신이 원하는 가치가 실현될 것을 믿고 반복적으로 스스로에게 말하고 다짐하는 것은 좋은 일이다. 더욱이 크리스천들은 자신이 원하는 것을 자신에게 다짐할 뿐 아니라 하나님께 기도하면 이중의 효과가 있을 것이다.

우리는 이런 실례를 다윗에게서 찾을 수 있다. "여호와는 나의 목자시니 내가 부족함이 없으리로다. 그가 나를 푸른 초장에 누이시며 쉴만한

---

65   R. R. Hock, *Forty Studies That Changed Psychology* (Upper Staddle River, NJ: Pearson Education, Inc., 2009), 93-4.
66   C. D. Jones, *Overcoming Anger* (Avon, MA: Adams Media,2004), 72-3.

물가으로 인도하시는도다… 나의 평생에 선하심과 인자하심이 정녕 나를 따르리니, 내가 여호와의 전에 영원토록 거하리로다"(시 23:1-6).

다윗은 스스로 자기 자신의 앞날에 좋은 일들이 많이 일어나리라고 자기 성취 예언을 했는데, 그 예언이 그의 미래에 그대로 이루어졌다. 그는 소년시절에 가난한 목동이었으며, 사울 왕에게 쫓기는 위기를 만나는 부정적 현실 속에 살았으나, 자신의 낙관적 미래를 바라봄으로써 복된 삶을 산 것이다. 그는 부정적 생각을 할 수밖에 없는 부정적 현실 속에 살았으나, 그런 생각을 긍정적 생각으로 바꾸었다. 그는 생각 바꾸기의 전문가였다.

그러므로 누구든지 부정적 현실에서 부정적 생각에 사로잡히지 않고 그런 생각들을 긍정적 생각으로 바꾸는 삶을 살면 긍정적 미래를 맞이할 수 있을 것이다. 이것이 스키마의 원리다.

② 타인들에 의한 생각 바꾸기

생각 바꾸기는 자기 스스로도 가능하지만 타인들에 의해서도 가능하다. 예수 그리스도의 제자들은 대부분 교육을 제대로 받지 못하였고, 무능한 사람들이었으나, 예수님의 영향을 받아 유식하고 능력 있는 사도들이 되었다. 우리는 교육을 선생님에 의한 학생들의 생각 바꾸기라고 정의할 수 있을 것이다. 만약 학생이 학교에 가서 선생님께 교육을 받았지만 자기의 생각이 조금도 바뀌지 않았다면 그 학생은 배운 것이 전혀 없었다고 할 수 있을 것이다. 교육은 모르는 것을 알 수 있도록 생각을 바꾸어주는 행위이며, 틀린 생각을 올바른 생각으로 바꾸어주는 행위라고 할 수 있을 것이다.

교육은 학교에만 한정되는 것이 아니다. 학교를 졸업한 후에도 학교 밖에서 교육이 이루어질 수 있는데, 그 좋은 실례들 중 하나가 '멘토링'

(mentoring)이다. 멘토(mentor)란 경험과 지식이 풍부하고, 신용이 좋은 조언자(helper)를 의미하며,[67] 멘토링이란 멘토의 지도를 받는 것을 의미한다.

그러므로 멘토를 통하여 멘토의 풍부한 지식과 경험에서 우러난 조언을 듣고, 새로운 지식을 쌓는 것은 매우 유익한 일이며 현명한 일이라고 할 수 있다. 이런 의미에서 존경하는 사람을 멘토로 삼는 것은 매우 중요한 일이라고 할 수 있을 것이다.

학교를 졸업하고 의무적으로 은사를 찾아뵙는 일은 윤리적인 면에서나 도의적인 면에서 훌륭한 일일 것이다. 그러나 멘토를 모시는 것은 윤리적 도의적 범주보다 더 유익한 일이다. 멘토를 통하여 학교에서 배우지 못한 여러 가지 삶의 원리들을 계속적으로 배울 수 있으며, 자신의 삶에서 중요한 일을 결정할 때에 큰 도움을 받을 수 있기 때문이다.

나는 나를 멘토로 삼고 따라오는 제자들을 특별히 사랑한다. 학교에서의 사제관계가 삶 전체로 이어진다. 어떤 제자들은 매주 만나고 어떤 제자들은 한 달에 두어 번 씩 만난다. 나는 그들을 만날 때마다 그들에게 무엇을 줄 것인가를 생각한다. 그들의 미래에 도움이 되는 삶의 원리들(principles)을 전해주고 싶고, 그들이 좋은 일터를 찾는 데 도움을 주고 싶다.

나는 그들을 만날 때마다 새롭게 깨달은 진리를 나누곤 하는데, 그것은 무척 기쁘고 값진 일이다. 내가 깨달은 원리들을 설명할 때에 어떤 제자들은 나의 말을 적기도 하고, 어떤 제자들은 다음 주일 설교 제목을 찾았다고 하기도 하며, 어떤 제자들은 다음 주일 설교의 제목을 바꾸겠다고

---

[67] 교사(teacher)를 조력자(helper)로 정의하는 인도주의 교육이론에 의하면 '멘토'는 '교사'에 해당한다고 할 수 있을 것이다.

고백하기도 한다. 어떤 제자들은 나에게 심오한 진리를 쉽게 풀어쓰면 베스트셀러가 될 것이라고 하면서 그런 책을 쓰라고 주문한다. 그럴 때면 나는 그들에게, 그런 필요를 느끼는 사람이 그런 책을 써야 할 사람이라고 하며 그들을 격려한다.

바울은 디모데에게 이렇게 조언한다.

> 내 아들아 그러므로 네가 그리스도 예수 안에 있는 은혜 속에서 강하고, 또 네가 많은 증인 앞에서 내게 들은 바를 충성된 사람들에게 부탁하라. 저희가 또 다른 사람들을 가르칠 수 있으리라(딤후 2:1-2).

여기에서 우리는 멘토링의 연속성을 발견할 수 있다. 바울은 예수 그리스도로부터 배운 것을 디모데에게 가르쳤다. 다시 말하자면, 바울의 멘토는 예수 그리스도였고, 디모데의 멘토는 바울이었다. 그리고 바울은 디모데로 하여금 충성된 사람들의 멘토가 되라고 부탁한다. 그리고 나아가 충성된 사람들로 하여금 다른 사람들의 멘토가 되도록 하라고 부탁한다.

사람들은 멘토를 통하여 생각을 바꾼다. 그러므로 훌륭한 멘토를 모신 사람들은 좋은 생각을 많이 한다. 좋은 생각은 좋은 스키마를 만들고, 좋은 스키마는 좋은 삶을 보장한다. 그러므로 훌륭한 멘토를 모신 사람들은 좋은 삶을 보장 받는다.

③ 환경에 의한 생각 바꾸기

사람은 자기 스스로 생각을 바꾸기도 하고, 남에 의하여 바꾸기도 하지만, 환경에 의하여 자연스럽게 바꾸기도 한다. "맹모삼천(孟母三遷)"이 바로 이에 해당한다. 맹자의 어머니는 맹자가 훌륭한 사람이 되라고 세 번이나 이사를 간 것이다. 나쁜 환경에서 자라면 나쁜 것을 배우고, 좋은 환경에서 자라면 좋은 것을 배운다.

교육학적으로 말하자면, 배움(learning)이란 변화(change)를 의미한다.[68] 모르던 것을 아는 인지의 변화(change of cognition)와 못 느끼던 것을 느끼는 정서의 변화(change of emotion))와 못 하던 것을 하는 행동의 변화(change of action)가 곧 학습이다.

그러므로 나쁜 환경에서 살면 나쁜 것을 인식하고, 나쁜 것을 느끼며, 나쁜 행동을 많이 한다. 그러나 좋은 환경에서 살면 좋은 것을 인식하고, 좋은 것을 느끼며, 착한 행동을 하게 된다. 물론 다 그런 것은 아니다. 그러나 그렇게 될 가능성이 크며 그렇게 되는 경향이 많다.

환경(environment)엔 자연 환경(natural environment)이 있고, 사회 환경(social environment)이 있다. 자연 환경이란 문자 그대로 자연이 만든 환경이다. 그리고 사회 환경이란 사람들의 집합체가 만드는 환경이다. 자연 환경은 대체로 좋다. 자연 그대로가 대체로 좋은 것이다. 그러므로 자연을 자주 접하는 것은 육신의 건강에는 물론 정신 건강에도 매우 유익하며, 좋은 스키마 형성에도 큰 도움이 된다. 대자연의 품에 안기면 근심과 걱정이 사라지고, 용서할 수 없던 사람도 용서할 마음이 생긴다. 마음이 순수해지고 너그러워지며 고상해진다. 이는 좋은 쪽으로 생각이 바뀐다는 증거다. 그러나 사회 환경은 좋을 수도 있고 나쁠 수도 있다. 좋은 사람들의 집합체는 좋고, 나쁜 사람들의 집합체는 나쁘기 때문이다.[69] 일반적으로 좋은 환경에서 살면 생각이 좋은 쪽으로 바뀌고, 나쁜 환경에서 살면 생각이 나쁜 쪽으로 바뀐다. 좋은 환경은 좋은 쪽으로 생각을 바꾸고, 나쁜 환경은 나쁜 쪽으로 생각을 바꾼다. 이런 의미에서 좋은 환경을 많이 접함

---

68 Issler & Habermas, 23.

69 W. D. Gentry, *Anger Management for Dummies* (Hoboken, NJ: Wiley Publishing, Inc., 2007), 245.

으로써 나쁜 생각이 좋은 생각으로 바뀌는 것은 실로 크나큰 유익이 아닐 수 없다.

친구를 보면 그 사람을 알 수 있다는 말은 이에 근거한다. 그러므로 좋은 친구는 많을수록 좋지만, 나쁜 친구는 많을수록 나쁘다고 볼 수 있을 것이다.

④ 성경 말씀(The Scripture)[70]에 의한 생각 바꾸기

성경(Bible)은 인간의 생각을 좋은 쪽으로 바꾸어주는 가장 위대한 책이다. 그래서 성경을 '그 책'(The Book)이라고도 한다. 16세기에 각국 언어로 번역되기 시작한 성경은 세계적으로 가장 많이 팔리고 있는 베스트셀러(best seller)이며 가장 오래 잘 팔리는 롱셀러(long seller)다. 어느 나라 어떤 책도 성경보다 많이 팔린 책은 없다. 성경은 시대와 문화를 초월하여 가장 많이 읽혀지는 책이다. 성경은 남녀노유를 초월하며 빈부귀천을 초월하며 읽혀진다.

왜 그럴까? 그것은 성경이 그만큼 사람들의 마음을 변화시키기 때문이다. 즉, 나쁜 생각을 좋은 생각으로 변화시켜 주기 때문이다. 실의에 찬 사람이 성경을 읽다가 용기를 얻어 재기하여 성공한 사례가 부지기수다. 자살을 결심한 사람이 성경을 읽다가 생각을 바꾸어 위대한 삶을 산 사람들도 부지기수다.

성경은 이토록 사람들의 생각을 바꾸는 위대한 힘을 가지고 있다. 왜 그럴까? 그것은 성경이 하나님의 말씀이기 때문이다. 하나님은 성경이라는 특별계시(special revelation)를 통하여 자신의 생각을 인간에게 전달한다. 사람들은 성경을 통하여 자기의 잘못된 생각을 버리고 하나님의 생각을

---

70   Bible은 성경책이고, Scripture는 성경책 안에 기록된 글들을 의미한다.

품게 된다.

그러므로 성경을 자신의 것으로 소유하는 노력이 필요하다. 성경을 자신의 것으로 소유한다는 것은 성경 말씀을 통하여 하나님의 생각을 자기의 마음속에 새기는 거룩한 행위를 의미한다. 그럼 어떻게 성경을 자기의 마음속에 새길 수 있을까?

성경을 자기 마음속에 새기는 방법을 다섯 가지로 요약하면 다음과 같다. 듣기(listening), 읽기(reading), 공부하기(studying), 외우기(memorizing), 묵상하기(meditating).

이런 노력을 통하여 성경이 마음속에 새겨지면 외부로부터 들어오는 부정적 생각들을 긍정적 생각으로 바꿀 수 있는 능력이 배양된다. 그러므로 요한은 성경 말씀을 읽는 자들과 듣는 자들과 지키는 자들이 복이 있다(계1:3)고 하였으며, 시편 기자는 성경 말씀을 묵상하는 자들은 시냇가에 심은 나무처럼 많은 열매를 맺으며 하는 일이 다 형통하리라고 노래했다(시 1:2-3).

성경 말씀을 통하여 생각을 바꾸는 것은 실로 지혜롭고 복된 일이다. 성경은 아무리 읽어도 지루하지 않으며, 아무리 많이 연구해도 완전히 다 알 수 없는 지혜와 생명의 샘이다. 그러므로 성경을 일상에서 많이 접하는 노력은 가장 실속이 있는 행위가 될 것이다.

나는 안식년 동안 미국에 살면서 아내와 같이 아내의 가게에 출근한다. 출근하여 가장 먼저 하는 일은 성경 읽기다. 둘이 나란히 창가에 앉아 매일 성경 한 장씩을 읽는다. 다섯 절씩 교독한다.

어느 날 마지막 절을 읽고 있는데 문 앞에서 인기척이 들렸다. 마지막 절을 다 읽는 순간 문을 바라보니 한 백인 여인이 문 앞에 서서 웃고 있었다. 들어오라고 하며 문을 열자 그녀는 활짝 웃으며 "최고의 책을 읽고 있군요!"라고 말했다. 나는 "그렇습니다. 최고의 책을 읽고 있습니다!"라고

스키마

대답했다.

　매일 성경을 접하는 사람은 매일 하나님의 말씀을 접하게 되며, 매일 하나님의 말씀을 접하면 매일 하나님의 생각을 품게 되고, 매일 하나님의 생각을 품으면 매일 좋은 쪽으로 생각이 바뀐다. 어두운 생각이 밝은 생각으로 바뀌고, 미운 생각이 사랑스런 생각으로 바뀌며, 절망적인 생각이 희망적인 생각으로 바뀐다. 하나님은 성경을 통하여 우리에게 생각 바꾸기의 축복을 주신다. 이와 같은 생각 바꾸기를 통하여 우리의 두뇌에 나쁜 스키마가 사라지고 좋은 스키마가 만들어진다.

⑤ 기도에 의한 생각 바꾸기

　기도하면 생각이 바뀔 수 있다. 기도하기 전에 가지고 있던 근심과 걱정이 기도를 통하여 다 사라지고 새로운 생각을 하는 경우가 많다. 기도하기 전에 가졌던 부정적인 생각이 기도를 통하여 긍정적인 생각으로 가득 차는 경우가 있다.

　최후의 만찬을 마치고 예수님이 조만간에 다가올 시련을 예고하셨을 때에 제자들은 근심과 걱정에 얽매여 있었다. 수제자인 베드로도 예수님을 부인할 만큼 큰 시험과 시련이 제자들에게 닥칠 것을 예언하셨을 때에 제자들의 마음은 점점 더 무거워지고 있었다. 그때 예수님은 제자들에게 시험에 들지 않기 위해 기도하라고 하셨다(눅 22:40).

　그러나 제자들은 기도하는 대신 자고 있었다(눅 22:46). 그날 밤 그들은 예수님을 배신하고 도망치고 말았다. 그들은 기도하지 않음으로써 근심과 걱정을 떨쳐버리지 못했다. 이는 기도하지 않음으로써 자신의 생각의 한계를 넘지 못한 실례가 된다.

　이제 기도를 통하여 근심과 걱정을 떨쳐버리고 새로운 생각을 하게 된 실례를 들어보자. 한나는 자식을 낳지 못함으로써 한이 맺힌 여자가 되었다. 남편의 사랑을 받았지만 소용없었다. 브닌나라는 둘째 부인이 아들을 낳았는데, 본처인 한나로 하여금 분이 나게 하여 한나는 한을 품고 슬픔으로 세월을 보내고 있었다(삼상 1:1-6). 그녀의 마음은 분노와 번민으로 가득 차 있었다. 그녀의 내면은 부정적인 생각으로 가득 차 있었다.

그때 그녀는 괴로운 마음으로 통곡하며 하나님께 기도했다. 기도가 끝난 후 그녀의 얼굴엔 더 이상 수색이 없었다. 근심과 걱정으로 마음이 괴롭고 얼굴에 수색이 가득했던 그녀는 기도를 통하여 수색이 사라졌다. 기도를 통하여 그녀의 얼굴에 수색이 사라졌다는 것은 기도를 통하여 생각이 바뀌었다는 것을 증명한다.

그 후 그녀에게 아이가 잉태되어 아들을 낳았는데, 그가 바로 이스라엘의 위대한 지도자 사무엘이었다. 기도는 하나님과의 대화이기 때문에 진정한 기도는 생각을 바꾸게 한다. 인간의 생각 속에 하나님의 생각이 들어와 부정적 현실을 이겨낼 수 있게 만든다.

⑥ 성령에 의한 생각 바꾸기

성령은 인간이 아무리 노력을 해도 바꿀 수 없는 생각을 바꿀 수 있도록 힘을 주시는 하나님의 영이다. 성령을 통한 생각 바꾸기는 모든 사람들에게 열려있는 최대의 기회다. 성령을 통한 생각 바꾸기는 매우 중요하기 때문에 제7장에서 별도로 논의하기로 한다.

3) 창의적 단계(Creating Stage): 새로운 생각하기

위에서 우리는 부정적인 생각을 긍정적인 생각으로 바꾸는 단계들에 대하여 논의하였는데, 마지막으로 창의적 단계에 대하여 논의하여 보기로 하자. 잘못된 생각을 교정하는 과정을 통하여 우울증을 치료하는 등

정신 건강을 회복할 수는 있으나, 그것만 가지고는 부족하다. 정신 건강을 회복할 뿐 아니라 좀 더 나은 정신 건강을 도모하는 것이 바람직한데, 이를 위해서 창의적 단계가 수반되어야 한다고 본다. 창의적 단계는 새로운 생각을 하는 단계다. 잘못된 생각을 바꾸는 생각 바꾸기의 단계를 넘어서 새로운 생각을 하는 생각 만들기의 단계가 필요하다.

새로운 생각을 만드는 데에는 여러 가지 요인들이 있을 것인데, 그들 중 다섯 가지 요인들에 대하여 논의하여 보기로 하자.

(1) 사고의 유연성

인간의 두뇌는 본래 유연하게 만들어졌는데, 이런 현상을 두뇌의 유연성(brain plasticity)이라고 한다. 두뇌가 유연하면 생각이 유연해지고, 두뇌가 경직되면 생각도 경직된다. 예를 들어, 고정 관념에 사로잡히게 되면 두뇌가 그만큼 경직된다. 육신이 늙어지면서 육신의 일부인 두뇌도 늙고 경직되므로 두뇌를 잘 관리하려면 두뇌의 유연성을 높이는 노력이 필요하다.

그럼 어떻게 하면 두뇌의 유연성을 높일 수 있을까? 생각을 열어놓아야 한다. 그럼 어떻게 생각을 열어 놓을 수 있는가? '그럴 수도 있지!'라는 사고방식을 가질 필요가 있다. 그럴 때에 그만큼 사고의 장이 넓어지고 여유가 생기며 유연성이 증진된다.

그러나 '그럴 수가 있는가!'라는 사고방식을 가지고 살면 그만큼 사고의 장이 좁아지고 여유가 없어지며 유연성이 퇴화된다. 늙어가면서 무서운 할아버지가 되고 무서운 할머니가 되는 것은 사고방식이 폐쇄되기 때문이며 두뇌가 경직되기 때문이다. 그러나 그 반대로 늙어가면서 이해의 폭이 더 넓어져 따뜻하고 자상한 할아버지와 할머니들이 있는데, 그들은 그만큼 사고가 유연하기 때문이다.

남의 잘못에 대하여 '그럴 수가 있는가!'라고 생각하지 말고, '그럴 수도 있지!'라고 생각함으로써 사고의 유연성을 길러 두뇌를 유연하게 만들어야 한다. 또한 자기 자신에 대하여도 유연한 사고를 할 필요가 있다. 어려운 일을 당할 때에 "이제 끝이다!"라고 생각하는 대신, "하늘이 무너져도 솟아날 구멍이 있다!"라고 생각할 필요가 있다. 전자는 생각을 닫히게 하고, 생각이 닫히면 두뇌가 굳어진다. 후자는 생각이 열리게 하고, 생각이 열리면 두뇌가 활성화 되어 새로운 생각을 할 수가 있다. 많은 역경을 딛고 일어나 자수성가한 사람들은 후자의 사람들이다.

(2) 필요성

새로운 생각을 만드는 또 한 가지 방법은 필요성을 가지고 사는 것이다. "필요는 발명의 어머니다!"는 말이 무엇을 의미하는가? 발명품은 새로운 생각이 낳은 작품이며, 발명은 필요성에서 시작된다. 필요성을 느끼지 못하면 발명을 하고 싶은 의욕이 존재할 수 없고, 발명하고 싶은 의욕이 없으면 발명하려는 생각을 할 리가 없으며, 창의적 생각이 떠오를 리가 없다. 그러므로 필요성을 느끼는 것은 새로운 생각의 출발점이며 발명의 모체가 되는 것이다.

그럼 어떻게 하면 필요성을 많이 느낄 수 있는가? 그냥 이렇게 그럭저럭 살자는 안이한 태도는 새로운 생각을 촉발시키지 못한다. 좀 더 편리하고 나은 삶을 살고자 하는 의욕이 있을 때에 좀 더 좋은 삶을 위하여 필요한 것을 만들고자 하는 필요성을 느끼게 되고, 좀 더 좋은 삶에 필요한 것이 세상에 존재하지 않을 때에 그것을 위해 필요한 것을 발명하고자 하는 욕구가 솟구치고, 그 욕구가 새로운 생각을 하게 만든다. 그러므로 좀 더 편리하고 나은 삶을 살고자 하는 발전적 태도가 중요하다.

그러나 좀 더 좋은 삶을 살고자 하는 생각이 자기에게만 한정되면 창의적 사고가 진전될 수 없다. 자기 자신만 잘 사는 것이 아니라 모든 사람들이 잘 살기 위하여 무엇이 필요한가를 생각하는 태도가 필요하다. 다시 말하자면 인류를 위한 가치관 확립이 필요하다.

만약 에디슨(Thomas Alva Edison)이 자기만 잘 살기 위한 가치관을 가지고 있었다면 그토록 많은 것들을 발명하지 못했을 것이다. 만약 라이트 형제가 자신들만 잘 살려는 생각을 했더라면 비행기를 발명하지 못했을 것이다.

수백 번의 실험을 통해서 문명의 이기를 발명한 모든 발명가들의 공통점은 그들이 이타적 가치관을 가지고 있었다는 것이다. 자신이 좀 더 편리하고 잘 살 뿐 아니라 다른 사람들도 좀 더 편리하고 좋은 삶을 살 수 있게 하자는 이타적 가치관이 새로운 생각을 촉발시킨다.

안철수 박사는 사회 발전에 도움이 되는 일이라면 무엇이든지 하고 싶다는 말을 자주 한다. 여기에 우리는 인류에게 공헌하는 삶을 살자는 그의 인생철학을 찾아볼 수 있다. 의사인 그가 컴퓨터 백신 개발에 뛰어든 것은 자신만 잘 살기 위한 것이 아니었다. 처음에 그가 컴퓨터 바이러스 백신을 개발하게 된 것은 자신의 컴퓨터에 문제가 생겼고, 그 문제를 해결하고자 하는 필요성 때문이었다. 그는 드디어 백신을 개발하여 자신의 문제를 해결하였고, 안철수 연구소를 창립하여 모든 한국인들에게 무료로 백신을 보급하고 있다. 지금 나도 그 혜택을 입고 있다.

타인들을 위한 돌봄(care)의 폭이 넓고 깊을수록 새로운 생각을 많이 하기 마련이다. 이런 점에서 "홍익인간"(弘益人間)은 이상적이며 또한 현실적인 교육 이념이라고 할 수 있을 것이다.

(3) 마음 비우기

마음에 욕심과 근심과 증오심 등등의 부정적 감정이 가득 차 있으면 좋은 생각이 떠오를 수가 없다. 예를 들어 욕심으로 가득 찬 사람의 마음에 새로운 생각이 떠오른다면 그것은 기발하게 훔치는 방법이나 사기를 치는 방법일 가능성이 크다. 마음속의 부정적 감정은 쓰레기와 같아서 쌓아두면 마음이 더 상하게 되며 나쁜 생각이 싹트게 된다.

그러므로 마음을 비울 필요가 있다. 마음을 비운다는 것은 의식 세계에 쌓여 있는 모든 부정적 감정들을 의식적으로 비우는 것을 의미한다. 의식 세계가 비어 있으면 무의식 세계와 잠재의식 세계가 활성화되고, 그에 따라 무의식 세계와 잠재의식 세계에 존재하던 정보들이 결합하여 새로운 생각이 의식 세계로 떠오를 수 있는 가능성이 커진다.

물론 무의식과 잠재의식 속에는 부정적 정보들이 많이 들어 있기 때문에 그런 정보들이 서로 결합하면 자기도 모르는 사이에 나쁜 생각이 떠오를 수 있다. 그러나 새로 떠오른 나쁜 생각들은 의식적으로 배제하면 된다. 새로 떠오른 좋은 생각들만을 선택하면 창의력이 신장된다.

잠재의식이나 무의식 세계에서 새로운 생각이 떠오르는 현상을 직관(intuition)이라고 하는데, 뉴튼(Isaac Newton)이 사과가 떨어지는 것을 보고 우연히 만유인력의 법칙을 발견한 것이나, 아르키메데스(Archimedes)가 목욕통에 들어갔을 때에 물이 넘치는 것을 보고 아르키메데스의 원리를 발견한 것 등등이 이에 속한다고 볼 수 있다.

시인이 잔디밭에 누어 푸른 하늘을 보는 순간 아름다운 시상이 떠오르는 것도 이에 속한다고 볼 수 있을 것이다. 작곡가가 깊은 산속에서 새소리를 들을 때에 감미로운 멜로디가 떠오르는 것도 이에 속한다고 할 수 있을 것이다. 흘러가는 강물을 보고 있을 때에 소설가의 마음속에 소설 제목이 떠오르는 것도 이에 속한다고 볼 수 있을 것이다.

마음 비우기를 자주 하는 것은 좋다. 신선한 생각들이 많이 떠올라 창의력을 높여주기 때문이다. 그것은 또한 건강에도 좋다. 그것은 육신의

스키마

건강뿐 아니라 정신과 영혼을 건강하게 만든다.

(4) 새로운 체험하기

새로운 체험을 하면 새로운 생각이 든다. 삐아제(Jean Piaget)에 의하면 인간은 태어날 때부터 내장된 학습 의욕(inherent desire to learn)을 가지고 있다. 또한 모르는 것을 접했을 때에는 그것을 앎으로써 균형(equilibrium)을 이루고자 하는 본능이 있기 때문에 새로운 환경을 접하는 것은 인간 발달에 매우 유익하다.[71] 새로운 세계를 접함으로써 새로운 체험을 하면 생각이 새로워진다.

그럼 새로운 체험을 어떻게 할까? 체험엔 직접적인 체험이 있고 간접적인 체험이 있다. 여행은 직접적 체험의 대표적 활동이라고 할 수 있을 것이며, 영화 감상은 간접적 체험의 대표적 활동이라고 할 수 있을 것이다. 책을 읽는 것도 좋은 간접 체험이 될 것이다. 새로운 세계를 접함으로써 새로운 생각이 떠오르게 하는 노력은 창의력 신장을 위해 매우 유익하다.

(5) 기도하기

기도는 하나님과의 대화다. 유한한 인간이 무한한 하나님과 대화를 할 때에 하나님 안에 존재하는 무한성이 인간의 유한성과 연결되며, 이때에 인간은 초월적 생각을 하게 되고, 이 초월적 생각은 창의력의 보고(寶庫)가 된다.

기도하는 것은 종교적 의식에 머무르지 않는다. 죽은 기도, 즉 하나님과 연결되지 않은 기도는 종교적 의식에 그치겠지만, 살아 있는 기도, 즉 하나님과 연결되는 기도는 참으로 유익한 일이 아닐 수 없다. 하나님과

---

[71] A. Woolfolk, *Educational Psychology* (Boston: Allyn & Bacon, Inc., 1993), 29.

연결된 기도를 하는 동안 인간의 내면에 유입되는 하나님의 무한성은 영감(inspiration)을 제공하는데, 영감은 초월적 세계로부터 부여된 것이기 때문에 신선하고 신성한 새로운 생각이며, 이 역시 창의력의 보고다.

  완전히 망한 사업가가 자살을 계획하다가 마지막으로 하나님께 기도하기로 결심하고 기도했는데, 기도하는 중에 떠오른 새로운 아이디어를 가지고 사업에 재기하여 대성한 경우가 여기에 속한다. 기도는 새로운 생각의 토양이 되기도 하고 밑거름이 되기도 한다. 기도는 문제를 해결하지 못하여 고민하는 사람들의 마지막 희망이 될 수 있다.

제7장 스키마와 성령

■■ 손상된 스키마의 회복 및 새로운 스키마 형성은 성령의 역사와 밀접한 관계가 있다. 성령의 역사는 역동적이기 때문에 반드시 인간의 두뇌에 좋은 영향을 준다. 본 장에서는 성령의 역사가 스키마 회복 및 새로운 스키마 형성에 어떤 영향을 주는지에 대하여 논의될 것이다.

성령은 인지의 재구성(cognitive restructure)은 물론 정신세계 전체를 재구성할 만큼 큰 영향을 준다. 성령은 인지적 변화(cognitive change)와 함께 정서적 변화(affective change) 및 의지적 변화(volitional change)와 행위적 변화(behavioral change)를 도모한다.

성령은 인간의 전인적 변화(holistic change)를 가져오는 거룩한 영이시다. 오순절에 성령이 강림하였을 때에 성령을 받은 사람들은 방언으로 말을 함으로써 정신세계에 큰 변화가 일어났다. 제자들은 성령의 은사로서의 방언(tongue)으로 말을 했고(행 2:4), 열다섯 지방에서 온 사람들은 자기들의 지방 말(dialects)로 들었다(행 2:6). 제자들이 한 방언은 고린도전서에 나오는 성령의 은사로서의 방언이었는데, 각 지방에서 온 사람들은 그것을

자기들이 이해할 수 있는 지방 언어로 듣게 되었다.[1]

성령의 역사를 통하여 말하는 사람들이나 듣는 사람들의 정신세계에 큰 변화가 일어난 것이다. 이처럼 성령의 역사는 정신세계를 재구성할 만큼 큰 영향을 끼친다. 베드로와 요한의 설교를 듣던 사람들은 크게 감탄하였다. 본래 학문을 익히지 못한 무식자들로 알고 있었는데 그토록 유식하게 기탄없이 말하는 것을 보고 감탄하지 않을 수 없었다. 각 지방에 흩어져 살다가 오순절을 지키려고 예루살렘에 왔던 디아스포라(diaspora)들은 성령의 역사를 통하여 무식한 사람들이 유식한 언어로 유창하게 메시지를 전하는 것을 목도하였던 것이다.

성령의 역사를 체험한 제자들은 유식할 뿐 아니라 담대하였다. 오순절 성령의 역사를 체험하기 전에 두려움에 떨면서 예수님을 부인하고 도망갔던 제자들의 마음속에 가득 차 있었던 두려움이 다 사라졌다. 그들은 목숨을 걸고 복음을 전했다. 그들에게 전인적인 변화가 일어난 것이었다. 인지적 변화와 정서적 변화는 물론 의지적 변화와 행위적 변화가 일어났다. 성령의 역사를 통하여 정신세계가 재구성되었던 것이다. 성령의 역사를 통하여 그들의 두뇌에 존재하던 나쁜 스키마들이 좋은 스키마들로 변화되었다.

이와 같은 스키마의 변화를 체험한 제자들은 성령이 역사하면 자녀들은 예언을 하고 젊은이들은 환상을 보며 노인들은 꿈을 꾸리라고 가르쳤다. 성령이 임하시면 자녀들이 예언을 하고 젊은이들이 환상을 보고 노인들이 꿈을 꾼다는 것은 성령의 역사는 어른들과 젊은이들은 물론 아이들에 이르기까지 모든 사람들의 정신세계를 바꿀 수 있다는 것을 말해준다.

---

[1] 제자들이 말한 방언과 각 지방에서 온 사람들이 들은 방언은 헬라 원어로도 구분되어 있다. 전자는 γλωσσα인데 이는 성령의 은사로서의 방언을 의미하는데, 영어로는 tongue으로 번역되고, 각 지방에서 온 사람들이 들은 방언은 διαλεκτω인데 이는 지방 언어로서 영어 번역은 dialect다.

이와 같은 성령의 역사를 열 가지로 요약하여 논의하여보자.

1. 생각나게 하심

성령은 어떤 영향력이 아니라 거룩한 하나님이시며 인격자로서 진리를 가르치시고 깨우치시며 생각나게 하시는 영이신데, 이에 대하여 예수님은 제자들에게 이렇게 말씀하셨다.

> 보혜사 곧 아버지께서 내 이름으로 보내실 성령 그가 너희에게 모든 것을 가르치시고 내가 너희에게 말한 모든 것을 생각나게 하시리라(요 14:26).

성령은 진리를 가르치시고 깨우치시는 영이라는 말씀이다.

예수님께서 제자들에게 진리를 가르치셨으나 많은 부분을 깨닫지 못했다. 그러나 성령이 오시면 깨닫지 못하던 내용을 생각나게 하시며 깨닫게 하신다는 것이다.

성령은 지정의(知情意)를 가지신 온전한 인격자인데, 이 구절은 성령의 지적 기능을 강조한다. 성령의 역사를 통해 인간의 지적 기능이 활성화된다. 배우기는 했으나 깨닫지 못하던 것을 성령이 깨닫게 해 준다는 것은 성령의 역사를 통하여 좋은 스키마가 형성되며 발달된다는 사실을 말해 주고 있다.

2. 마음을 부드럽게 하심

성령은 온전한 인격자이기 때문에 성령의 역사를 통하여 인간의 지적 기능이 활성화될 뿐 아니라 정서적 기능도 활성화된다. 에스겔은 성령에 의한 인간의 정서 발달에 대하여 다음과 같이 보도한다.

> 내가 그들에게 일치한 마음을 주고 그 속에 새 신을 주며 그 몸에서 굳은 마음을 제하고 부드러운 마음을 주어서(겔 11:19).

여기에서 "새 신"은 성령을 의미하는데, 성령이 임하면 마음이 부드러워진다는 것이다. 굳은 마음이 부드러워진다는 것은 정서가 치유된다는 것을 의미한다. 마음이 부드러워짐으로써 완고한 사람이 융통성이 있는 인격자로 변하는 것이다.

에스겔은 이 사실을 또 다시 이렇게 강조한다.

> 또 새 영을 너희 속에 두고 새 마음을 너희에게 주되 너희 육신에서 굳은 마음을 제하고 부드러운 마음을 줄 것이며(겔 36:26).

이 구절에서 "육신에서 굳은 마음을 제하고"에 대한 해석이 가능한가? 어떻게 육신에서 굳은 마음을 제할 수 있는가? 마음이 육신에 있는가? 그렇다. 마음은 육신에 있다. 육신의 어느 부분에 있는가? 심장에 있는가? 아니다. 심장에는 피가 있을 뿐이다.

그럼 어디에 있는가? 마음은 두뇌에 있다. 즉 마음은 두뇌라는 육신에 있는 것이다. 마음이 심장에 있다는 것은 비과학적이다. 마음이 심장에 있는 것처럼 여겨지는 것은 두뇌에서 발생된 마음의 변화가 심장으로 전달되어 심장에서 반응을 보이기 때문이다. 성령은 마음을 부드럽게 함으로써 두뇌의 유연성을 증가시킨다.

3. 의지를 강하게 하심

성령은 지성과 감성을 발달시킬 뿐 아니라 마음을 강하게 함으로써 의지를 발달시킨다. 죽음이 두려워 예수님을 배반하고 도망갔던 제자들은 성령의 임재를 통하여 죽음을 두려워하지 않는 강한 의지의 사람들로 변화되었다. 베드로와 요한은 살기등등한 산헤드린 공회원들에게 "하나님 앞에서 너희 말 듣는 것이 하나님 말씀 듣는 것보다 옳은가 판단하라"(행 4:19)고 담대히 외쳤다. 이처럼 성령의 역사는 의지를 강하게 하는 역할을 하는 것을 알 수 있다.

4. 상한 마음을 고치심

성령은 인간의 상한 마음을 치료하신다(사 61:1). 마음이 상했다는 것은 지성과 감성이 상했다는 것을 의미한다. 마음(mind)이란 지성과 감성을 모두 포함하기 때문이다.

마음이 상하는 것은 마음이 병들거나 상처를 입기 때문이다. 마음이 병드는 것은 죄로 말미암는 경우도 있고, 근심과 걱정과 염려로 말미암는 경우도 있다. 또한 다른 사람의 잘못을 통해서 마음이 상하는 경우도 있다.

어느 경우든 성령이 역사하면 마음이 치료된다. 죄로 말미암은 마음의 상처는 성령의 역사를 통한 속죄의 은총을 통해 치료된다. 성령은 예수 그리스도의 보혈을 증거 하기 때문에 죄로 말미암아 마음이 상한 사람은 성령의 역사를 통하여 예수 그리스도의 보혈로 씻음을 받아 치유의 은총을 받게 되는 것이다.

근심과 걱정과 염려로 말미암아 마음이 상한 사람은 참 평안을 주시는 성령의 역사를 통하여 치유가 가능하다. 근심과 걱정과 염려로 눌려있던 마음에 성령의 역사가 임하면 순간적으로 모든 근심과 걱정과 염려가 사라지고 그 자리에 하늘의 평안이 깃든다.

다른 사람의 잘못으로 인한 마음의 상처도 성령의 역사를 통하여 치유될 수 있다. 다른 사람의 잘못으로 인한 마음의 상처는 다른 사람을 용서하지 못하는 데서 기인하는데, 성령 충만을 받으면 마음이 넉넉해져서 아무리 자기에게 잘못한 사람도 용서하고 싶은 마음이 든다.

그럼 성령의 역사와 스키마는 무슨 관계가 있는가? 성령은 마음의 상처를 치유하신다. 마음의 상처가 치유된다는 것은 스키마가 회복된다는 것을 의미한다. 그러므로 성령은 스키마를 회복시킨다. 따라서 성령의 역사는 신비적 영적 영역에만 국한되는 것이 아니라 두뇌 건강과 직결된다. 성령이 역사하면 영혼만 새로워지는 것이 아니라 정신도 새로워지고 두뇌의 기능도 증진되고 육신도 건강해진다.

5. 눌린 마음을 풀어주심

성령은 눌린 마음을 풀어준다(행 10:38). 마음이 눌려 있는 현상은 스트레스를 받고 있는 상태라고 할 수 있는데, 스트레스는 온갖 현대병을 일으키는 원인으로 지목되고 있다. 그러므로 성령의 역사를 통하여 여러 가지 종류의 현대병이 치유될 수 있다.

  스트레스의 원인은 다양한데, 그들을 여섯 가지로 분류하면 다음과 같다. 첫째, 영적인 요인이다. 죄를 지으면 스트레스를 받는데, 그것은 죄책감에서 비롯된다. 죄책감에서 비롯된 스트레스의 해결 방안은 죄 사함을 받는 것인데, 성령의 역사는 죄 사함을 포함하고 있다. 성령의 역사를 통하여 그리스도의 보혈이 증거 되고, 그리스도의 보혈이 증거 되면 죄 사함의 확신을 갖게 된다. 그러므로 성령의 역사는 영적인 원인으로 말미암은 스트레스를 풀어주는 역할을 한다.

  둘째, 정신적인 요인이다. 근심과 걱정과 염려와 욕심 등등으로 마음이 불안하면 스트레스를 받는데, 성령의 역사는 이와 같은 정신적 스트레스를 제거하는 역할을 한다.

  셋째, 육신적 요인이다. 쉬지 않고 지나치게 많은 활동을 하면 육신이 스트레스를 받고, 육신이 받는 스트레스는 곧 정신적 스트레스로 이어진다. 또한 육신이 병들어도 정신적 스트레스를 받는다. 또한 육신이 상처를 입어도 정신적으로 스트레스를 받는다. 자동차 사고를 당하여 다리를 다쳐 보행에 큰 지장이 있는 사람은 일생 동안 그로 인하여 스트레스를 받을 수 있다.

  넷째, 경제적 요인이다. 경제적으로 어려움을 당하면 정신적으로 심한 압박감을 갖게 된다. 경제적 어려움을 당하면 정신적 스트레스를 많이 받고 그로 인하여 부부싸움이 잦아지다가 그것이 이혼으로 연결되는 경우가 허다하다.

  다섯째, 인간관계적 요인이다. 인간관계가 잘못되면 피차간에 스트레스를 받는다. 사람은 '사람 인'(人)이 말해주듯, 서로 의존하며 살아가야 하는 사회적 존재인데, 인간관계에 문제가 생기면 상호 의존성이 훼손되고, 그에 따라 스트레스가 발생한다.

여섯째, 악령으로 인하여 스트레스를 받는 경우가 있다. 예수님은 "마귀에게 눌린 모든 자를 고치셨다"고 베드로는 설교했다(행 10:38). 악한 영이 인간을 지배하면 극심한 스트레스를 받는데, 예수 그리스도는 성령의 역사를 통하여 사람들을 악령의 억압에서 해방시켜 주셨다는 것이다.

성령의 역사는 인간의 마음을 지배하는 여러 가지 눌림을 풀어준다. 성령의 역사로 다양한 스트레스가 제거되는데, 이것을 두뇌 과학적으로 해석하면, 성령의 역사를 통하여 병든 스키마가 회복 된다고 할 수 있을 것이다.

6. 마음의 평안을 주심

바울은 성령 안에는 평안이 있다고 했는데(롬 14:17), 성경에서 언급되는 '샬롬'은 하나님의 나라에서 내려온 절대 평안이다. 샬롬(shalom)은 무조건적 평안이다. 그것은 환경에 구애를 받지 않는 절대 평안이다. 그것은 풍랑 이는 바다 위에 침몰해 가는 배 위에서 잠을 주무시는 예수님이 소유했던 평안이다. 그것은 지중해에서 광풍을 만나 침몰하던 배에서 염려하지 말라고 설교하던 바울 안에 있던 평안이다. 그것은 존 웨슬리(John Wesley)가 범선을 타고 대서양을 건널 때에 광풍으로 침몰하던 배 안에서 기쁨으로 찬양을 하던 모라비안(Moravian) 성도들 안에 있던 평안이다.

이처럼 성령은 환경을 초월하는 무조건적 평안을 부여하는데, 이와 같은 평안을 소유한 사람의 두뇌에 샬롬 스키마(shalom schema)가 형성된 것이다. 성령의 역사로 형성된 스키마는 모두 좋은 스키마다.

7. 계시(啓示, revelation)

계시란 모르는 세계를 나타내어 보여 주는 것이다. 성령은 계시의 영으로서 인간이 알 수 없는 높고 깊은 영적 세계를 깨닫게 하신다(고후 2:10). 우리는 성령의 역사를 통하여 하나님께서 우리에게 은혜로 주신 것들을 알게 하신다(고후 2:12).

하나님께서 인간에게 주신 가장 큰 선물은 예수 그리스도인데, 성령의 역사를 통하지 않고는 예수를 그리스도(구주)로 믿을 수 없다. 하나님께서 인간에게 주신 또 한 가지 큰 선물은 십자가의 대속의 은총인데 이것도 성령의 역사가 없이는 믿어지지 않는 큰 비밀이다.

예수 그리스도가 인간의 죄를 사해주시기 위하여 십자가에서 죽으셨다는 사실이 믿어지는 것은 전적인 성령의 역사다. 성령의 역사를 체험하지 않은 사람들이 해석하는 십자가 사건은 대략 다음과 같이 요약될 수 있다.

① 그가 십자가에서 죽은 것은 실정법을 어겼기 때문이다. 그 이상도 그 이하도 아니다.
② 그는 법을 어기진 않았으나 단지 자기 민족에게 배신을 당하여 억울하게 죽었다.
③ 그는 죽을 만한 죄를 지은 것은 아니지만 인덕이 없어서 불행하게 죽었다.
④ 그는 죽을 만한 죄는 짓지 않았으나 운이 나빠서 죽었다.
⑤ 그는 죽음에 해당하는 죄를 짓진 않았지만 힘이 없어 죽었다.
⑥ 그의 죽음이 어떻게 인류를 위한 죽음이 될 수 있는가? 그의 죽음이 나의 죄를 대신한 죽음이라는 것을 믿을 수 없다.
⑦ 예수 그리스도의 죽음은 인류의 죄를 짊어진 대속적 죽음이었다.

누구든지 그 사실을 믿으면 속죄의 은총을 받을 수 있다. 나는 그의 죽음이 곧 나의 죄를 대신한 죽음임을 믿는다. 그러므로 나는 죄의 사함을 받았다.

성령의 역사를 통하지 않으면 어느 누구도 7번에 해당하는 내용을 고백을 할 수 없다. 성령의 역사는 하나님의 깊은 비밀을 깨우치며 알게 하며 믿게 한다.

베드로 등 제자들이 오순절 성령을 체험하기 전에는 예수 그리스도를 인류의 구주가 아니라 자기 민족만을 위한 정치적 메시아로 오해하고 있었다. 그러나 오순절 성령을 체험한 후에는 예수 그리스도에 대한 해석이 달라졌다. 예수 그리스도는 유대인들의 정치적 메시아가 아니라 인류의 구세주라는 점을 깨닫게 된 것이다. 이와 같은 발상의 전환은 성령의 계시를 통해서 가능했던 것이다.

8. 위로하심

성령은 위로의 영이다. 초대교회는 온갖 박해를 받으면서도 성령의 위로를 통하여 든든히 서가고 계속적으로 성장하였다(행 9:31). 절망으로 가득 차 캄캄한 내면의 소유자도 성령 충만을 받으면 위로를 받으며 어두움이 사라지고 용기를 갖게 된다.

예수님께서 제자들에게 자신이 아버지께로 가면 다른 보혜사 곧 성령이 오신다고 가르치셨는데(요 14:26), 여기에서 한글개역판 번역인 "보혜사"(保惠師)의 헬라 원어는 '위로자'(comforter)라는 의미를 가지고 있다.[2] 사

---

2 헬라어 '파라클레토스'(παρακλητος)는 '위로자'(comforter) 혹은 '돕는 자'(helper)라는 의미를

람들로부터 어떤 위로도 받을 수 없는 절박한 상황에서도 성령을 통하여 위로를 받을 수 있다. 제자들은 그토록 의지하던 예수님이 십자가에 달려 돌아가시고 절망 중에 멀리 피신해 살고 있었다. 그러나 그들에게 성령이 임하심으로써 제자들은 큰 위로를 받고 용기백배하여 목숨을 걸고 복음을 전했다.

이 원리는 오늘날 누구에게나 적용될 수 있는 진리다. 성령의 역사는 어제나 오늘이나 동일하다. 그가 임하시면 좌절하던 사람은 위로를 받고 용기를 얻는데, 이것을 스키마 이론으로 설명하면 다음과 같다. "성령이 임하시면 좌절하여 손상되고 병든 스키마가 회복된다!"

그러므로 성령의 역사를 영적 종교적 의미로만 해석하면 안 된다. 성령은 영적 종교적 영역에만 국한되는 영이 아니다. 성령의 역사는 인간의 영적 차원(spiritual dimension)뿐 아니라 육신적 차원(physical dimension)과 정신적 차원(mental dimension)에도 영향을 준다. 성령은 전인적 존재(holistic being)로서 온전한 지정의(知情意)를 가지신 거룩한 영(靈)이시기 때문이다.

9. 책망하심

성령은 슬픈 사람을 위로할 뿐 아니라 잘못된 사람을 책망하시는 의로운 영이다. 예수님은 제자들에게 성령이 오시면 그가 죄에 대하여 세상을 책망하시리라고 가르치셨다(요 16:8). 보편적으로 죄에 대한 책망은 양심을 통해서 일어나는데, 성령이 임하시면 양심의 등불로 드러나지 않던 죄도 드러나기 때문에 죄를 더욱 구체적으로 책망하게 된다. 악령은 양심을

가지고 있다.

무디게 하지만, 성령은 양심을 회복시킨다.

양심이 마비되면 양심의 가책을 받지 못하며, 양심의 가책을 못 받으면 잘못을 인식하지 못하고, 잘못을 인식하지 못하면 회개가 불가능하다. 그러므로 양심이 마비되면 회개가 불가능해진다고 볼 수 있다. 양심이 마비되었다는 것은 스키마가 병들었다는 뜻이며, 스키마가 병들었다는 것은 뇌 손상(brain damage)을 입었다는 것을 의미한다.

따라서 잘못을 저지르고도 반성하지 못하고 회개하지 못하는 것은 심한 뇌손상을 입었다는 것을 의미하며, 이는 영적으로나 정신적으로나 육신적으로 매우 심각한 현상이 아닐 수 없다. 회개하지 못하는 삶은 영혼만 병든 것이 아니라 정신과 육신도 병들어 있다는 것을 의미한다.

예수님께서는 바리새인들과 서기관들을 매우 크게 책망하셨다. 예수님은 그들을 마귀의 자식들이며(요 8:13,44), 독사의 자식들이고(마 12:24,24), 소경들이며(마 15:12-14), 위선자들이라고(마 23:13-19) 책망하셨다. 그들은 자신들의 잘못에 대하여는 한없이 관대하였고 타인들의 잘못에 대하여는 한없이 인색하였다. 그러므로 그들은 예수님께로부터 책망을 받았을 때에 회개하는 대신 분노하였고, 그 분노는 무죄한 예수님을 십자가에 못 박는 범죄로 이어졌다. 이처럼 바리새인들은 잘못에 대한 책망을 용납하지 않는 것은 물론, 더 나아가 책망하는 예수님을 핍박하고 죽음으로 몰아넣었다.

대부분의 바리새인들은 예수님의 지상 사역 당시에 예수님의 책망을 거절할 뿐 아니라 오순절 성령의 임재 시에도 사도들을 통한 성령의 책망을 거역하고 사도들을 핍박하였다. 그러나 바울은 다른 바리새인들과 달랐다. 바울은 바리새인으로서[3] 예수 믿는 사람들을 핍박하다가 성령의 책

---

3 바울은 자신이 바리새인이었으나 성령의 역사를 통하여 예수를 믿게 된 사실을 여러 곳에서

망을 받았을 때에 철저히 회개하고 예수를 믿었다. 믿을 뿐 아니라 예수님을 위해 목숨을 바치는 사도가 되었다.

10. 선하게 하심

악령은 사람으로 하여금 악을 행하게 만들고, 성령은 선을 행하게 하신다. 사울 왕에게 성령이 임재 했을 때엔 그가 선을 행했지만 악령이 임재 했을 때엔 악을 행하였다(삼상 18:10). 성령은 거룩한 영(the Holy Spirit)으로서 사람으로 하여금 거룩과 선을 추구하게 만든다.

스데반을 죽이는 데 가담하였고, 예수 믿는 사람들을 체포하려고 다메섹까지 가는 등 악을 행하던 사울이 사랑의 사도가 된 것은 성령의 역사 때문이었다. 성령의 역사엔 선행이 수반된다. 선행(goodness)이 성령의 아홉 가지 열매들(갈 5:22-23) 가운데 하나라는 사실이 이를 말해준다.

독실한 신앙이 선행을 동반하지 않고 악을 동반한다면 그 신앙은 성령의 역사와 관계없는 신앙이다. 이런 의미에서 독실한 신앙을 내세우던 바리새인들이 많은 악을 저지른 사실은 그들의 신앙이 성령과 관계없는 신앙이었음을 증명한다.

크리스천들은 세상의 빛으로 부름을 받았다. 그럼 어떻게 세상에 빛을 비칠 수 있을까? 이에 대하여 예수님은 다음과 같이 가르치신다. "이같이 너희 빛을 사람 앞에 비춰게 하여 저희로 너희 착한 행실을 보고 하늘에 계신 너희 아버지께 영광을 돌리게 하라"(마 5:16).

여기에서 "너희"는 신자들을 의미하고, "저희"는 세상 사람들을 의미한

언급하였다(행 23:6; 26:5; 빌 3:5,).

다. 그러므로 "너희 착한 행실"이란 크리스천들의 선행을 의미하고, 선을 행하는 것이 곧 세상 사람들에게 빛을 비춰는 일이 된다는 것이다. 크리스천들의 선행을 통해 세상에 빛이 비춰지고 그를 통하여 하나님께 영광이 돌아간다는 것이다.

성령은 우리에게 선을 행하고 싶은 의욕을 주시는데, 그 때에 우리는 선에 대한 거룩한 의욕을 소멸하지 말아야 한다. 어떤 이유로도 독실한 신앙이라는 미명 하에 악한 일에 관여해서는 안 된다. 선을 행하는 경주에서 크리스천은 불신자들을 리드해야 한다.

지금 세계는 '후기 기독교 시대'(post-Christian era)를 향하고 있다. 이미 그 시대에 접어들었다고 보는 것이 더 정확한 표현일 것이다. 크리스천의 숫자가 줄어들 뿐 아니라 기독교에 대한 관심이 없어지고 있다.

이것은 세계적 추세일 뿐 아니라 한국적 추세이기도 하다. 한국적 추세는 세계적 추세보다 더 심각하다고 볼 수 있을 것이다. 1990년대에 1,200만을 자랑하던 기독교 인구는 지금 800만 명대로 떨어졌다고 한다. 그 원인이 여러 가지가 있겠지만 지금 여기에서 논의하는 주제도 주요 원인에 포함된다고 본다.

기독교인들이 선을 행하는 대신 악을 행하면 그들이 쓴 '신앙의 모자'는 '신앙의 탈'이 된다. 신앙의 탈을 쓴 기독교는 성령의 역사와 관계없으며, 성령의 역사와 관계없는 기독교는 기독교가 아니다. 그러므로 우리는 성령이 주시는 선행의 의욕을 소멸시키지 말고, 그런 거룩한 의욕을 불태우며 선한 일에 힘쓰는 기독교인들이 되어야 할 것이다.

이것이 사람답게 사는 기독교인의 모습일 것이다. 사람답게 살지 못하면서 독실한 신앙을 가졌다고 자랑하는 삶은 현대판 바리새인의 삶이며, 이런 삶은 하나님의 심판을 면할 수 없는 불행한 삶임을 명심해야 할 것이다.

■ 참고문헌(Bibliographies)

Abramowitz, J. S. *Getting Over OCD*. New York: The Guilford Press, 2009.

Amen, Daniel G. *Making a Good Brain Great*. New York: Harmony Books, 2005.

American Psychological Association, *APA College Dictionary of Psychology*. Washington, DC: APA, 2009.

Barker, R. L. *The Social Work Dictionary*. 5th Ed. Washington, DC: NASW Press, 2003.

Biehler, R. F. and Snowman, J. *Psychology Applied to Teaching*. New York: Houghton Mifflin Company, 1997.

Bourne, E. J., Brownstein, A. & Garano, L. *Natural Relief for Anxiety*. Oakland, CA: New Harbinger Publications, Inc., 2004.

Burns, D. D. *Feeling Good: The New Mood Therapy*. New York: Collins, 1980.

Butler, G & Hope, T. *Managing Your Mind*. New York: Oxford University Press, 2007.

Cash, Adam. *Psychology for Dummies*. Hoboken, NJ: Wiley Publishing, Inc., 2002.

Dweck, C. S. *Mindset*. New York: Ballantine Books, 2006.

Elliott, C. H. and Smith, L. L. *Overcoming Anxiety for Dummies*. Hoboken, NJ: Wiley Publishing, Inc., 2010.

Flaherty, A. W. *The Midnight Disease*. Boston: Houghton Mifflin

Company, 2004.

Gentry, W. D. *Anger Management for Dummies*. Hoboken, NJ: Wiley Publishing, Inc., 2007.

Hallowell, E. M.& Rate, J. J. *Delivered Distraction*. New York: Ballantine Books, 2005.

Hawkins, David R. *Power vs. Force*. New York: Hay House, Inc., 2002.

Hock, R. R. *Forty Studies That Changed Psychology*. Upper Staddle River, NJ: Pearson Education, Inc., 2009.

Howard, Pierce, J. *The Owners's Manual for the Brain*. Austin, TX: Bard Press, 2006.

Ilardi, S. S. *The Depression Cure*. Cambridge, MA: Da Capo Press, 2009.

Issler, K. and Habermas R. *How We Learn: A Christian Teacher's Guide to Educational Psychology*. Grand Rapids; Baker Books, 1994.

Jones, C. D. *Overcoming Anger*. Avon, MA: Adams Media, 2004.

Kalat, J. W. *Introduction to Psychology*. Pacific Grove, CA: Brooks/Coles Publishing Company, 1996.

Knaus, W. J. *The Cognitive Behavioral Workbook for Depression*. Oakland, CA: New Harbinger Publications, Inc., 2006.

Kwon, T. J. *An Integrative Model for Spirituality Development in Three Domains of Learning Theory*. Ann Arbor: UMI, 1997.

Miklowitz, D. J. *The Bipolar Disorder*. New York: The Guilford Press, 2011.

Mondimore, F. M. *Bipolar Disorder*. Baltimore: The Johns Hopkins University Press, 2006.

Oldham, John M. & Morris, Lois B. *The Personality Self-Portrait*. New

York: Bantam Books, 1990.

Philips, K. Grant, A. J.Siniscalchi, J., and Abertini, R. S. "Surgical and nonpsychiatric medical treatment of patients with body dysmorphic disorder," *Psychosomatics* 42 : 504-501, 2001.

Reader's Digest, *Making the Most of Your Brain*. London: Duncan Baird Publishers Limited, 2002.

Reber, A. S., Allen, R. & Reber, E. S. *Penguin Dictionary of Psychotherapy*. New York: Penguin Books, 2009.

Reese, W. L. *Dictionary of Philosophy and Religion*. New York: Humanity Books, 1996.

Sanders J. O. *Spiritual Maturity*. Chicago: Moody Press, 1962.

Schwartz, J. M. & Begley, S. *The Mind and the Brain*. New York: HarperCollins Publishers, 2002.

Siegel, D. J. *Mindsight: The New Science of Personal Transformation*. New York: Bantam Books, 2010.

Smith, F. L. *When Choice Becomes God*. Eugene: Harvest House Publishers, 1990.

Smith, L. L. & Elliot, C. H. *Depression for Dummies*. Hoboken, NJ: Wiley Publishing, Inc., 2003.

Sperry, R. W. "Lateral Specialization in the Surgically Separated Hemispheres", in F. O. Schmitt & F. G. Wordon (Eds), *The Neurosciences Third Study Program*. Cambridge, MA: MIT

Stevenson, I. *The Complete Idiot's Guide to Philosophy*. Indianapolis, IN: Alpha Books, 2005.

Webster, D. D. *A Passion for Christ: An Evangelical Christology*. Grand

Rapids: Zondervan Publishing House, 1987.

Wood, Jeffrey C. *Getting Help*. Oakland, CA: New Harbinger Publications, Inc., 2007.

Woolfolk, A. *Educational Psychology*. Boston: Allyn & Bacon, Inc., 1993.

Yapko, Michael D. *Breaking the Patterns of Depression*. New York: Broadway Books, 1997.

Young, J. E. & Klosko, J. S. *Reinventing Your Life*. New York: A Plume Book, 1993.

Yount, W. R. *Created to Learn: A Christian Teacher's Introduction to Educational Psychology*. Nashville: Broadman & Holman Publishers, 1996.

권택조.『기독교교육심리학』. 서울: 대한기독교서회, 2005.

_____.『영성발달』. 서울: 예찬사, 1999.

이어령.『흙 속에 저 바람 속에』. 서울: 갑인출판사, 1984.

찾아보기(Index)

ㄱ

가인 48, 50, 55, 176
    가인의 분노(Cain's anger) 48, 50, 55
가학적 성격장애(sadistic personality disorder) 28
간경화증 178
감성 6, 12, 16, 126, 138, 144, 199
감성지수(EQ) 12, 15
감정적 추론 169
강박성 성격장애(obsessive-compulsive personality disorder) 28, 29
개신교 72, 73, 75, 76
개혁주의 75
거듭남(regeneration/born-again) 132
결핍증(enmeshment) 25, 29
경계선 성격장애(borderl-ine personality disorder) 28
계시 203, 204
    자연계시 92-93, 97
    특별계시 97, 186
고지혈증 178

고착된 마음 설정(fixed mindset) 179
고혈압 178
공감(empathy) 140, 176
과대망상(grandiosity) 26, 29
교정의 단계(correcting stage) 163, 173
구속주(the Redeemer) 67, 81
굴복증(subjugation) 26, 29
균형(equilibrium) 153, 193
그랜드 캐년(Grand Canyon) 90, 91
극단적 비판주의(excessive criticism) 28
기분(mood) 63, 100, 103, 145, 146, 162, 176
길르앗(Gilead) 66
깨달음(enlightenment) 7, 155

ㄴ

나우스(W. J. Knaus) 162
나이키(Nike) 175
낙관주의(optimism) 134, 136, 151, 162
노벨상 12, 15
뇌세포 54, 69, 79, 82, 105

뇌손상 54, 63, 79, 82, 206
뉴튼(Isaac Newton) 105, 155, 192

ㄷ

다니엘 에이멘(Daniel Amen) 111
다메섹(Damascus) 66, 207
닫힌 마음(closed mind) 174
당뇨병 178
대속물 120
대인관계 심리 요법(interpersonal psychotherapy) 152
데카르트(R. Descartes) 110
도널드 헵(Donald Hebb) 56
동맥경화증 178
두뇌의 삼화음(brain triad) 5, 16, 17
두뇌의 유연성(brain plasticity) 56, 57, 107, 176, 189, 199
디아스포라(diaspora) 196
딜(dill) 102

ㄹ

라마찬드란(V. S. Ramachandran) 13
라벤더(lavender) 102
라이코넨(Katri Raikkonen) 154
라이트 형제(W. Wright & O. Wright) 139
라이트 형제 191
레몬밤(lemon balm) 102
레위인 67, 122
레이트(J. J. Rate) 156
로마 30, 119, 149, 158, 177
로즈마리(rosemary) 102
루터 75
루터(Martin Luther) 76, 132

ㅁ

마음 읽기(mind-reading) 167
만류인력의 법칙(law of universal gravity) 105, 106
만성 피로증(chronic fatigue syndrome) 152
매튜스(Karen Matthews) 154
맷잿(D. Matzat) 115
맹모삼천 58, 184
메시아 67, 149, 204
메타노이아 70, 147

멘토(mentor) 182, 184
멘토링(mentoring) 182, 183
모라비안(Moravian) 202
모압(Moab) 67
묵상 109, 162, 186
미감 87, 100
미국 국립 보건기구(The National Institute of Health) 152
미국정신의학회(APA/American Psychiatric Association) 24
미국 헌법 정신 158

ㅂ

바르텟(Frederick Bartett) 20
바리새인 68, 74, 114, 123, 176, 206
바벨탑 116
바울 14, 29, 30, 32, 59, 62, 108, 128, 132, 137, 138, 177, 183, 202, 206
반사회적 성격장애 29
반사회적 성격장애(anti-social personality disorder) 28, 47
발상의 전환 147, 204
방언 195, 196

배우증 성격장애(histrionic personality disorder) 28
버림받음(abandonment) 24
버틀러(G. Butler) 146
번스(D. D. Burns) 145
베드로 34, 62, 69, 108, 187, 196, 199, 202, 204
벡(Aaron Beck) 150, 164
보디발 129
보수 74
　보수주의 75-76
　보수주의자 74-76
보혜사 34, 197, 204
복음주의 75
부정적 내면의 소리(negative inner voice) 112, 113
부정적 자아관 145
불신(mistrust) 24, 131, 172
브닌나(Peninnah) 109, 188
브라이스 캐년(Bryce Canyon) 90-92
비관주의(pessimism) 27, 43, 136, 151
　비관주의자 154
비만 치료 177
　비만 치료를 위한 생각 바꾸기 178
비텐베르크(Wittenberg) 75
삐아제(Jean Piaget) 20, 22, 86, 193

ㅅ

삼성일체 11, 16, 17
상처(trauma) 24, 25, 63, 66, 69, 82, 127, 150, 176, 199, 200
생각 22, 27, 41, 45, 51, 53, 63, 81, 107, 110, 124, 128, 130, 135, 139, 140, 145, 152, 158, 167, 169, 174, 177, 181, 185, 190, 197
　뒤틀린 생각(crooked thinking) 150, 164
　생각 바꾸기 173-174, 177-178, 181-182, 184-185, 187-189
　생각의 질 110, 135
　생각의 양 140-141
　악취가 나는 생각(stinking thinking) 144-145
　왜곡된 생각 144, 146, 163, 171
　창의적 생각 139, 190
　체계적 생각 141
　흑백 논리적 생각 168
생로병사 57
샬롬(shalom) 202
선악과 71, 114, 176
선한 사마리아인의 비유 67, 122
선험적 19, 20

성령 30, 32, 38, 61, 80, 109, 177, 189, 195, 199, 205
　성령의 도우심 33, 38
　성령의 아홉 가지 열매 29, 207
　성령의 역사 33-38, 61, 177, 195, 196-208
　성령의 열매 33, 35, 37
　성령의 임재 199, 206
성실성(integrity) 125
성육신(Incarnation) 119
세계보건기구(WHO) 175
수동적 공격성 성격장애(passive aggressive personality disorder) 28
수면무호흡증 178
수용(acceptance) 155
스미스(F. L. Smith) 115
스키너(B. F. Skinner) 86
스키마 5, 11, 19, 29, 38, 41, 42, 46, 53, 60, 101, 105, 110, 143, 165, 180, 195
　감각운동 스키마(sensorimotor schema) 22-24
　긍정적 스키마(positive schema) 29-30, 32, 38, 41-42, 44, 109, 113, 130
　나쁜 스키마(bad schema) 6, 21, 29,

스키마

41, 45, 53-54, 56-60, 62-64, 66,
　　　69, 74, 79, 82, 85-86, 101, 126,
　　　148, 151, 165, 166, 196
부정적 스키마(negative schema) 24,
　　　28-29, 38, 41-47, 113, 148, 150,
　　　168
사회적 소외 스키마 27
사회 적응 스키마(socially relevant
　　　schema) 22
상징적 스키마(symbolic schema)
　　　22-24
샬롬 스키마(shalom schema) 202
스키마 고장 41
스키마와 성령 195
스키마 이론 24, 165, 171, 205
스키마 회복 53, 56-58, 60, 62, 66,
　　　82-83, 195
왜곡된 스키마(distorted schema) 171
자아 스키마(self-schema) 22
좋은 스키마(good schema) 5-6, 8,
　　　29, 62, 69, 79, 85-88, 95-96, 99-
　　　104, 106, 124, 126-127, 134-
　　　135, 137-139, 141, 143, 148,
　　　166, 184, 187, 196-197, 202
스킨쉽(skinship) 102, 104
스트레스 102, 150, 152, 167, 171, 200

스페리(Roger Sperry) 12
시감 87, 88, 95
신경세포(neuron) 54, 101
신뇌 14, 16, 54
신뢰도 72
신영역(God Spot) 13, 14
십자가 50, 69, 81, 115, 119, 121, 133,
　　　149, 203
　십자가의 죽으심(Crucifixion) 119,
　　　121
샌더스(J. O. Sanders) 30

ㅇ

아가페 32, 33, 139
아담 55, 71, 115, 176
아론 벡(Aaron Beck) 149
아르키메데스(Archimedes) 105, 106,
　　　192
아벨 48, 55, 176
아전인수 71
아카데미(Academy) 156
악성 종양 178
암몬(Ammon) 66
애굽 129

에돔(Edom) 66
에디슨(Thomas Alva Edison) 191
에릭슨(Erik Erikson) 125
에이멘(Daniel Amen) 14
에피큐러스(Epicurus) 156, 157
에피큐리어니즘(Epicureanism) 157, 158
    크리스천 에피큐리어니즘(Christian Epicureanism) 157
역할 모델(role model) 119
열린 마음(open mind) 109, 174
염세주의 46
영감 87, 107, 156
영감(inspiration) 7, 194
영성(spirituality) 6, 14, 162, 175
    영성발달 175
    영성의 포착(embracing spirituality) 162
    영성지수(SQ: Spiritual Quotient) 15
    예수님 34, 36, 62, 68, 74, 80, 108, 114, 119, 149, 159, 180, 187, 196, 202, 207
    예수님의 지상 사역 206
    예수님의 책망 207
오감 87, 105

오감일각 85
오트맨(J. Oatman Jr.) 126
완전주의(perfectionism) 25, 162
왜곡된 인지(distorted cognition) 143
요셉 7, 129
요한 7, 32, 124, 133, 186, 196
우뇌 12, 144, 161
우드(Jeffrey C. Wood) 24
우리아 56
우울증
우울증(depression) 42, 102, 112, 144, 147, 150, 151, 164, 168, 171, 189
원의 119, 124
원자들(atoms) 159
원죄(Sin) 56, 71, 114, 119, 124
웨슬리(John Wesley) 132, 202
웹스터(D. D. Webster) 115
위선 74, 122, 131, 174
유대인 15, 67, 149, 204
유언비어 퍼뜨리기(scare mongering) 170
유전죄 59
유진 세이건(Eugene Sagan) 112
육감 87, 104
율법 122, 132

율법사 122

율법주의 132

의존증 성격장애(dependent personality disorder) 25, 28-29

의지(willingness) 26, 54, 59, 155, 199

의지적 변화(volitional change) 195-196

의흥미 학습(meanteresting learning) 5

이브 55, 71, 114, 176

이성(reason) 15, 38, 126, 128, 179

인간발달론 125

인신매매 129

인정 욕구증(recognition-seeking) 27

인지 11, 20, 22, 38, 106, 143, 145, 147, 149, 151, 161

    인지 구조(cognitive structure) 20-23, 38, 41, 54, 106, 109, 148

    인지 삼화음(cognitive triad) 151

    인지 요법(cognitive therapy) 143-154, 156-157, 160-163, 171, 173

    인지의 재구성(cognitive reconstruction) 161, 195

    인지의 틀(cognitive framework) 20

    인지적 변화 195-196

일각 87, 110

일일삼성 78

ㅈ

자긍심(self-esteem) 43

자기 성취 예언(self-fulfilling prophecy) 167, 168, 180, 181

자기중심주의 71, 114, 115, 124

자기 희생증(self-sacrifice) 26

자동적 부정적 사고(Automatic Negative Thoughts/ANTs) 111, 161, 163

자아도취증(narcissism) 26, 29

자이언 캐넌(Zion Canyon) 90, 92

자제력 결핍(insufficient self-control) 26

자패증 성격장애(self-defeating personality disorder) 28, 29

재스민(jasmine) 102

전인적 존재(holistic being) 205

정서 억제(emotional inhibition) 27

정서적 변화(affective change) 195

정신괴리형 성격장애(schizotypal personality disorder) 28

정신분열증 성격장애(schizoid personality disorder) 28

정신 요법 145, 148, 151, 171

정원 65, 94, 156

제사장 50, 67, 73, 122

조합(combination) 59-60, 107

존스(L. E. Jones) 80
종교개혁 75, 76
좌뇌 12, 15, 144, 161
중립(neutrality) 155
지능지수(IQ) 12, 15
지방간 178
지방 말(dialects) 195
지성(intelligence) 6, 11, 15, 144, 199
지정의 54, 197, 205
직관(intuition) 7, 87, 105, 107, 192
진선미성 88, 89, 91, 137

ㅊ

창의력(creativity) 7, 15, 192, 193
창의적 단계(creating stage) 163, 189
천주교 72
청감 87, 95
촉감 87, 102
촘스키(N. Chomsky) 86
총체적 왜곡들(gross distortions) 146
측두엽 13, 14
칠감 87, 109
칠감일각 87, 143

ㅋ

칸트(Immanuel Kant) 19, 20
칼빈(John Calvin) 76, 132
캐쉬(Adam Cash) 144
콜레스테롤 178
크레스토테스(crhsto,thj) 34, 35

ㅌ

타인중심주의 117, 120, 122, 124
타임(thyme) 102
타자중심주의 117, 120, 121, 124
탈현대주의(postmodernism) 15
통풍 178

ㅍ

파라클레토스(paraklhtos) 204
팔복 30, 33
패러다임 쉬프트(paradigm shift) 147
펜스테이트 대학 77
편집증(paranoia) 148, 167

편집증 성격장애(paranoid persona-lity disorder) 28
평온(tranquility) 157
프로이드(Sigmund Freud) 150
플라헐티(A. W. Flaherty) 15
피셔(K. W. Fisher) 86

ㅎ

하나님 13, 30, 36, 47, 55, 61, 66, 69, 71, 75, 81, 91, 96, 99, 107, 109, 115, 117, 120, 122, 124, 128, 134, 138, 158, 160, 174, 179, 186, 194, 199, 203
   섭리주 하나님(God the Sustainer) 175
   창조주 하나님(God the Creator) 13, 67, 93, 136, 175
하나님의 나라 30, 160, 202
하나님의 뜻 112-113, 116, 120-121
하나님의 말씀 64, 75, 107-108, 115, 121, 186-187
하나님의 법칙 64-81-130
하나님의 본체 120
하나님의 심판 116, 208
하나님의 아들 31, 108, 134
하나님의 약속 132
하나님의 영광 37
하나님의 음성 99
하나님의 자녀 32, 61, 133-134
하나님의 형상(imago dei) 14
하나님중심주의 117, 120, 122, 124
하박국 131
하트(L. A. Hart) 20
학습 20, 85, 184
학습 요법(learning therapy) 5
학원(Lyceum) 157
할로웰(E. M. Ha-llowell) 156
항우울제(antidepressant medication) 152
행운의 과자(fortune cookie) 97
행위적 변화(behavioral change) 195, 196
허혈성 심장질환 178
헤롯왕 78
헵 57
현대주의(modernism) 15
현장학습 104
형벌주의(punitiveness) 28
호킨스(David R. Hawkins) 154
호프(T. Hope) 146
호르몬 장애 178

홍익인간 118, 136, 192

확인(identifying) 147, 161, 163, 171, 173

확인의 단계(Identifying Stage) 163

회개 30, 68, 70, 73, 79, 114, 147, 206

회당 120

회피증 성격장애(avoidance personality disorder) 28

후감 87, 101

후기 기독교 시대(post-Christian era) 208

희망적 관측 171

흰개미(termite) 111

히솝(hyssop) 102

기타

ANTs(개미들) 111

스키마 Schema

2013년 5월 6일 초판 발행

지은이 권택조
펴낸곳 사)기독교문서선교회
등 록 제16-25호(1980. 1. 18)
주 소 서울시 서초구 방배로 68
전 화 02) 586-8761~3(본사) 031) 942-8761(영업부)
팩 스 02) 523-0131(본사) 031) 942-8763(영업부)
www.clcbook.com
clckor@gmail.com
온라인 기업은행 073-000308-04-020, 국민은행 043-01-0379-646
예금주: 사)기독교문서선교회

ISBN 978-89-341-1286-0(93230)

낙장·파본은 교환해 드립니다.